John Caldwell

Liebe setzt die Segel

Eine tollkühne Reise

DELIUS KLASING VERLAG

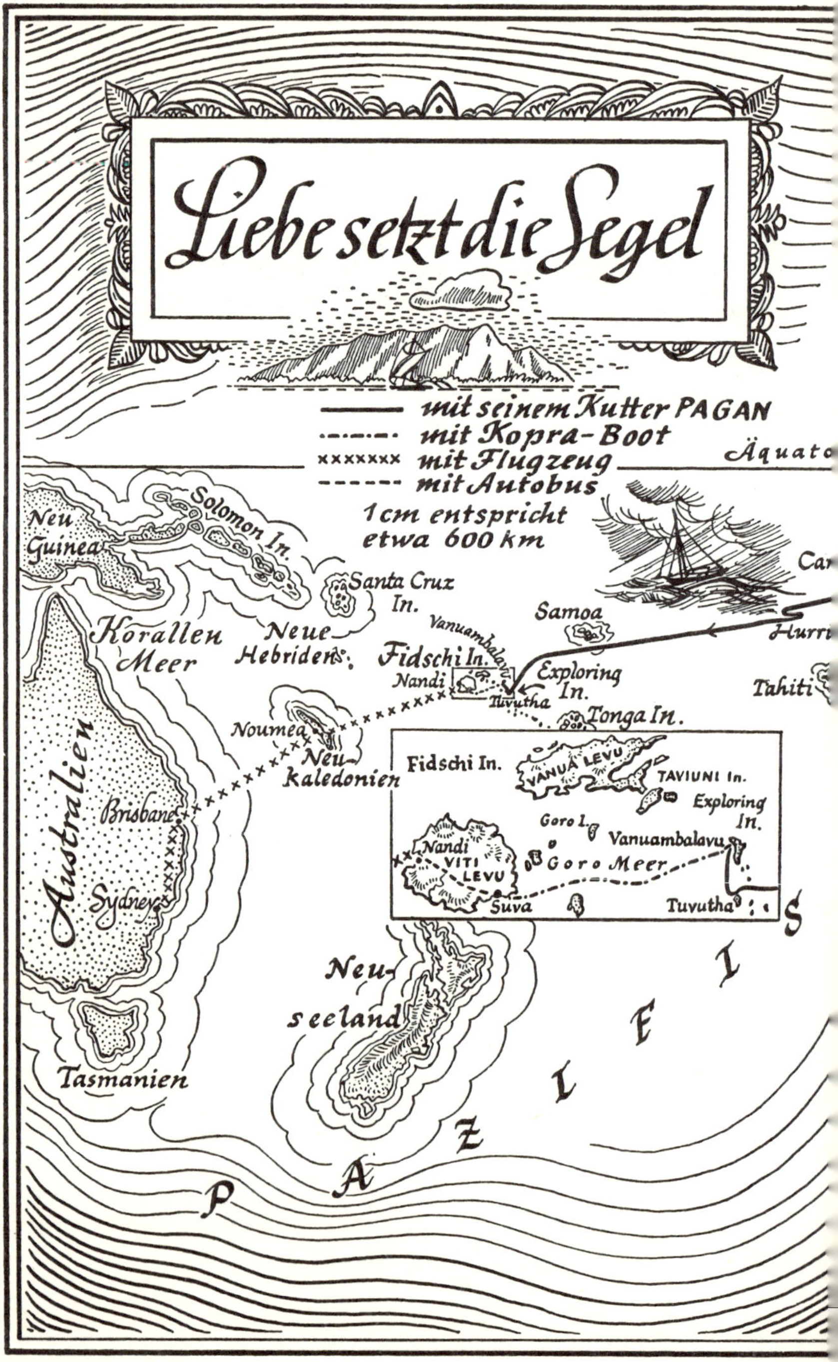

Liebe setzt die Segel
mit seinem Kutter PAGAN
mit Kopra-Boot
mit Flugzeug
mit Autobus
Äquato
1 cm entspricht etwa 600 km
Neu Guinea
Solomon In.
Santa Cruz In.
Samoa
Vanuambalavu
Korallen Meer
Neue Hebriden
Fidschi In.
Nandi
Exploring In.
Tuvutha
Tahiti
Tonga In.
Noumea
Neu-kaledonien
Australien
Brisbane
Sydney
Fidschi In.
VANUA LEVU
TAVIUNI In.
Exploring In.
Goro I.
Vanuambalavu
Nandi
VITI LEVU
Goro Meer
Suva
Tuvutha
Neu-seeland
Tasmanien
PAZIFIS

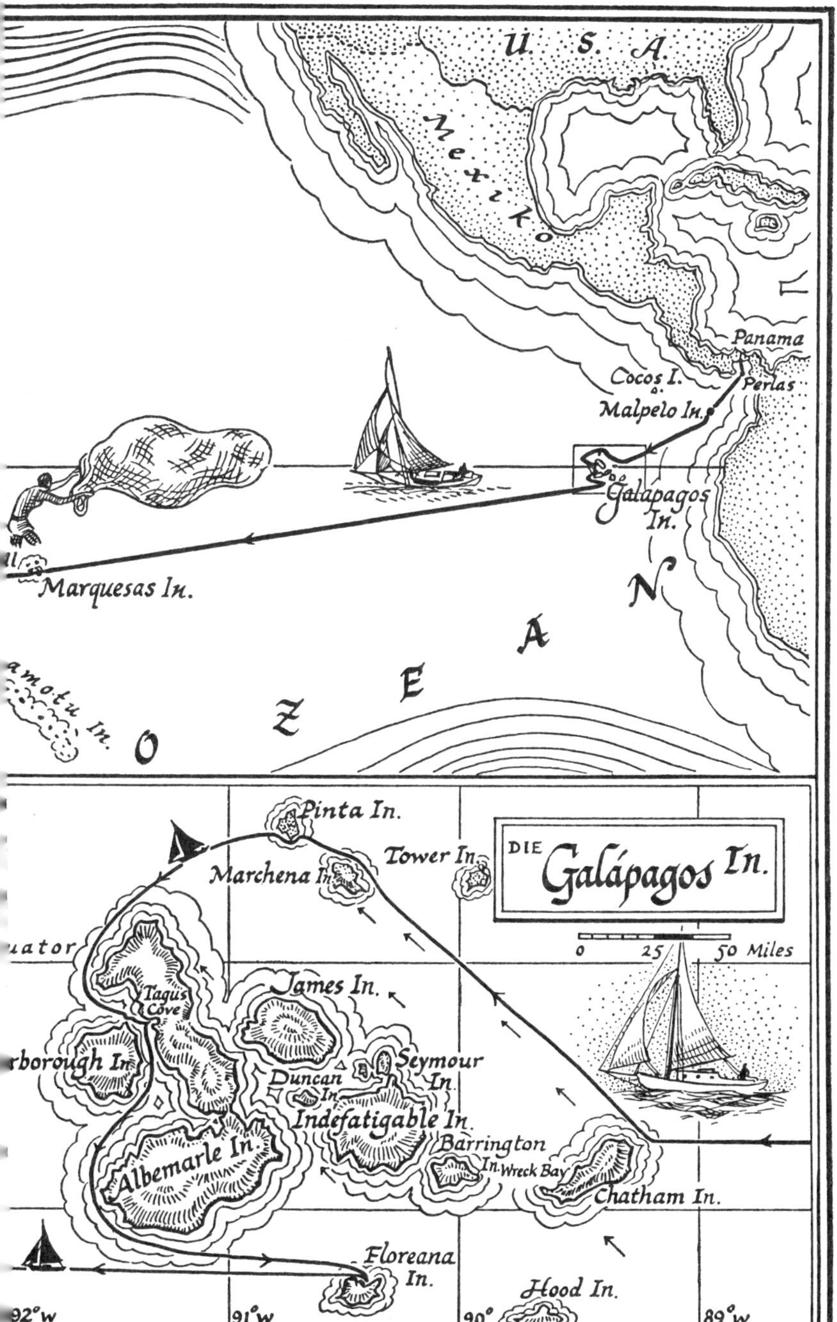

U. S. A.
Mexiko
Panama
Cocos I.
Perlas
Malpelo In.
Galápagos In.
Marquesas In.
amotu In.
O Z E A N
Pinta In.
Tower In.
Marchena In.
DIE Galápagos In.
0 25 50 Miles
uator
James In.
Tagus Cove
rborough In.
Seymour In.
Duncan In.
Indefatigable In.
Barrington In.
Wreck Bay
Albemarle In.
Chatham In.
Floreana In.
Hood In.
92° W
91° W
90°
89° W

Titel der Originalausgabe
DESPARATE VOYAGE

Übersetzung: Hilde-Maria Martens

ISBN 3-7688-0565-4

Printed in Germany 1987
Druck und Bindung: Clausen & Bosse, Leck

VORBEREITUNGEN

Mein Boot lag seeklar vor Anker und zerrte ungeduldig an seiner Kette, voller Erwartung auf die lange, verhängnisvolle Reise, diese Reise von Panama nach Australien – 8500 Meilen über das unbeständige Meer, vorbei an Felsenriffen und tropischer Inselwelt – geradenwegs über den Äquator, von den Kalmen hinein in die gefürchteten tropischen Wirbelstürme – mutterseelenallein. Eine Reise ins Ungewisse! Doch was hätte ich sonst tun sollen? Zwingende Umstände, an denen sich nichts ändern ließ, hatten mich in dieses Abenteuer getrieben.

Ich mußte es wagen – zumindest glaubte ich das damals –, und dazu stand mir nur der kleine Segelkutter zur Verfügung, den ich vor zwei Wochen in Balboa, im Staate Panama, gekauft hatte. Es gab keinen anderen Weg zu meiner jungen australischen Frau, die ich vor einem Jahr in Sydney geheiratet hatte.

Es war im Mai 1946; der Krieg war gerade zu Ende. Nur wenige Schiffe fuhren damals, und wenn überhaupt, dann ohne festen Fahrplan. Ich kam mir wie ein Gestrandeter vor, und Mary, meiner jungen Frau, ging es genauso. Sie wartete auf mich in Sydney, wartete verzweifelt auf das Schiff, das nicht fuhr, und das kaum vor einem weiteren Jahr die Reise antreten würde. Eine ganz einfache Rechnung: Es gab nicht genug Schiffsraum.

Ich hatte alles, aber auch alles versucht, um ein Schiff nach Australien aufzutreiben, es war umsonst. Nach unserer Hochzeit fuhr ich um die halbe Erde und kreuz und quer durch Amerika, wo ich schließlich in Panama landete, aber auch von dort fuhr zur Zeit noch kein Schiff, und so kaufte ich den winzigen Kutter.

Als ich mein Boot, die *Pagan,* zum erstenmal zu Gesicht bekam, rieb sie ihre Nase an einer Boje im Balboa-Yacht-Club, im Bereich des Panama-Kanals. Mit einem Wort: Sie war ausreisebereit; erbaut, um mit ihr in die Ferne zu segeln. Vom Vor- bis zum Achtersteven maß sie gerade 7,90 Meter in der Wasserlinie und 8,80 Meter über alles. Ihre größte Breite betrug 3,00 Meter, und sie ging 1,15 Meter tief. Selbstbewußt lag sie vor Anker. Ihr Bug ragte stolz aus dem Wasser, und ihr 12 Meter hoher Mast strebte mit leichtem Fall gen Himmel.

Ihr etwa 2,40 Meter langer Kajütaufbau lag zwischen Mast und Plicht, 0,45 Meter über der Reling; sonst war auf Deck nichts außer dem stehenden und laufenden Gut ihrer Takelage. Trotz ihrer geringen Länge war sie praktisch und geräumig konstruiert.

Die Auslage des Klüverbaums betrug vom Vordeck aus gemessen 2,10 Meter. Das war ein guter Ausgleich zu ihrem hohen Mast und gab dem langen Großbaum, der über das Heck hinausragte, das richtige Verhältnis. Sie besaß Hochtakelung und hatte zur Erhöhung ihrer guten See-Eigenschaften ein Spitzgattheck.

Man hatte den Eindruck, daß selbst eine Landratte mit der *Pagan* fertig werden müßte, wenn man ihren Bau und ihre Takelage betrachtete. Sie gefiel mir. Ich verstand allerdings nur wenig von einer Segelyacht, da ich nur ein einziges Mal in meinem Leben an Bord eines kleinen Bootes gewesen war. Ich hatte daher keine Bedenken, mit ihr die Reise nach Australien zu wagen.

Zwei Wochen lang hatte ich mich mit ihr vertraut gemacht. Alles, was für eine lange Seereise notwendig war, war in ihr verstaut worden. Ihre Takelage war in Ordnung. Warum sollte sie also nicht auslaufen? Ich selbst brannte darauf, in See zu gehen, nachdem ich mich den ganzen Monat lang tatenlos in der Nähe von Panama herumgedrückt hatte. Ich bildete mir ein, je eher ich losfuhr, desto eher würde ich bei meiner Mary sein.

Ich hatte wenig Ahnung, wie man ein Boot unter Segel handhaben muß. Dafür aber lebte irgendwie in mir der Glaube, daß schon alles gut gehen würde. Das Entscheidende war zunächst, daß man überhaupt erst mal losfuhr, auf die offene See kam, mit vollen Segeln in Richtung Süd-West, während das Wasser unter dem Kiel rauschte und das Kielwasser seine schäumende Bahn zog.

Es wäre mir nie eingefallen, eine solche Fahrt zu unternehmen, wenn ich nicht so große Sehnsucht nach meiner Frau gehabt hätte. Trotzdem muß ich zugeben, daß ich fieberhaft erregt war, als die Zeit zur Ausreise näher rückte. Das Abenteuerliche daran zog mich wie ein Magnet an. Als ich drei Jahre als Seemann auf großen Frachtern und Öltankern fuhr, bekam ich nur wenig von der romantischen Seite der Seefahrt zu spüren. Die Aussicht jedoch, mein eigenes Boot ganz nach meinem Belieben durch die südlichen Gewässer zu steuern, begeisterte mich unmittelbar.

Ich stand am Panamakanal und starrte hinaus auf die offene See, die so glatt und harmlos aussah. Ich wußte noch nicht um die Gefahren, die mir in den nächsten sechs Monaten bevorstanden. Wie sollte ich ahnen, welch unheilvolle Wendung meine Fahrt nehmen würde! Mir schwebte ungeduldig nur das eine vor, den Abstand zwischen meiner Frau und mir so schnell wie möglich zu verringern, mochte das Wagnis auf diesem kleinen Boot auch noch so groß sein.

Für mich bedeutete dieser Entschluß größtmögliche Beseligung und das Gefühl, den Punkt des geringsten Widerstands gefunden zu haben, weiter nichts. Hätte ich dagegen diesen Plan aufgegeben, so konnte das nur die trostlose Verlängerung meiner Trennung von Mary bedeuten.

In mir hatte sich stets die geheime Sehnsucht nach fremden Ländern geregt. Als Amerika in den Krieg eintrat, hoffte ich, als Soldat weit in der Welt herumzukommen, besonders wenn ich in die Luftwaffe eintrat. Leider wurde ich dort zurückgewiesen, weil ich ein durchlöchertes Trommelfell habe. Ich wurde statt dessen Seemann und diente als Matrose in der amerikanischen Handelsmarine.

Nachdem ich zwei Jahre auf See gewesen und auf ausländischen und amerikanischen Schiffen zweimal um die Welt gefahren war, hatte ich genug von diesen muffigen, verdunkelten Seemannslogis und der Aufspielerei goldbetreßter Schiffsoffiziere. Im Januar 1944 verließ ich in Sydney heimlich mein schwedisches Handelsschiff und ging zur australischen Luftwaffe. Während des Ausbildungsjahres bei der RAAF kam ich nach Brisbane, Dubbo (im Innern von Neu-Süd-Wales), Sydney und Canberra. Hier lernte ich Mary kennen.

Es ereignete sich am Ende des zweiten Monats meiner Dienstzeit in der australischen Hauptstadt. Ich hatte die Vorschriften der Luftwaffe irgendwie geringfügig verletzt. Das Disziplinarverfahren erkannte auf sieben Tage Ausgehverbot. In dieser Woche mußte ich allerlei erniedrigende Aufgaben ausführen, wie Aufscheuern der Schreibstuben usw. Die Aufsicht führte eine Angehörige des weiblichen Hilfskorps, eine blauäugige, bezaubernde Frau – es war ein Vergnügen, von ihr Befehle entgegenzunehmen.

Kurze Zeit darauf gaben wir unsere Verlobung bekannt. Eine Woche später wurde ich nach Sydney versetzt, wo ich im Februar 1945 gemäß den Vorschriften über die Demobilisierung der Luftstreitkräfte aus der Luftwaffe entlassen wurde.

Die amerikanische Kriegs-Schiffahrtsverwaltung nahm Fühlung mit mir auf, in der Hoffnung, mich als Vollmatrosen zu werben, um die

Lücken in der amerikanischen Handelsmarine aufzufüllen. An sich hatte ich den Wunsch, mich an der Universität von Sydney einschreiben zu lassen, um mein Studium wieder aufzunehmen. Ich hatte es vor drei Jahren an der Staatsuniversität von Santa Barbara in Kalifornien des Krieges wegen abgebrochen. Leider war der Bedarf an Seeleuten dringlicher, obwohl ich für das australische Wiedereingliederungs-Programm in Frage kam. Schließlich war der Krieg noch nicht zu Ende.

Mary bestärkte mich darin, mich bei der Handelsmarine zu melden, da sie selbst aktiv bleiben wollte, solange ihr Vaterland sie brauchte, obwohl sie bereits drei Dienstjahre bei dem australischen weiblichen Hilfskorps der Luftwaffe hinter sich hatte.

Am Tage nach meiner Abmusterung ging ich als Vollmatrose an Bord eines amerikanischen Liberty-Schiffs.

Der plumpe, rostige Frachter mit seiner grauen Kriegsbemalung lief zunächst Townsville in Nord-Australien an und fuhr von dort zu vier Häfen der Salomonen. Dann nahm er Kurs auf die Neuen Hebriden und die drei Haupthäfen an der Nordküste von Neuguinea. Schließlich löschte er die restliche Ladung in Biak und Morotai. Dann kehrte er nach Neuguinea zurück, um australische Truppen abzuholen, die er nach Borneo bringen sollte. In Borneo erhielten wir Order, nach Brisbane zu fahren, wo ein Kontingent australischer Truppen auf uns wartete.

Als wir in Brisbane einliefen, hatte ich Mary schon beinahe vier Monate nicht gesehen. Es war im Mai. In Amerika ist um diese Zeit Frühling, in Australien dagegen tiefster Winter. Die Liebe kennt jedoch keine Jahreszeiten.

Wir heirateten in Sydney und flogen dann nach Brisbane zurück. Drei Tage dauerte unser junges Eheglück, bis mein Schiff an einem Sonntagnachmittag auslief.

Unser Behelfstruppenschiff brachte noch mehr Soldaten nach Borneo und sollte in sechs Wochen wieder zurück sein. Man wollte bis Kriegsende einen regelmäßigen Fährdienst nach dort einrichten.

Bei unserem Abschied ahnten wir daher noch nicht, was das grausame Schicksal für uns bereit hielt. Beim letzten Kuß hofften wir, daß wir uns bis zum Kriegsende alle sechs Wochen sehen würden, bis wir endlich für immer zusammenleben dürften.

Unser schwerfälliges Liberty-Schiff kämpfte sich durch das Große Barriereriff, rund um die Spitze von Ost-Papua, und machte sich auf die lange Reise nach Borneo. Irgendwo in der Höhe von Madang, im

Dunkel eines aufziehenden Wetters, überfiel plötzlich ein tropischer Wirbelsturm unseren schwerbeladenen Frachter und bedrängte ihn ohne Unterlaß. Die ganze Nacht wurde er herumgeworfen, so daß fast jegliche Kontrolle über das Schiff verlorenging und wir ein Spielzeug der riesigen Wellenberge und des unerbittlichen Sturms wurden. Kurz vor Sonnenaufgang, nachdem wir vor kaum einer Woche von Brisbane ausgelaufen waren, jagte er mit voller Fahrt unmittelbar westlich des kleinen Tropennestes Finschhafen auf den Dreck.

Der Bug ragte fünfzehn Meter in die Dschungelwälder Neuguineas hinein; die Baumkronen hingen über uns bis zur Luke zwei. Die Soldaten wurden über Bord gefiert und mußten rings um den Bug einen Kordon bilden, falls japanische Truppen in der Nähe sein sollten.

Die Mannschaft bemühte sich, das im Schlick festgesogene Schiff loszubekommen. Die Anker ließ man auf den Dschungelboden fallen, und die Fracht aus den vorderen Ladeluken wurde über Bord geworfen. Schlepptrossen wurden achtern zu den wartenden Schleppern ausgefahren. Alle möglichen Gewichte wurden auf dem Hecküberhang und auf den Geschützplattformen aufgehäuft, um das Schiff achtern herunterzudrücken, damit sich der Bug aus der Umklammerung des Dschungels befreien konnte.

Endlich, nachdem sich drei Schlepper damit abgequält hatten, und mit den Maschinen voll achteraus, kam unser Frachter frei und wurde nach Langemak, in der Nähe von Finschhafen, eingeschleppt. Mit der Nase lag er bis zum Deck im Wasser. Die schadhaften Stellen wurden festgestellt und die klaffenden Löcher provisorisch mit Zement abgedichtet.

Darauf nahmen wir Kurs auf Frisco.

In der dritten Nacht auf See sichtete die Wache gerade voraus anscheinend Brandungswellen von nahem Land. Es war jedoch nur das Kielwasser eines Kriegsschiffs. Sie gab Vollgas zurück. Die furchtbare Erschütterung des plötzlich rückwärts schlagenden Propellers ließ das Schiff erzittern, als ob man es gerammt hätte. Der Zement in den Lecks bekam Risse über Risse und fiel heraus. Mit dem Bug tief im Wasser nahmen wir Kurs auf Manus (Admiralitätsinseln).

Dreißig Tage lang versuchte die amerikanische Kriegsmarine, im Trockendock das nackte, graue Stahlgerippe wieder flottzumachen. Trotz aller Anstrengungen war unser Schiff kaum imstande, sich über den Ozean zu schleppen. In einem der amerikanischen Schiffsfriedhöfe fand es dann sein klägliches Ende.

Nachdem ich es zum letzten Mal über die Gangway verlassen hatte, nahm ich einen Posten als Stauer auf den Kaianlagen von San Pedro an. Dank dieser Beschäftigung konnte ich alle Schiffsbewegungen überwachen. Nach vierzehn Tagen musterte ich als Vollmatrose an Bord eines Tankers nach Melbourne an. In dieser Nacht glaubte ich mich schon auf dem Wege zu Mary.

Zwei Wochen vergingen. Es war August. Der Krieg war gerade zu Ende, und die Mannschaft sang und pfiff übermütig bei der Arbeit in der Hoffnung, endlich wieder in einer Welt des Friedens zu leben. Für viele von uns sollte diese Reise die letzte werden. Wir befanden uns nicht weit von Samoa, eine Woche von Port Philip entfernt. Noch eine Woche, und ich würde bei Mary sein. Ich konnte es mir kaum vorstellen, daß ich nach dreieinhalb Monaten Trennung bald wieder mit ihr durch die vertraute Flinderstraße in Melbourne schlendern würde.

In der gleichen Nacht, in der ich glückselig in diesen Träumereien schwelgte, erhielt unser großer Tanker Order, seinen Kurs zu wechseln und mit seinem Öl Manila anzulaufen.

Nach zwei Wochen in Manila liefen wir wieder aus, anscheinend nach Texas City über Panama. In Panama wurden wir jedoch nach Aruba in Holländisch-Westindien umdirigiert. Wir gingen in Orangestadt vor Anker und saugten wie ein Ferkelchen an der Muttersau 15000 Tonnen Öl aus den rauchenden, stinkigen Raffinerien. Ordergemäß liefen wir darauf Honolulu an, und von da ging's nach Yokohama.

In Japan blieben wir eine Woche in Nagoya und eine in Yokosuka und quälten uns dann weiter nach Shanghai. Neun Tage lagen wir dort auf dem unruhigen Wangpu und beobachteten das wirre Durcheinander von Dschunken und Sampans. Mit dem Wind ging es darauf zum schlammaufgewühlten Jangtsekiang und von da ins Chinesische Meer. Achtundzwanzig Tage später erreichten wir Panama, nach einer Reise von zehntausend Meilen über den Stillen Ozean.

Nach ein paar Tagen in Panama war unser schwarzrumpfiger Tanker schon wieder auf der Fahrt nach Curaçao, ganz in der Nähe von Aruba. Von dort ging's über den Atlantik nach England, hinein in den Bristol-Kanal, wo wir in Avonmouth anlegten.

Kaum zwei Wochen später, am 1. April 1946, landete ich in New York. Nachdem ich von dem Tanker abgemustert hatte, war mein erster Gedanke, ein Schiff ausfindig zu machen, das mich zu Mary zurückbringen würde. Ich erkundigte mich sofort nach allen derartigen Möglichkeiten.

Die Schiffahrtsgesellschaften konnten mir keine Hoffnung machen, weder als Passagier noch als Mitglied der Besatzung. Das Rote Kreuz hatte Verständnis für meine trostlose Lage, konnte mir aber ebenfalls nicht helfen. Die Seemannsgewerkschaft wandte sich meinetwegen an alle Schiffsagenturen, aber ohne Erfolg. Es fuhren nur ganz wenig Schiffe nach Australien; sie waren alle auf See und wurden erst nach Monaten zurückerwartet. „Versuchen Sie es in Frisco", meinte man.

„Per Anhalter" schlug ich mich nach der Westküste durch. Ich bevorzugte Privatwagen, weil es schneller ging als mit dem Bus oder mit dem Zug und ich außerdem so das Geld für die Überfahrt nach Australien sparen konnte. Ich hatte ungefähr tausendsechshundert Dollar bei mir, etwa die Hälfte der Heuer, die ich auf dem Tanker bekommen hatte. Den Rest meines Geldes hatte ich auf der Bank eingezahlt.

Leider stellte es sich in Frisco heraus, daß es hier mit den Passagemöglichkeiten genauso verzweifelt bestellt war wie in New York.

Schon vier Tage später zog ich mit meinem Seesack über der Schulter durch die belebte Kanalstraße von New Orleans. In meinem Haar war der Staub von nicht weniger als sechs amerikanischen Bundesstaaten. Auch hier sah ich mich nach einem Schiff nach Australien um. Zwei Tage lief ich von einer Schiffsagentur zu anderen und sprach auch bei der Seemannsgewerkschaft vor. Das beste Angebot war die Möglichkeit, in zwei Monaten als Passagier auf einem Bananendampfer mitzufahren, vorausgesetzt, daß ich das nötige Visum dafür bekäme!

Schließlich gelang es mir, gleich vom Pier aus als Kochsmaat auf einem Truppentransporter nach Panama über Puerto Rico anzumustern. In der Kanalzone packte ich meine Siebensachen und schlich mich in den ersten Morgenstunden durch die engmaschige Zollabsperrung auf die Kais. Ich hoffte, in Panama einen britischen Dampfer zu erwischen, der im Transitverkehr nach Australien fuhr oder wenigstens nach der australischen Inselwelt. Von dort aus konnte ich dann schon leichter nach Sydney kommen.

Dieser Plan erwies sich als völlig trügerisch. Die Schiffahrt war lahmgelegt. Von Cristobal bis nach Balboa fragte ich mich auf allen Piers durch, ohne im geringsten ermutigt zu werden. Schließlich erwischte man mich als blinden Passagier auf einem Holländer, der auf der Fahrt nach Indonesien war. Ich hatte besonderes Pech gehabt. Als der Dampfer aus dem Kanal herausfuhr, fiel die Dampfpfeife plötzlich aus. Als der Ingenieur deshalb den Schornstein untersuchte, um den Schaden zu reparieren, stand er mir plötzlich unerwartet gegenüber. Ich hatte mich zuvor in diesen hohen, dunklen Zylinder hineingezwängt. Im Strahl seiner Taschenlaterne hockte ich da mit meinem Brot und einer Flasche Wasser unterm Arm – bestimmt ein ungewöhnlicher Anblick auf einem Frachter, der sonst keine Passagiere mitnimmt. Ich wurde mit dem Lotsen zurückgeschickt und mußte vor der gestrengen Einwanderungsbehörde erscheinen. Sie hatte wenig Verständnis für meinen Fall. Nicht einer versuchte, sich in meine Lage zu versetzen. Ich wurde ins Lager gebracht und sollte dort auf das nächste Fahrzeug warten, das mit unzureichender Mannschaft an Bord durch den Kanal fuhr.

Hier hinterm Stacheldraht lernte ich Georg kennen. Georg war Australier und, wie so viele, die man an so ausgefallenen Orten trifft, völlig verzweifelt. Er brannte vor Sehnsucht, nach Hause zu kommen. In Schottland hatte er ein australisches Schiff verpaßt. Da er körperlich den Anforderungen der britischen Handelsmarine nicht gewachsen war, vermochte er nicht, durch Dienstleistungen auf den Schiffen sich bis zur Heimat rüberzuarbeiten. So brach er zusammen und versuchte sein Heil als blinder Passagier auf einem britischen Trampdampfer.

Auch er wurde entdeckt und in Panama der Kanalbehörde ausgeliefert, die ihn ins Lager brachte. Als ich ihn kennenlernte, sollte er binnen kurzem nach England deportiert und dort als blinder Passagier verurteilt werden.

Georg und ich waren in einer verzweifelten Lage. An diesem ersten Tag der Gefangenschaft zermarterten wir unsere Gehirne nach Mitteln und Wegen, um aus dieser verhängnisvollen Lage herauszukommen. Ich sollte auf das nächste Schiff abgeschoben werden, das hier einlief und nicht genug Besatzung hatte. Die Chance, daß dieses Schiff ausgerechnet nach Australien oder wenigstens in seine Nähe fuhr, war mehr als unwahrscheinlich, ja kam überhaupt nicht in Frage. Dagegen konnte ich mir eher vorstellen, daß man mich an Bord irgendeines rostigen Kahns bringen würde, der von Panama aus nach einem hinterweltlichen Winkel der Erde fuhr.

Als Georg vorschlug, ein kleines Boot zu beschaffen und mit dieser kümmerlichen Nußschale den Sprung über den großen Teich zu wagen, war ich gleich dabei. Bald schon schmiedeten wir die tollsten Pläne. Ich hatte auf der „Wind's Will" von einem Boot gehört, das in Balboa zu verkaufen war. Die Yacht gehörte Kim Powell. Als ich die Wasserfront entlangzog, um eine Überfahrtsmöglichkeit nach Australien zu erkunden, hatte ich sie bereits gesehen. Kim gehörte zu den alterfahrenen Seglern der Karibik und der Landenge von Panama. Er hielt etwas von dem Boot. Das genügte mir. Ich erzählte Georg davon, und wir beschlossen, es zu kaufen.

In der gleichen Nacht kletterten wir über die hintere Einzäunung des Lagers und suchten den Eigentümer der Yacht auf. Das Boot war für bare tausend Dollar zu haben. Der Besitzer wollte es gern verkaufen, hatte aber Bedenken, es uns für dieses abenteuerliche Unternehmen zu überlassen. Ich stieß Georg an und prahlte dann, daß ich schon Regatten nach Honolulu und längs der ganzen kalifornischen Küste mitgemacht hätte.

Ich machte Kim ferner klar, daß auch Georg schon auf einem kleinen zweimastigen Küstensegler als Steuermann von Tasmanien nach Neuseeland gefahren sei. Nachdem wir so bis zwei Uhr nachts miteinander gefeilscht hatten, verließen wir ihn als Eigentümer des Bootes, innerlich und äußerlich angenehm erhitzt.

Am nächsten Morgen teilte ich der Behörde mit, daß ich Besitzer einer Yacht sei und mein Boot im Balboa-Yacht-Club vor Anker liege. Ich müsse mich unmittelbar an Bord begeben. Die Ausweise würde ich ihnen rechtzeitig vorlegen und ihnen auch Gründe und Geldmittel nachweisen, die eine Fahrt zu meiner Frau auf meiner eigenen Yacht rechtfertigen würden. Sie wollten zunächst nichts davon wissen, als sie aber sahen, daß ich fest entschlossen war, erklärten sie sich bereit, mich freizulassen, wenn ich meine Angaben belegen könnte. Bis dahin mußte ich im Lager schmachten.

Georg und ich kamen überein, daß ich mich aus dem Lager schleichen sollte, um das Boot, das wir bis jetzt noch nicht zu Gesicht bekommen hatten, seeklar zu machen. Er wollte in der letzten Minute an Bord kommen, und dann sollte es losgehen. Noch in der gleichen Nacht kletterten wir wieder über den Zaun, um zum ersten Mal unser Boot in Augenschein zu nehmen.

Im Yacht-Club zeigte man uns im abendlichen Dunkel, unfern des Anlegesteges, die bescheidenen Umrisse eines Segelbootes. Das sollte die *Pagan* sein! Wir ruderten zu ihr hin und leuchteten mit unseren Taschenlampen Deck, Takelage und Schiffsraum ab. Noch nie waren mir 8,80 Meter Länge so kurz vorgekommen. Auch Georg schien das Gleiche zu empfinden. Das ging so weit, daß er nach einiger Zeit an Bord, nachdem uns die Winzigkeit ihrer Ausmaße noch mehr aufgegangen war, weit mehr über seine bevorstehende Verurteilung in England als von unserer Reise sprach. Er hoffte, das Urteil für blinde Passagiere würde nicht zu streng ausfallen. Ich wagte daher bei unserer Rückkehr nicht einmal zu fragen, ob er noch immer mit mir fahren wolle. Am nächsten Tag erteilten die Einwanderungsbehörden zögernd ihre Einwilligung. Da schrieb man auch schon über mich in den Zeitungen. Leute kamen und beobachteten mich vom Anlegesteg aus bei der Arbeit. Sie schüttelten nur den Kopf, wenn sie von der *Pagan* sprachen; doch ich beachtete ihre Einwände nicht. Ich war Bootsbesitzer! Es gehörte mir, und zwar ganz allein. Ich war vollauf beschäftigt, um es seeklar zu machen.

Ich ließ im Hafen durchsickern, daß ich jemand suche, der mit mir fahren wolle, besonders jemand, der etwas von Navigation verstehe, da ich darin ein völliger Neuling sei. Es war mir allerdings im Grunde gleich, wer sich melden würde – jeder war mir willkommen. Ich erhielt drei Angebote.

Das erste kam von Jim, einem ehemaligen Matrosen. Er hatte sich seinerzeit ebenfalls in Australien verheiratet. Seine Frau war in Melbourne. Er lebte schon siebzehn Monate von ihr getrennt, da sie keine Möglichkeit hatte, nach Amerika zu kommen. Es war ihm übrigens bei der Suche nach einem Schiff nach Australien ebenso kläglich ergangen wie mir. Er hatte schon ernsthaft daran gedacht, ein Rettungsboot auszurüsten und sich damit loszuwagen. Da hörte er von mir. Wir trafen uns nach telefonischer Verabredung in einer Bar in Balboa. Er war genau wie ich noch nie allein gesegelt, aber – wie er sagte – „es gibt nichts auf der Welt, das zwei Amerikaner nicht fertigbringen würden. Woran der eine nicht denkt, daran denkt der andere."

Da Jim darauf brannte, die *Pagan* in Augenschein zu nehmen, schlug ich vor, uns sofort auf den Weg zu ihr zu machen.

Wahrscheinlich hätte ich besser den Mund nicht so weit aufgerissen und ihn erst im letzten Augenblick an Bord genommen. Als ich ihm die *Pagan* zeigte, meinte er glattweg, ich wolle ihn verulken. Er hatte angenommen, daß es der fünfzehn Meter lange Kutter sei, der in ihrer Nähe lag.

Als er feststellte, daß sie weder Kombüse noch WC besaß, nagte er an den Lippen und sah bestürzt aus. Als mich Jim an diesem Abend verließ, hatte ich keine Hoffnung, daß er wieder auftauchen würde – und er erschien auch nicht mehr.

Beim zweiten Bewerber kam ich nicht einmal so weit, daß ich seinen Namen erfuhr. Er hatte sich schon vorher aus dem Staube gemacht. Er sei auf „Abenteuer" aus, sagte er. Leider verstand er als ehemaliger Offizier der Handelsmarine darunter etwas ganz anderes als ich. Ich habe in meinem ganzen Leben noch keinen dritten Offizier gesehen, der wie er fast ebenso viele Ärmelstreifen hatte wie der Commodore der *Queen Mary.* Er war des Lobes voll über den fünfzehn Meter langen Kutter und wollte ungeduldig wissen, wann wir ausreisen würden. Ich klärte ihn auf, daß mein Boot die kleine, 8,80 Meter lange Yacht daneben sei und daß wir losfahren könnten, sobald er seine Siebensachen an Bord gebracht habe.

Was ihm nicht in den Kopf ging war, daß eine 8,80 Meter lange Yacht mittschiffs nur ungefähr zweimal so breit war wie ein gewöhnliches Bett und etwa viermal so lang. Das war ihm zu wenig Raum für seine „abenteuerlichen Erlebnisse".

Das dritte Angebot kam von Zwillingen. Sie wollten keinerlei Arbeit übernehmen, sondern es sich nur an Deck bequem machen und die Wunder der Südsee genießen. Ich heuerte sie sofort an und hätte in Ermangelung eines alten Fahrensmannes keine bessere Wahl treffen können. Die Zwillinge waren Kätzchen, denen eine Werkstatt in der Nähe den Laufpaß gegeben hatte. Ihnen verdanke ich, daß ich bei Widerwärtigkeiten und Enttäuschungen stets sofort alles Schwere vergaß. Sie waren mir mehr wert als jede andere Mannschaft.

Ich hatte gehofft, durch den Artikel im „Panamaer Tageblatt" einen erfahrenen Matrosen oder wenigstens jemand ohne Erfahrung zu werben. Was ich vor allem brauchte, war ein Gefährte. Ob er schwarz, weiß, rot oder grün war, machte mir wenig aus. Allerdings durfte er nicht so grün sein, daß er gleich am ersten Tag auf See keinen anderen Gedanken hatte als: Nichts als zurück! Als sich bis zum 24. Mai – zwei Wochen nach Ankauf der *Pagan* – niemand blicken ließ, brachte ich die letzte Ladung an Bord, machte klar Schiff und wartete auf den Umschwung des Wetters. Die Zeit verstrich. Draußen über dem Ozean lachte der blaue Himmel. Wahrscheinlich würde das bis Oktober so bleiben, bis die tropischen Wirbelstürme einsetzten. Es blieben mir also vier Monate, um im Wettlauf mit diesen Orkanen die australische Küste zu erreichen: Zeit genug, wenn alles glatt ging und ich bald losfuhr.

Ich verabschiedete mich von den Leuten am Hafen. In letzter Minute häuften sich am Kai Bücher, Zeitschriften, Lebensmittel, Kochgeschirr und Porzellan als Andenken an die freundlich gesinnten Isthmusbewohner.

Als ich an Bord ging, um mich frühzeitig schlafen zu legen, war die Sicht klar, die Nacht schön, und ein frischer Wind wehte aus Süden.

DIE ABREISE

Als die Zeit der Ausreise immer näher rückte, wählte ich mir als erstes Ziel eine am Rande der Galapagos-Gruppe liegende Insel – ungefähr tausend Meilen südwestlich von Panama. Sollte ich sie verfehlen – ich hatte keine Zeit gehabt, mich mit der Navigation vertraut zu machen –, wollte ich die Marquesas, weitere dreitausend Meilen westlich davon, anlaufen.

Immer wieder beschäftigte ich mich in Gedanken mit der schwierigen Aufgabe, unter Segel zu gehen und das Boot sicher in die Fahrrinne zu steuern. Während der ganzen letzten Woche, als die Zeit für die Abfahrt immer näher rückte, klopfte mein Herz hörbar, wenn ich an das bevorstehende erste Erlebnis mit der Segelei dachte. Was geschieht eigentlich mit dem Boot, wenn die Segel gesetzt sind?

Ich besaß ein Buch „Die Kunst des Segelns“. Jeden Tag steckte ich meine Nase rein und versuchte, mir alle technischen Ausdrücke zu merken und im Geist die Zeremonie des Segelsetzens durchzuexerzieren. Kein Wunder, daß ich mir immer kleiner und erbärmlicher vorkam! Ich machte mir den Vorgang in allen Einzelheiten klar: das Loswerfen von der Festmacherboje, das Setzen der Segel – alles, aber auch alles. Ich wollte bei Tageslicht an Deck stehen und den Anker hieven. Sobald ich in Fahrt kam, wollte ich den Klüver setzen, dann die Fock und schließlich das Großsegel . . . genau nach dem Buch. Kam der Wind aus dem nördlichen Quadranten, wollte ich mitten im Fahrwasser vor ihm hersegeln. Kam er dagegen aus Süden, mußte ich Kurs auf die Sandbank rechts vom Fahrwasser nehmen und von da nach der Sandbank auf der gegenüberliegenden Seite kreuzen. Ich fühlte mich wie mit allen Wassern gewaschen, ganz gleich, aus welcher Richtung der Wind kam, und wie gering auch meine seemännischen Kenntnisse sein mochten.

Endlich war der Abreisetag gekommen. Es war am Sonnabend, dem 25. Mai. Eine leichte Brise wehte aus Süden. Mein Boot und ich waren gerüstet, so gut es ging.

Ich war um sechs Uhr an Deck. Ich wollte die Reise antreten, ehe die Yachtbesitzer zu ihrer täglichen Segelfahrt erschienen. Sie sollten nicht Zeugen werden, wie ich mich zum ersten Mal mit Segeln und Ruderpinne versuchte. Aus diesem Grund hatte ich es auch unterlassen, eine Probefahrt rings um den Hafen zu machen, um mit dem Boot vertraut zu werden. Diese Salonsegler mit ihren eleganten Segelmützen, die sich im Yacht-Clubhaus herumräkelten, machten sich mit beißendem Spott über jede Handhabung lustig, die nicht ihrem geheiligten Segelzeremoniell entsprach.

Ich nahm mein kleines, zwei Meter langes Beiboot an Deck und befestigte es an dem dafür vorgesehenen Platz an der Steuerbordreling beim Deckshaus. Dann machte ich die Segel klar zum Setzen, klarierte die Fallen und lief aus. Unter gütlichem Zureden ließ ich den Motor anlaufen. Der Propeller drehte langsam voraus.

Leichtfüßig rannte ich zum Bug und löste den Schäkel, der die Ankerkette mit der Boje verband. Kurz darauf war die *Pagan* frei und fuhr langsam voraus. Sofort eilte ich zurück zum Ruder und ging auf Kurs. Einer Eingebung folgend, beschloß ich, die Segel vorläufig nicht zu setzen, da ich mit dem Motor so wunderbar vorankam. Ich legte das Ruder fest und lief nach vorn, um den Anker klarzumachen, falls ich ihn benötigen sollte. Er hatte sich mit der Kette vertörnt, die unordentlich auf dem Vorluk lag.

Ich hob den Anker hoch, zog mit meinem ganzen Gewicht an der Kette, um sie klar zu bekommen, und wollte dann den Anker neben die Klüse legen. Das Deck bewegte sich nur wenig. Da stieß ich gegen den Leitwagen. Mein Fuß glitt aus, und ich fiel rücklings über Bord. Eine Sekunde – und ich war unter Wasser, mitgerissen vom Anker. Ich ließ ihn los und versuchte, wieder an die Oberfläche zu kommen.

Als ich wieder aus den Augen sehen konnte, war die *Pagan* schon ein gutes Stück weiter und steuerte eifrig auf die vor Anker liegenden Yachten zu. Die Ankerkette rasselte durch die Klüse.

Als der Anker faßte, kam die Kette steif, und *Pagans* Bug änderte den Kurs. Sie fuhr in einem großen Kreis rings um den Anker. Ich schwamm auf sie zu. Sie glitt zunächst ganz nah an einer Boje und dann unmittelbar an einer Yacht vorbei und entfernte sich sichtlich von mir in Richtung der ablaufenden Tide. Der Anker schleppte. Sie trieb auf die Yachten zu, die achtern und vorn verankert waren.

Ich schwamm aus Leibeskräften. Ohne aufzugucken, teilte ich das Wasser mit wuchtigen Schlägen. Als ich schließlich hochsah, war die *Pagan* noch weiter weg. Aber da geschah das Aufregendste!

Die *Pagan* stieß mit einer Boje zusammen, oder genau genommen, kam gerade noch von ihr klar und nahm dann Kurs direkt auf mich zu. Ich schwamm zur Seite und bekam etwas von ihrer Bugwelle ab. Als sie mit ihrer Kette an mir vorbeiglitt, ergriff ich die Kette und zog mich daran an Deck.

Ich legte hart Ruder. Das Boot wendete gehorsam und nahm Kurs auf eine ungefährliche Stelle, an der ich erst einmal vor Anker gehen wollte, um mich etwas auszuruhen.

Da kam die *Pagan* mit einem Ruck ans Ende ihrer Ankerkette, drehte auf und schoß wieder auf die verankerten Yachten zu. Angstübermannt stoppte ich den Motor und – wünschte im gleichen Augenblick, es nicht getan zu haben, denn würde der Anker halten?

Die *Pagan* trieb immer weiter achteraus, während die Yachten immer näher kamen. Ich beschloß, nach unten zu gehen, um den Motor wieder anzulassen. Wir trieben an einem Ankerplatz vorbei und darauf an der ersten Yacht. Plötzlich kamen mir die Segel in den Sinn.

Ich sprang an Deck, lief zum Mast und warf mich mit meinem ganzen Gewicht in das Großsegelfall. Das schwere weiße Segel schlug im Wind hin und her. Dann füllte es sich und löste mit seiner Kraft die Schot. Ich eilte ans Ruder. Die *Pagan* nahm Fahrt auf und lief vor einer von Steuerbord kommenden Backstagsbrise. Ich wedelte mit der Ruderpinne hin und her, um von den Yachten freizukommen.

Ganz plötzlich war alles, was ich früher aus meinem Lehrbuch über die Segel gelernt hatte, wie weggeblasen. Ich war wie gelähmt und saß da und überlegte, was man vernünftigerweise mit der Takelage anfangen sollte. Vermutlich verwirrte mich die unerwartete Fahrtgeschwindigkeit, die ich mir in keiner Weise erklären konnte. In diesem Augenblick erreichte die *Pagan* das Ende der Ankerkette. Die Fahrt wurde jäh unterbrochen. Der Kutter riß mit aller Gewalt an der Ankerkette und halste dann. Mit einem Ruck schlug der schwere Großbaum von Backbord nach Steuerbord. Ich bemerkte es rechtzeitig und duckte mich, sonst wäre ich über Bord gefegt worden. Ich rannte nach vorn, hievte den Anker und zog ihn an Deck.

Dann holte ich die Schot ein, die *Pagan* luvte an und glitt aus dem Ankerbereich der Yachten hinaus in das Fahrwasser. Allmählich hatte sich der Kai mit zünftigen Seglern bevölkert, die schon frühzeitig zu einer Segelpartie erschienen waren. Diesen „Hafenumseglern" entgeht nicht die geringste Kleinigkeit auf See. Einigen unter ihnen war bestimmt meine herausfordernde Laienhaftigkeit aufgefallen. Um meine Ehre zu retten und meine seemännische Tüchtigkeit zu beweisen, ging ich hoch an den Wind mit der Absicht, das offene Meer zu erreichen.

Ich rannte eiligst nach vorn, setzte die Fock und holte die Fockschot dicht. Dann lief ich schnell zurück zum Ruder, um die *Pagan* auf Kurs zu legen. Etwas später heißte ich den Klüver vor. Die Fahrt, die Richtung zum Wind und überhaupt das ganze Aussehen machten jetzt einen viel zünftigeren Eindruck. Meiner Schätzung nach liefen wir jetzt ungefähr fünf Knoten.

Als wir an die Fahrwassergrenze zur Sandbank kamen, legte ich das Ruder hart nach Luv, wie es im Buch angegeben war. Ich wollte über Stag gehen. Mit einem Ruck drehte die *Pagan* in den Wind, luvte für einen Augenblick an und fiel dann wieder nach Steuerbord ab.

Als sie genügend Fahrt aufgenommen hatte, warf ich das Ruder wieder nach Luv. Sie luvte bis in den Wind, stoppte und fiel genau wie vorhin wieder ab.

Ich steigerte die Geschwindigkeit beim Überstaggehen. Plötzlich verlangsamte sich jedoch das Tempo, und unversehens stoppte die *Pagan* ganz. Es war, als ob sie an Drähten geleitet würde. Sie schwankte nur wenig, legte sich aber in einem ganz unseglerischen Winkel über.

Meine Kätzchen kletterten das schräg nach oben gerichtete Deck hinauf, bis ich sie nahm und sie in meine sichere Kajüte brachte.

Ich warf alle Segel los und ließ den Motor voll zurücklaufen. Dann stolperte ich zum Bug, sprang von dem tiefliegenden Deck ins flache Wasser und stemmte mit meiner Schulter immer wieder gegen den Steven. Zwischendurch ruhte ich mich ein paar Minuten aus und berechnete angesichts der eintretenden Ebe, wann ich völlig auf dem Trockenen sitzen würde. Das mußte mir natürlich ausgerechnet vor dem Yacht-Club passieren!

Ich kletterte wieder an Deck. Ach, wie elend fühlte ich mich! Diese verfluchte Sandbank! Da kam plötzlich die Rettung. Die Welle eines ausfahrenden Dampfers flutete unter der *Pagan* hinweg. Ich gab dem Motor Vollgas achteraus, sprang über Bord und schob die *Pagan* von der Sandbank hinunter.

Dann zog ich mich wieder an Deck und bahnte mir über die unordentlich herumliegenden Segel einen Weg an die Pinne. Nachdem ich die *Pagan* in die Fahrrinne gesteuert hatte, nahm ich, ohne ein neues Experiment mit den Segeln zu wagen, Kurs auf die ausgedehnte Bucht, wo Platz genug für meine Übungen war.

Als Panama mich zum letzten Mal zu sehen bekam, rutschten die an Deck liegenden Segel und Schoten ins Wasser, der Großbaum ruckte von einer Seite zur anderen, und die nicht belegten Fallen schlugen in der Takelage hin und her – trotzdem: Die *Pagan* fuhr frohen Mutes hinaus aufs Meer.

*

Der Tag hatte sich geneigt. Einsam lauschte ich den nächtlichen Geräuschen der See. Die *Pagan* bahnte sich langsam durch die feuchte Dunkelheit ihren Weg, als wolle sie ihn abtasten. Angespannt richtete ich Auge und Ohr über den Bug in die Ferne auf der Suche nach Land. Meine verwöhnten Kätzchen schlummerten friedlich in meinem Schoß und ahnten nichts von meiner tiefen Bangigkeit.

Ich stand am Ruder und ließ den Kopf hängen und wünschte sehnsüchtig, daß mir aus all dieser Dunkelheit ein rettendes Licht zublinkern möge. In welcher Richtung fuhr ich? Noch vor drei Stunden war ich überzeugt, die Position des Schiffes zu kennen. Jetzt steuerte ich jedoch einen Zickzackkurs und hoffte, einen Hafen zu sichten oder seine Geräusche zu erlauschen, um dort vor Anker zu gehen, die Nacht zu verbringen und nachzudenken. Der Tag hatte mir genug verwirrende Probleme aufgegeben.

Nach ungefährer Schätzung war ich fünfzig bis sechzig Meilen von der Küste entfernt und hoffte, mich irgendwo in der Nähe der kleinen Insel Pedro Gonzales (Perlasgruppe) zu befinden.

Es war zehn Uhr abends. Ich war schwach vor Hunger und erschöpft von der Anstrengung, den ganzen Tag mit den Segeln gearbeitet zu haben. Von morgens bis abends hatte ich sie entweder gesetzt oder weggenommen und mit meinem Boot in allen Windrichtungen manövriert. Ich hatte die Segel einfach und doppelt gerefft und mich sinnlos hin- und hertreiben lassen. Natürlich hatte ich dadurch mein Boot schon etwas besser kennengelernt, wenn ich auch im großen und ganzen noch im Ungewissen tappte. Leider kannte ich es nicht gründlich genug. Die Dunkelheit hatte mich völlig unerwartet überfallen. Ich befand mich auf dem belebten Großschiffahrtsweg. Eine Nacht völliger Ruhe hätte mir gut getan.

In der Abenddämmerung hatte Pedro Gonzales wie ein graublauer Fleck am Horizont ausgesehen. Die Nacht verwischte jedoch die Umrisse. Wäre ich mit Segeln und Motor volle Kraft voraus gefahren, hätte ich mich der Insel mit Leichtigkeit so weit genähert, daß ich sie nachts bequem in Sicht gehabt hätte. Leider hatte ich das versäumt, da ich angenommen hatte, daß die Brise im Laufe des Abends stärker werden und ich dank ihrer mein Ziel schneller erreichen würde. Nun aber trieb ich mit schlaffen Segeln auf dem spiegelglatten Meer. Die Blöcke knarrten, und die *Pagan* dümpelte dahin.

Ich ließ die Segel stehen, startete aber den Motor und tastete mich ins Ungewisse voran. Plötzlich vernahm ich das schnelle Heranrauschen großer Wellen, auf das regelmäßig fast völlige Stille folgte. Ich lauschte angespannt in die Nacht hinaus. Tiefste Dunkelheit umgab mich, und das Rollen der See wurde immer lauter.

Ich vermochte die aufragende Küste dieser zerklüfteten Insel, die die Sterne verdeckte, nur ahnend wahrzunehmen. Zuweilen kam es mir vor, als ob die auf den Strand aufschlagende Brandung immer deutlicher zu hören sei.

Vor mir erhob sich ein weit herausspringendes Kliff. Ich wendete, so daß ich es jetzt an Steuerbord hatte, und sichtete an Backbord einen anderen zerklüfteten Schatten. Indem ich einen Kurs mitten zwischen die beiden nahm, hoffte ich beim Näherkommen durch Loten eine Stelle zu finden, an der ich ankern könnte.

Als ich so dahinfuhr, wurde das Tosen der See immer lauter. Ganz nahe an Backbord war eine wogende, graue Brandungslinie – manchmal schien es allerdings, als sei sie noch weiter weg.

Voraus erkannte ich, wie die Wellen hochaufspritzend das vorgelagerte niedrige Felsengewirr überspülten. Die Luft war feucht, wie von Gischt erfüllt. Leider läßt sich das instinktive Zurückschrecken des Seemanns vor drohender Gefahr nicht an einem einzigen Tag auf See erwerben. Ich leuchtete das Wasser vor mir ab und gab Lichtsignale. Plötzlich hörte ich Stimmen aus der Dunkelheit: „No pase par aqui! Piedras! Peligroso!“ (Keine Durchfahrt! Felsen! Gefahr!)

Felsen! Meine Haare sträubten sich. Sekundenschnell warf ich das Ruder nach Backbord herum. Die *Pagan* halste. Von allen Seiten blitzte glitzerndes, graues Wasser auf. Ich stoppte den Motor, rannte zum Mast, warf alle Fallen los und riß das Großsegel Hand über Hand herunter. In Windeseile, fast ohne es mir richtig bewußt zu werden, hatte ich den Anker fallen lassen und zwanzig Meter Kette gesteckt. Aus der Oberfläche des Wassers tauchten die Felsen nahezu unmittelbar vor meinem Boot auf. Über eine Stunde hielt mich das aufgewühlte Wasser auf den beiderseitigen Untiefen herzklopfend an Deck, bis sich die *Pagan* endlich friedlich vor Anker legte.

Halbindianische Fischer kamen in ihren kleinen Booten herbeigerudert. Sie schwangen sich im Schein meiner Taschenlampe an Bord und grinsten mich aus ihren stoppeligen Gesichtern an. Obwohl die Lage des Schiffes gewagt war, meinten sie doch, daß ich jetzt einigermaßen in Sicherheit sei. Dann gingen sie wieder.

Ich saß an Deck und schaute auf das bewegte Wasser und lauschte seinem unheimlichen Gurgeln – es war wie ein wirrer Traum. Ich überdachte noch einmal den vergangenen Tag mit all seinen Lehren und versuchte mir vorzustellen, was mir noch alles bevorstände, wenn ich erst einmal auf offener See sei. Je länger ich grübelte, desto mehr war ich davon überzeugt, daß mir für eine solche Fahrt selbst die einfachsten Vorkenntnisse fehlten. Ich war mit meinem Boot nicht vertraut genug. Ich wußte kaum damit umzugehen. Bereits der erste Tag hatte dies klar bewiesen.

Was ich brauchte, war praktische Erfahrung, mindestens eine Woche lang, wenn nicht gar zwei. Ich mußte mit meinem Boot verwachsen. Erst dann würde ich es ganz kennen und im voraus in jeder Lage wissen, wie ich es unter Kontrolle halten könnte.

Ich erwog, ob ich nicht in den Gewässern rings um Pedro Gonzales praktische Erfahrungen sammeln und dabei die Inseln als Ausgangspunkt benützen sollte. Ja, ich dachte daran, die ganze Inselgruppe der Perlas zu meinem Übungsgebiet zu machen.

Ich leuchtete die Seekarte der Perlas ab und fand, daß das enge Gewirr dieser Inseln für meinen Zweck sehr geeignet sei. Es gab hier genug Buchten, um in ihnen das Ankern zu lernen oder auszuprobieren, wie die schmalen Durchfahrten zwischen den einzelnen Inseln passiert werden mußten. An den Sandbänken, Felsenriffen und zahlreichen kleinen Inselchen konnte ich mich üben, sie richtig zu umschiffen. In einem Augenblick der Erleuchtung faßte ich eine Zuneigung zu dieser kleinen Inselwelt und nahm mir vor, bei Tagesanbruch mit dem Training zu beginnen. Als ich schließlich unter Deck ging, war die schreckliche Unsicherheit, die mich seit Tagen gequält hatte, wie weggeblasen.

Jetzt würde ich zünftig alles ausprobieren und alles lernen, was man wissen muß, um leichten Herzens hinaus aufs Meer segeln zu können.

Da ich den ganzen Tag wegen der dauernden Beschäftigung mit den Segeln und dem Manövrieren kaum etwas gegessen hatte, knurrte mein Magen plötzlich immer heftiger. Ich hatte nicht die Absicht, einen besonderen Speisezettel für meine Mahlzeiten auf der *Pagan* aufzustellen. Kam die Essenszeit heran, sah ich meine Vorratsliste durch und strich das ab, wonach mir im Augenblick der Sinn stand. Dann suchte ich in den Lebensmittelkisten, bis ich das Gewünschte fand. Ich ließ es mir angelegen sein, meine Vorräte stets genau zu überprüfen, damit ich jederzeit wußte, was noch vorhanden war.

Als ich seinerzeit den Proviant für die *Pagan* einkaufte, kam es mir vor, als ob ich mich für eine Jagdpartie ausrüsten wollte. Ich sorgte allerdings dafür, daß die Vorräte gut vier Monate reichen würden.

Ich schloß eine Art Kompromiß zwischen Lebensmitteln, die ich gern aß, und denen, die sich leicht zubereiten ließen und billig und dauerhaft waren. Von folgenden Dingen schaffte ich je viereinhalb Kilo an: Reis, Mehl, Haferflocken, Maismehl, Maisgrütze, Tee, Kaffee, Honig, Marmelade, Margarine und Zucker. Ich wählte dieses Maß, weil für meine Vorräte in der Nähe des Yacht-Clubs nichts anderes als zwölf große Apfelmostflaschen aufzutreiben waren, in die je viereinhalb Kilo hineingingen. Dafür extra festschließende Büchsen zu kaufen, konnte ich mir nicht leisten. Nachdem ich die Flaschen gefüllt hatte, verschloß ich sie fest, hüllte sie in Wolldecken ein und verstaute sie unter meinen Sofakojen. Da ich zwölf Flaschen hatte, konnte ich zusätzlich eine für Zucker verwenden.

Anstelle von Brot nahm ich eine Zweiundzwanzigeinhalb-Liter-Blechbüchse mit hartem, kräftigem Schiffszwieback mit. In die Literflaschen, die mir Hausfrauen am Hafen schenkten, füllte ich Backpflaumen, Apfelringe und getrocknete Pfirsiche. An der Decke meiner Kajüte baumelten eine riesige Speckseite und ein Schinken. Sie schwangen immer hin und her, wenn das Boot rollte, und verbreiteten einen angenehmen, räucherigen Duft.

Mein Hauptvorrat bestand aus einer großen Menge Konservendosen – im ganzen zweihundertachtundvierzig Stück –, von denen die meisten Zweipfundbüchsen waren. Ich bevorzugte diese großen Dosen, da sie gerade für eine ordentliche Mahlzeit ausreichten. Ich brauchte nur den Büchsenöffner anzusetzen, und schon stand mein Essen fix und fertig vor mir. Ich hatte mich mit allem eingedeckt, vom pikanten Tomatenmark bis zu Fischkonserven für die Kätzchen.

Von meinen ganzen Vorräten schmeckte mir Schweinefleisch mit Bohnen am besten. Das Leben an Bord macht Appetit, und daher lernt man, allem etwas abzugewinnen. Auch das Einfachste mundet ausgezeichnet. Ich fragte nicht nach teuren Leckerbissen, außerdem hatte ich dafür kein Geld. Meine paar Kröten reichten gerade für eine einfache, gesunde Nahrung. Ich war kerngesund und im Essen niemals verwöhnt gewesen. Mir kam es mehr auf die Quantität als auf die Qualität an.

Ein kleiner, niedriger Tisch, der an Backbord im hinteren Teil meiner Kajüte stand, diente mir als Kombüse. Auf der einen Seite des Tisches stand ein kleiner Kocher, der etwas umständlich mit komprimierter Luft und Petroleum angeheizt werden mußte. Er gab jedoch im Handumdrehen eine starke Flamme. Ich konnte darauf meisterhaft Fisch braten.

Die Hausfrauen am Panamakanal hatten mir unter anderem eine Auswahl an Töpfen, Pfannen und kuriosem Eßgeschirr verehrt. Keines paßte zum zweiten. Trotzdem bekam ich auf diese Weise eine ganze Kücheneinrichtung zusammen. Wenn ich bei besonderen Anlässen einmal nicht wie gewöhnlich alles kalt aus der Büchse essen mochte, war ich in der Lage, den Tisch kunstgerecht und stilvoll zu decken.

Von Anfang an habe ich mir ernste Sorgen um die Beschaffung geeigneter Wasserbehälter gemacht. Ein Yachtbesitzer schenkte mir zwei Milchkannen mit je neunzig Liter Fassungsvermögen. Ich füllte sie und zurrte sie am Mast in der Kajüte fest. Ein anderer überließ mir ein eichenes Fünfundvierzig-Liter-Faß und ein dritter ein Achtzehn-Liter-Fäßchen aus Eichenholz. Am Hafen fand ich am Fuße der Felsen einen Achtundsechzig-Liter-Benzintank, der von einem Flugzeug stammte. Außerdem kaufte ich sechs Achtzehn-Liter-Jeep-Kanister, zu 50 Cent das Stück. Einen davon verwendete ich für Petroleum, die anderen fünf ebenfalls für Wasser. Schweren Herzens erwarb ich zusätzlich vom Proviantmeister zwei Fünfundvierzig-Liter-Eichenfässer, zu fünf Dollar das Stück. In die Literflaschen, die mir die Hausfrauen schenkten, füllte ich weitere vierzehn Liter, die ich in den vorderen Kojen verstaute. Als ich abfuhr, hatte ich insgesamt etwas über vierhundertundfünf Liter Wasser an Bord.

Mein Brennstoffvorrat für den kleinen Kermath-Diesel bestand aus dreihundertsechzig Liter Treibstoff. Davon neunzig Liter in dem eingebauten Tank vor der Achterpiek. Sechs Kanister mit je zweiundzwanzigeinhalb Liter standen in der Plicht, zwei weitere waren auf dem Vordeck an den Mast gelascht. Am Heck hatte ich ebenfalls zwei festgebunden und je einen an einer Klampe an der Reling zu beiden Seiten des Cockpits.

Außer Lebensmitteln und Treibstoff hatte ich unter anderem noch folgendes mitgenommen: eine Sanitätertasche aus Heeresbeständen für die Erste Hilfe, eine große Geschenkpackung mit Schönheitsmitteln für Mary sowie andere Überraschungen für sie, zum Beispiel Nylonstrümpfe, ferner für die Kätzchen Flohpulver, für mich zwei nagelneue Anzüge – vollständig mit Hut und Mantel –, einen davon wollte ich zur Begrüßung meiner Frau in Sydney anziehen; außerdem ein aufblasbares Schlauchboot, falls etwas passieren sollte, und Angelgerät, um zusätzlich Nahrung zu beschaffen. Ich besaß ferner eine kleine Bibliothek an Bord, etwa fünfundzwanzig Bücher – fast alles Geschenke. Man hatte mir auch viele Magazine und lustige Karikaturenbücher verehrt. Die letzteren hätte ich gern an Land gelassen, wenn mir nicht der Gedanke gekommen wäre, sie würden vielleicht den Eingeborenen Spaß machen, die ich wahrscheinlich auf den verschiedenen Inseln antreffen würde.

Meine persönliche Habe, alles Dinge, die ich bei der Entlassung von der Handelsmarine erhalten hatte, war in meinem Seesack verpackt. Ich besaß sieben Khaki-Anzüge, verschiedene Hemden und Hosen, Schuhe und eine Schlechtwetterausrüstung.

An Bord befand sich auch eine Reihe von Navigationsinstrumenten, mit denen ich vorläufig wenig anzufangen wußte. Ich wollte sie erst auf hoher See ausprobieren. Da würde ich bestimmt Zeit genug dazu haben. Außerdem war es die geeignete Umgebung, um die Navigation zu erlernen.

Ich schätzte bei der Abreise, daß meine gesamten Vorräte gut vier Monate reichen würden. Könnte ich noch manches dazu angeln und auf den Inseln, die ich besuchte, dies und jenes an Frischnahrung mitnehmen, so würde ich auch fünf Monate damit auskommen können. Da ich bereits in weniger als fünf Monaten in Sydney sein wollte, fühlte ich mich daher durchaus sicher.

ÜBUNG MACHT DEN MEISTER

Die Perlas sind eine Gruppe niedriger, dichtbewaldeter Inseln im südlichen Quadranten des Golfs von Panama. In ihren halbzivilisierten Dörfern wohnt eine rassisch stark gemischte Bevölkerung von Indianern, Negern und Spaniern. Ihre armselige Nahrung besteht aus wildwachsenden tropischen Früchten und Gemüsen sowie den zahlreichen Fischen der Küstengewässer. Ihre pueblos (Dörfer) liegen leewärts dieses Inselgewirrs, meistens an einer kleinen Bucht.

Die erste Nacht verbrachte ich in der Perry-Bay der Insel Pedro Gonzales.

Früh am nächsten Morgen segelte ich weiter. Auf der Suche nach einer geeigneten Bucht, in der ich vor Anker gehen könnte, trieb mich ein frischer Wind mit gewaltigen Regengüssen gen Osten. Ganz in der Nähe, in Lee der Insel Señora, fand ich eine sandige Landzunge, an die ich dicht heranmanövrierte. Ich war mein eigener Lotse und stand am Heck, bediente die Pinne mit dem Fuß und stellte beim Näherkommen die Wassertiefe durch Loten mit dem Handblei fest. In dem mir geeignet erscheinenden Augenblick schoß ich in den Wind. Ich ließ den Anker fallen, warf das Piekfall los und holte das Großsegel Hand über Hand nieder. Ebenso warf ich Fock- und Klüverfall los, ließ die Fock herunterrauschen und balancierte auf dem Klüverbaum hinaus, um den Klüver zu bergen. Das Ankern war mir gelungen . . . und es war nicht einmal so schwer gewesen. Ich fühlte mich ganz zuversichtlich und wollte gerade unter Deck alles ins Logbuch eintragen. Da geschah es: Ich konnte auf Deck mit bloßen Sohlen fühlen, daß der Kiel gegen irgend etwas schlug.

Auf diesem beengten Ankerplatz hatte ich vergessen, die Kette abzustoppen. Sie lief daher mit voller Länge aus, mit dem Ergebnis, daß ich mit dem Heck zum Land lag. Dazu regnete es stark. Die See rauschte mit dem Pladdern des Regens um die Wette. Als mir bewußt wurde, daß ich ausgerechnet bei dieser öden, kleinen Insel auf Grund geraten war, fühlte ich zum ersten Mal, wie feuchtkalt der Regen war.

Wir hatten Ebbe, und das Wasser lief sehr rasch ab. Das Schiff lag ganz auf der Seite. Ich saß auf der Reling, ließ mich in der eben hervorgekommenen Sonne trocknen und überlegte, wie ich wieder flott werden könnte. Die Kätzchen spielten zu meinen Füßen. Sie waren bis auf die Haut naß und sahen wie kleine Ratten aus. Sie schienen mir ein Sinnbild meiner Hoffnungslosigkeit zu sein, als sie sich an dem schrägliegenden Deck krampfhaft festkrallten.

Ich glaubte schon, daß meine Reise ihr unrühmliches Ende gefunden hätte, und hörte innerlich die bitteren Worte: „Das habe ich Ihnen gleich gesagt!" Ich dachte an meine Frau, und daß ich wahrscheinlich wohl oder übel ohne mein Boot nach Panama zurückkehren müßte. Stunde um Stunde wartete ich darauf, daß vielleicht plötzlich in der Bucht ein Boot auftauchen würde, das mich in Schlepp nehmen könnte. Das Wasser lief schon wieder auf, und der Bug begann sich zu heben. Entweder würde das Boot vollaufen und wegsacken oder noch weiter auf den Strand gesetzt werden. Ich beobachtete, wie die Flut das Boot immer höher umspülte, als wolle sie feindselig seine schwächste Stelle auskundschaften. Da stieg in mir der Zorn hoch, und ich beschloß, mich zu wehren, mochte ich auch zehnmal nicht wissen wie.

Ich brachte die Kätzchen und das meiste meines schweren Geschirrs an den Strand. Als der Bug wieder flott war und sich die *Pagan* allmählich etwas aufrichtete, unterstützte ich sie dabei, indem ich eins meiner großen Wasserfässer leer an die Bordwand laschte. Die Flut stieg weiter. Ich holte mit allen Kräften die Ankerkette ein.

Ich hoffte, daß das Wasser so lange steigen würde, bis mein Boot wieder aufschwamm. Ich sprang über Bord. Das Wasser ging mir bis zur Hüfte, als ich mich mit aller Kraft gegen das Heck stemmte. Der Bug war frei, aber das Heck steckte im Sand.

Ich schleppte alles Schwere aus der Achterpiek nach vorn. Das Wasser lief nicht weiter auf. Es gab daher nur eins: Jetzt oder nie! Ich sprang wieder ins Wasser und stemmte mich mit der äußersten Kraftanstrengung gegen das Dreieinhalb-Tonnen-Gewicht meines Bootes.

Die *Pagan* bewegte sich zwei Zentimeter – dann nochmals zwei –, und schließlich war's aus. Ich ruhte einen Augenblick und versuchte es dann von neuem. Wieder zwei Zentimeter – und nochmals zwei – plötzlich waren es gleich vier auf einmal. Ich war todmüde. Aber es half nichts, ich stemmte mich mit dem Rücken gegen das Heck, bis sich meine Hacken tief im Sand eingruben. Die *Pagan* bewegte sich Zentimeter um Zentimeter und schwamm schließlich wieder auf. Sie war gerettet.

Natürlich blieb dies nicht mein einziger Schnitzer während der folgenden Übungswoche bei den Perlas-Inseln. Ich brachte es beispielsweise fertig, in der Dämmerung auf der Seekarte eine Sandbank in der Nähe der Viveros-Inseln für einen Schmutzfleck anzusehen und die *Pagan* prompt mit dem Bug voran darauf auflaufen zu lassen. Zwei Tiden lang lag sie da zur Seite geneigt, bis es mir gelang, sie wieder ins tiefe Wasser zu bugsieren.

Ein anderer Zwischenfall ereignete sich in Casaya. Ich fand für die Nacht einen guten, 3,60 Meter tiefen Ankergrund, gerade unterhalb des Dorfes, in Lee einer grasbewachsenen Landzunge. Aber – ich hatte mich getäuscht: Ich wollte in einem Gewässer, in dem allein der Tidenhub 4,80 Meter betrug, in 3,60 Meter Tiefe ankern!

Zu einer unmöglichen Nachtzeit rollte ich sanft von meinem Lager. Ich kämpfte mich über den schrägstehenden Boden meiner Kajüte, der wirr mit meinen Vorräten übersät war, zum Niedergang. Da wußte ich Bescheid! Die *Pagan* hatte sich zur Seite gelegt, und ihr Waschbord steckte tief in dem stinkigen Schlamm.

Alles, was sich erkennen ließ, wenn der Mond nicht gerade ausnahmsweise über diesem Sumpf aufleuchtete, waren unheimliche Schatten. Da gab's nichts als ran an die Arbeit! Ich mußte knietief in dem stinkigen Schlick herumwaten, um mein Boot gegen die nächste Flut abzudichten und dafür zu sorgen, daß es so leicht wurde, daß es die Flut auf der Stelle aufschwimmen lassen würde, noch ehe es sinken konnte.

Nach drei Stunden stand ich nackt und schlammbespritzt da und überprüfte beim Licht der Taschenlampe meine Notmaßnahmen. Die Kajüttür hatte ich verrammelt und alle Luken und Bullaugen verschalkt. Unter der Bordwand hatte ich den Schlick weggegraben und meine beiden absichtlich geleerten Wasserfässer dicht unter die Kimm gebunden. Im Boot selbst hatte ich die schweren Lebensmittelkisten von Backbord nach Steuerbord gebracht und außerdem alles Schwere daraus an Land getragen.

Als dann später das auflaufende Wasser an den Planken immer höher stieg, watete ich bis zu den Hüften im schlammigen Wasser herum und stemmte mit meinem Rücken mit aller Kraft gegen mein tapferes Boot, das sich in gleicher Weise bemühte, aus der schlammigen Umklammerung freizukommen. Endlich waren unsere Anstrengungen von Erfolg gekrönt!

Das Demütigendste passierte mir jedoch in der Bucht der Del Rey-Insel vor dem armseligen Holzfällerdorf von San Miguel. Ich verlor

Anker und Kette, weil ich vergessen hatte, die Kette an Deck zu belegen. Das Kettenende glitt rasselnd aus der Klüse und verschwand in den Gewässern der Bucht, während ich hilflos dabei stand. Die *Pagan* trieb dahin und steuerte geradeaus auf die felsige Küste zu. Aus irgendeinem unerfindlichen Grund konnte ich den Motor nicht zum Anspringen bringen. Da stieß mein Boot gegen ein flaches Felsenriff. Ich konnte gerade noch in mein Dingy springen, die *Pagan* in Schlepp nehmen und versuchen, sie vom Riff wegzurudern. Aber so kräftig ich mich auch in die Riemen legte – gegen eine derartige Strömung kam ich nicht an. Ich schrie daher aus Leibeskräften um Hilfe, bis die Dorfbewohner in ihren Cayucos herbeieilten. Schließlich vermochten wir die *Pagan* gemeinsam mit sechs Booten in die Hafenmitte abzuschleppen. Wieder an Bord, füllte ich meinen Seesack mit schweren Werkzeugen und benutzte ihn während der Nacht als Notanker.

Einen weiteren Schnitzer machte ich, als ich am nächsten Morgen im Dorf demjenigen einen Dollar versprach, der erfolgreich nach meinem Anker tauchen würde. Darauf liefen sofort sieben Mann zum Strand, stürzten sich ins Wasser und wollten merkwürdigerweise den Anker alle zur gleichen Zeit entdeckt haben, obwohl sie sich auf der Suche danach über ein mehr als 30 Quadratmeter großes Gebiet verstreut hatten. Alle sieben machten Anspruch auf den Dollar geltend. Nun, der Anker samt Kette war seine sieben Dollar wert.

Es verging kaum ein Tag, an dem ich nicht gegen irgendwelche seemännischen Regeln verstieß. Aber je mehr Fehler ich machte, desto besser lernte ich segeln und desto vertrauter wurde ich mit meinem Boot.

Schließlich verlor ich meinen Anker noch einmal. Es passierte mir in der an sich sehr geschützten kleinen Bucht unweit Sabogas. Wie es geschehen konnte, wird mir immer rätselhaft bleiben. Meine Eintragung ins Logbuch lautete: „Das Geheimnis des verschwundenen Ankers.“ Ich kann nur das Folgende darüber berichten:

Am frühen Nachmittag versuchte ich, den Strand des Dorfes anzusteuern. Man hatte mich bereits entdeckt, als ich noch ziemlich weit draußen war, und kam mir mit mehreren Booten entgegen. Da diese Bewillkommnung meinen Ehrgeiz anstachelte, manövrierte ich kühn mitten zwischen die Boote. Ich fuhr Volldampf voraus mit vollen Segeln und wollte zwischen zwei eng zusammenliegenden Booten hindurchsteuern, um den Eingeborenen eindrucksvoll meine Steuermannskünste zu beweisen.

Die *Pagan* machte rauschende Fahrt. Der Bug schoß gurgelnd

durchs Wasser. Ich lachte schon im voraus stolz über das geplante Meisterstück, doch als ich näher an die Boote herankam, verging mir das Lachen. Ich wünschte, ich hätte mich nie in dieses törichte Unternehmen eingelassen. Segelboote haben leider keine Bremsen und können auch keine haarscharfen Kurven nehmen, wenigstens die *Pagan* nicht.

Ich warf das Ruder herum und fluchte innerlich. Als die Eingeborenen merkten, daß ich unschlüssig wurde, wurden sie ebenfalls unsicher. Sie wühlten das Wasser mit ihren Paddeln auf und fuhren, anstatt Platz zu machen, noch enger zusammen und kamen so direkt auf mich zu, anstatt mir aus dem Wege zu gehen.

Da ich keine gute Sicht hatte, weil die Segel alles verdeckten, kam es mir wenigstens so vor. Um so deutlicher fühlte ich den Zusammenprall und hörte, wie das Holz splitterte und die Eingeborenen auf spanisch kräftige Flüche ausstießen.

Ich lief nach vorn in der Erwartung, daß eins der Boote wahrscheinlich schwer beschädigt sei. Der Schreck lähmte mir jedoch die Glieder, als ich sah, daß beide hinüber waren und sanken, während ihre Besitzer im Wasser schwammen.

Da schwang sich auch schon der erste Eingeborene auf mein Deck. Sein Gesicht war schmerzverzerrt. Seine Kameraden folgten nach und stellten sich triefendnaß neben ihm auf und fingerten in dem feuchten Tabak ihrer kleinen Tabaksbeutel herum. Ein Wortschwall ohne Ende ergoß sich. Ich wurde hochtrabend in Grund und Boden verflucht, wie es nur in einer romanischen Sprache und aus dem Munde eines gekränkten Romanen möglich ist. Ich konnte nur geknickt dastehen und dann und wann eine Erwiderung murmeln.

Sie wollten für jedes Boot zehn Dollar haben. Das war ungefähr so, als ob einer hundert Dollar für einen zerrissenen Schnürsenkel verlangen würde. Ihre Forderung traf mich besonders schmerzlich, da ich nur noch fünfundzwanzig Dollar besaß und davon Bananen, Räucherfisch und ein paar unregelmäßig geformte Perlen für Mary kaufen wollte. Runde Perlen gab es auf den Inseln nicht.

Ich bot ihnen für ihre beiden Cayucos zusammen fünf Dollar, was größte Empörung auslöste. Wir redeten mit unserem beschränkten Sprachschatz unentwegt aufeinander ein, ohne uns gegenseitig verstehen zu wollen. Schließlich war es dunkle Nacht geworden, und sie verließen mich grollend und nahmen als Ersatz für ihre kümmerlichen Einbaumboote mein klinkergebautes Dingy mit, das man mir in Panama geschenkt hatte. Ich ließ es ihnen um des lieben Friedens willen und um mein Gewissen zu beruhigen.

In dieser Nacht verschwand mein Anker. Wie es zuging, weiß ich nicht. Auf jeden Fall war er nicht mehr da, als ich bei Tagesanbruch an Deck kam.

Ich traf die üblichen Vorbereitungen, um loszusegeln und hievte die schwere Ankerkette ein, die an sich schon Gewicht genug besaß, um die *Pagan* in einem geschützten Hafen, wie hier in Saboga, an Ort und Stelle zu halten. Ich bemerkte den Verlust sofort, als ich die Kette einholen wollte, dachte aber, daß sich nur der Schäkelbolzen gelöst habe. Ich warf den Motor an und kreuzte auf dem durchsichtig klaren Wasser hin und her. Soviel ich auch über Bord guckte, ich sah nichts weiter als seemoosbedeckte Felsen und Korallengebilde. Im Laufe des Vormittags kamen einige Eingeborene angerudert und halfen mir beim Suchen.

Gegen Mittag kam mir der Verdacht, daß man mir den Anker gestohlen habe, denn sonst hätte man ihn doch auf dem Meeresgrund finden müssen. Wahrscheinlich war es unter diesen geheimnisvollen Umständen das beste, ich segelte so schnell wie möglich los, ehe noch andere Gegenstände verschwanden. Ich traf auf der Stelle die nötigen Vorbereitungen dafür.

Mein schweres Werkzeug tat ich in meinen Seesack und befestigte ihn als Ersatzanker an der Ankerkette. Dann setzte ich die Segel und nahm Kurs auf die Insel Pedro Gonzales.

Wir schrieben den ersten Juni. Meine erste Übungswoche war vorüber. Ich hatte die Buchten und Förden sämtlicher Inseln der Perlas-Gruppe aufgesucht mit Ausnahme von San José, das durch die Kriegsmarine abgesperrt war. Mit meinem Boot war ich durch die schmalsten Durchfahrten gekreuzt und hatte mich auf engem Raum mit Gegenwind und Gegenströmung abgeplagt. Es gab keinen Winkel, unter dem ich den Wind nicht angesteuert hätte. Andererseits hatte ich bei den wiederholten Flauten oft genug verdattert dagelegen. Mir waren Fehler über Fehler unterlaufen bei dieser verzweifelten Trainingsmethode.

Dennoch war das Vertrauen in meine Seemannschaft gewachsen. Ich lernte viel dazu und konnte allmählich behaupten, daß ich anfing, mein Boot zu kennen. Ich hatte aus jeder gefährlichen Lage, in die ich mich gebracht hatte, stets einen Ausweg gefunden. Fehlte mir auch die lange praktische Erfahrung, so hatte ich dafür den sicheren Instinkt des Seemanns erworben.

In all diesen Abenteuern hatte sich mein munterer, kleiner Kutter als sicherer Segler erwiesen. Ob ich ihn mit dem Bug auf den Strand setzte oder ihn ungeschickt mit einem Riff zusammenprallen ließ, mein schmuckes Boot bewahrte stets Haltung.

Die *Pagan* würde es schon durchhalten. Ich empfand eine stille Liebe zu ihr und gewann ihr gegenüber ein immer persönlicheres Verhältnis. Trotz aller Liebe und allen Vertrauens konnte ich mich jedoch noch nicht entschließen, schon jetzt mit ihr die Reise über den Ozean anzutreten. Ich nahm es mir zwar immer wieder vor, schreckte aber dann doch wieder davor zurück. Ich mußte noch mehr Übung haben, obwohl ich mir gleichzeitig bewußt war, daß mir dazu nicht mehr allzuviel Zeit übrig blieb. Ich könnte höchstens weitere acht bis zehn Tage dafür opfern, was bedeutete, daß mir im Wettlauf mit den tropischen Wirbelstürmen nur noch knapp vier Monate für die Fahrt nach Sydney zur Verfügung standen.

SELBSTVERTRAUEN

Am achten Übungstag beschloß ich, etwas Gewagteres zu unternehmen, anstatt ständig nur in der Nähe der Küste herumzuspielen. So fuhr ich am Morgen des zweiten Juni zu einem „Langstrecken-Segeln" rund um die ganze Perlas-Gruppe aus, während meine Kätzchen mit weitaufgerissenen Augen auf dem Kajütdach herumspielten. Ich befand mich zur Zeit südlich der Perry-Bucht.

Wenn ich diese Inselgruppe ziemlich rechtwinklig umsegeln würde, konnte ich die ganze Fahrt in etwa vierundzwanzig Stunden schaffen. Leider hatte ich nicht mit manchem Unvorhergesehenen gerechnet, auf das sich jeder Seemann im Golf von Panama gefaßt machen sollte. Die *Pagan* kam während der völligen Windstille, die nur durch schwache Winde abgelöst wurde, trotz allen guten Zuredens nur im Schnekkentempo voran.

Ich fuhr an der Küste entlang bis südlich von Del Rey, vorbei an Punta de Cocos. Als ich östlich der Insel Pacheca war – der letzten in der Inselkette – und diese in südwestlicher Richtung vor mir lag, änderte ich den Kurs auf Nordwest und traf Vorkehrungen, während der Nacht beizudrehen.

Seit der Ausfahrt war es meine zweite Nacht auf dem Wasser. Ich war neugierig, wie sich mein Boot benehmen würde, wenn ich unter Deck war, während das Ruder festgelegt und die Segel ohne Überwachung blieben.

Da ich nicht genau wußte, wie ich mich zu verhalten hatte, ließ ich alle Segel stehen. Ich laschte das Ruder etwas nach Luv und fierte die Großschot leicht auf. Klüver und Fock zogen kaum, aber immerhin genug, um das Boot einigermaßen voranzutreiben. Bald fiel es ab, bald luvte es wieder an, und so überließ ich es für die Nacht seinem Schicksal.

Mitten in der Nacht wachte ich auf durch das dumpfe Geräusch des schlagenden Großsegels, das Knattern des Windes in der Takelage und das Plattern des Regens. Windstöße versuchten die *Pagan* niederzudrücken. Mit dem Waschbord im Wasser schoß sie in die Nacht hinein.

Bisher hatte ich die *Pagan* noch nie in Sturmböen gesteuert. Es war mein erster Versuch. Um die starke Krängung zu vermeiden, holte ich das angriffslustige Großsegel herunter, worauf sie sich, wie ich gehofft hatte, wieder aufrichtete. Die Böen kamen mir gleich nicht mehr so unheimlich vor. Das Wichtigste war also: runter mit dem Großsegel! Klüver und Fock können dem Sturm schon eher standhalten.

Als es zu tagen begann, befand ich mich westlich von Saboga. Es wehte eine leichte Brise. Ich änderte den Kurs auf Südwest und kam an dieser windstillen Küste nur langsam voran. Das Ruder war den ganzen Tag festgelascht. Die *Pagan* steuerte sich sozusagen selbst, ohne daß etwas Unvorschriftsmäßiges passiert wäre. Am Nachmittag war es besonders windstill. Leider herrschte auch im Magen meiner kläglich miauenden Kätzchen die gleiche Flaute, da ich bei meiner Angelei kein Glück gehabt hatte. Beide saßen grießgrämig auf dem Vordeck, verkrochen sich hinter dem Notanker und wollten nichts mehr von mir wissen.

Kurz darauf fing ich doch noch etwas, einen glitzernden Gelbschwanz, der für uns alle drei reichte. Fisch mit Speck gebraten, dazu lockere Maismehl-Pastetchen und Kokosnußmilch zum Runterspülen war durchaus nicht als Hauptmahlzeit zu verachten. Gottlob hatte meine Mannschaft etwas sehr Sympathisches an sich: Sie klagte nie über das Essen.

Der Tag ging zur Neige. Ich war noch weit entfernt von dem südöstlichen Felsvorsprung von San José. Mit östlichem Kurs steuerte ich auf Mafafa zu – das südlichste Dorf der Perlas-Gruppe. Es war etwa noch zwei Segelstunden entfernt. Wahrscheinlich würde ich es erst am Abend erreichen. Da ich jetzt bereits über gewisse Erfahrungen verfügte, machte ich mir keine weiteren Gedanken darüber. Es würde schon alles gut gehen, wenn ich rechtzeitig Punta de Cocos runden würde und Sicht auf einen aus dem Dorf herausragenden Punkt bekäme.

Punta de Cocos liegt am felsigen Ende einer fingerförmig gespreizten Halbinsel südlich von Del Rey. In der Krümmung des Fingers liegt Mafafa. Sobald ich um den Felsvorsprung herumgefahren sein würde, müßte das Dorf zu sehen sein.

Bedenklich war, daß die Dunkelheit um mich schneller zunahm, als ich mit meiner Segelei vorankam. In einem jener bekannten leichtsinnigen Augenblicke beschloß ich, ganz dicht unter Land zu gehen, um dann Punta de Cocos zu runden. Immer häufiger beobachtete ich, wie zahlreiche, dumpf grollende Roller gegen die Landspitze anstürmten, vor der eine schnell flacher werdende Sandbank sie zurückbranden ließ. Plötzlich türmten sich auf ihr die anstürmenden Seen und warfen weiße Schaumarme in die Luft. Wenn ich es sorgfältig abpaßte, konnte ich in dem kurzen Augenblick zwischen zwei Rollern gerade daran vorbeifahren. Wäre es aber nicht langweilig um die Welt bestellt, wenn man sich stets genau auf das Verhalten der Naturgewalten verlassen könnte?

Als ich gerade den Kurs der *Pagan* änderte, um dicht unter der Landspitze von Punta de Cocos vorbeizusegeln, trafen mich breitseits zwei gewaltige Sturzseen. Es wird mir unvergeßlich bleiben, mit welcher Wucht sie über das Deck der *Pagan* hinwegfegten. Es kam so unerwartet aus dem tiefsten Frieden heraus, daß ich in keiner Weise darauf vorbereitet war. Der Mast war bis zur Saling in Gischt gehüllt. Ich stand gebannt am Ruder und beobachtete, wie sich die Sturzseen brodelnd über Deck ergossen – so etwas hatte ich noch nicht erlebt. Die felsige Küste war nur eine Wurfleinenweite entfernt. Da stürmte ein neuer Roller auf mein Boot los und überspülte schäumend das Deck. Er hatte sich schon weit draußen auf See überschlagen und kam nun mit einer gewaltigen Schaumkrone dahergebrandet.

Da fiel mir der Motor ein. Ich hätte ihn nicht abstellen sollen.

Die *Pagan* kam dem Felsen so nahe, daß ich die Taschenkrebse erkennen konnte, die sich daran festgeklammert hatten. Das Deck stand völlig unter Wasser. Als ich Ausschau hielt, wie ich das Boot vom Felsen abstoßen könnte, sah ich meine Kätzchen an der Reling entlangschwimmen. Nur ihre Köpfchen waren noch zu sehen und ihre großen ängstlichen Augen.

Die *Pagan* war ungefähr sechzig Sekunden von dem nächsten Felsvorsprung entfernt. Ich ergriff die Kätzchen, um sie nötigenfalls hoch hinauf auf die Felsen zu werfen. Da rollte eine Gegensee heran, wurde von der Felsküste zurückgeworfen und machte die Gewalt des neu heranstürmenden Brechers unwirksam. Dadurch wurde ich der *Pagan* wieder Herr. Sie kam einige Meter vom Felsen frei, bis sie die nächste Sturzsee genau an der Stelle der vorhergehenden traf und sie schaumbedeckt wieder an ihre Ausgangsstellung zurückwarf. Vergebens sann ich auf einen rettenden Ausweg. Mit den Kätzchen im Arm und dem Fuß auf der Pinne wartete ich wie versteinert ab. Da brauste zum vierten Mal eine schwere See breitseits heran, spritzte hoch über die Reling und schlug das Boot scharf gegen die erste Felsenkette.

Da der Anprall vom Kiel her kam, fürchtete ich entsetzt, daß der Mast brechen und auf mich fallen könne. Ich brauchte gar nicht erst an ihm hinaufzusehen, um zu wissen, daß er wild hin- und herschwang.

Als der nächste Brecher die *Pagan* von vorne traf, war sie inzwischen ein klein wenig vom Felsen abgekommen. Durch die Wucht des neuen Schlages wurde sie jedoch wieder ein paar Meter über den Achtersteven zurückgeschlagen, so daß ich mir schon vorstellte, wie Ruder und Propeller am Felsen zerschellen würden. Merkwürdigerweise machte ihr jedoch der neue Schlag nicht viel aus. Sie wurde zwar einen Augenblick etwas unter Wasser gedrückt, hob sich aber gleich wieder und setzte den Kampf fort. Ganz allmählich kam sie von dem gefährlichen Felsvorsprung frei. Der Klüverbaum ragte abwechselnd hoch in den Himmel oder sank tief ins Wasser. Hätten die Segel sie nicht mit aller Kraft von der Küste weggedrückt, würde sie es nie geschafft haben.

Allmählich kam sie wieder in ruhigeres Wasser. Meine Augen waren jedoch noch immer auf Punta de Cocos gerichtet, wo das Meer wütend gegen die Felsen anstürmte und wo ich mein Boot beinahe verloren hätte. Ich hatte die *Pagan* sicher aus der Gefahr herausgesteuert und empfand eine stolze Ahnung von dem, was der Seemann mit Seemannschaft bezeichnet. Ja – ich hatte sie gerettet und mich in Zeiten höchster Not bewährt.

Ich lächelte glücklich vor mich hin. Mein Selbstvertrauen ließ sich kaum noch erschüttern. Ich war für die Reise gerüstet, und vor mir lag lockend der Pazifik. Als ich auf den sich verdunkelnden Horizont schaute, dachte ich daran, daß meine Frau weit an seinem anderen Ende geduldig auf mich wartete. Am nächsten Morgen würde ich bereits auf dem Weg zu ihr sein.

Doch als der Morgen kam, wurde ich beim Frühstück durch ein schlurfendes Geräusch an Deck und morgenhelle Männerstimmen unterbrochen. Ich ging nach oben und sah, daß ein Ruderboot mit Soldaten längsseits festgemacht hatte. Es waren Leute von der Heereswetterstation in Punta de Cocos. Sie kletterten an Bord.

Ohne Umschweife nahmen sie mich für das, was ich war – ein junger Seemann, dem man bei grober See begegnet war.

Sie interessierten sich sehr für mein Boot und schlugen mir vor, gemeinsam eine Fahrt zu machen. Sie ließen durchblicken, daß sie mir gern behilflich wären, mein Boot „seetüchtig zu machen". Ich beschloß daher, noch einen Tag zuzugeben.

Wir – zusammen sechs Mann – machten uns in aller Frühe an die Arbeit, und zwar gründlich. Zuerst wurden der Mast und die Spieren gestrichen. Für Deck, Kajütaufbau und Cockpit verwendeten wir die viererlei Farben, die ich an Bord mitgeführt hatte. Alles stehende Gut wurde geölt, die Bullaugen gegen Leckwerden verkittet und an allen Segeln die Lieken verstärkt.

Einer von ihnen, ein Mechaniker, nahm den Motor auseinander und gab mir im Laufe des Tages viele nützliche Ratschläge, wie man die Zündkerzen reinigte, den Vergaser in Ordnung brachte, eine verstopfte Brennstoffleitung säuberte, die Lichtmaschine überholte, die Ventile einschliff und so weiter.

Ein anderer, der Sinn für Elektrotechnik besaß, durchzog die *Pagan* mit Leitungsdrähten, so daß ich durch einfaches Schalten meiner Starterbatterie die Kajüte beleuchten konnte. Auch die Positionslampen bekamen Extradrähte für den Notfall. Derselbe einfache Soldat brachte es durch seine Geschicklichkeit fertig, aus meinem alten Radio, das ich schon über Bord werfen wollte, wieder ein brauchbares Gerät zu machen.

Ein anderer Kamerad, dessen schlummernde Begabung durch den Heeresdienst geweckt worden war, erwies mir einen unschätzbaren Dienst, indem er mir einen großen Spind baute, genau so lang und halb so breit wie der an Steuerbord. Nur der Besitzer eines Bootes kann voll und ganz den Wert eines solchen Gegenstandes ermessen. Ein anderer entwarf und baute mir am Heck der *Pagan* einen Ausleger für ein permanentes Achterstag ein, damit der Mast auch bei schwerem Wetter nicht vornüberkippen konnte.

Auf diese Weise war ich zehn Tage nach meiner Ankunft auf den Perlas in jeder Weise reisefertig. Mein kleiner Kutter war vom Klüverhals bis zum Schothorn aufs beste gerüstet. Es wurde wirklich Zeit, ankerauf zu gehen und loszufahren.

Aber da waren die Soldaten . . . und für einen Soldaten ist nichts gut genug. Als Dank für ihre großzügige Hilfe schlug ich ihnen eine kleine Segelpartie vor. Ich muß zugeben, daß mir dieses Angebot nicht ganz leicht fiel, denn ich brannte darauf, mich auf den Weg zu Mary zu begeben. Aber schließlich mußte ich irgendwie diesen einsamen Soldaten meine Dankbarkeit zeigen.

Wir segelten um den südlichen Vorsprung von Del Rey nach San Miguel. Die *Pagan* zeigte sich unter meiner Führung von der besten Seite. Erst in der Abenddämmerung des nächsten Tages kehrten wir nach der kleinen Bucht bei Puntas de Cocos zurück. Es war *Pagans* letzte Vergnügungsfahrt. Von da an bis zu ihrem verhängnisvollen Schiffbruch wurde es ernst, bitterernst und unbarmherzig.

An diesem Abend war ich in jeder Weise für die Fahrt gerüstet: Die Wasserbehälter waren gefüllt und verspundet, die Vorratsspinde voll, das Geschirr gut gesichert. Selbst für die Kätzchen hatte ich reichlich Fischkonserven an Bord, ein Geschenk der Soldaten.

Ich war fest überzeugt, daß mein Boot es schaffen würde. Zehn Tage hartes Training hatten es mir bewiesen. Dank seiner gediegenen Bauart hatte es diese zehn Tage durchgehalten, und nur ihm war es zuzuschreiben, daß es später auch auf See alle Fährnisse überstand.

Die *Pagan* war ein norwegischer Schiffstyp und in Norwegen erbaut. Ihre Planken, ihr Deck, ihre Spanten, ihre Wegerung und alles übrige Holz stammte von den Gebirgshängen Nord-Skandinaviens. Sie hatte viele Jahre als Proviantschiff für weitabgelegene Leuchttürme in der Ostsee den nordischen Stürmen getrotzt.

1934 kam die *Pagan* aus Polen nach Panama, nach einer Fahrt über den Atlantik. Sie führte vier Polen an Bord, die sich offenbar in Australien ansiedeln wollten. Sie hatten haarsträubende Abenteuer und eine Reihe gefährlicher Stürme hinter sich, nach denen selbst das tropisch-heiße, regenfeuchte Panama ihnen begehrenswerter vorkam als das sonnige Australien.

Sie verkauften daher die *Dwaja* (Geist) – wie die *Pagan* damals hieß – auf der Stelle. Für die kleine gaffelgetakelte Slup folgten darauf zwölf geruhsame Jahre Küstenschiffahrt. An ihren Spieren blähten sich leichte Schönwettersegel in der sanften Damenbrise. Zwischen Colon und Balboa genoß sie das friedliche Dasein in der Yacht-Club-Atmosphäre. Sowohl an der Atlantik- als auch an der Pazifikküste war sie unter dem Namen *Pagan* bekannt.

Irgendwann in diesen zwölf Jahren bekam sie wieder ihre ursprüngliche Hochtakelung und wurde erneut zu einem schnellen, wendigen Kutter. Sie galt als eines der schnellsten Kleinboote am ganzen Isthmus von Panama. Hart überliegend in einer steifen Brise gab es nur wenige andere Boote, die sich mit ihr messen konnten.

Das Boot, mit dem ich die weite Reise wagen wollte, war schnell und festgefügt. Ich hatte nach meinen zahlreichen Erfahrungen an Bord volles Vertrauen zu ihm. Was konnte man mehr verlangen?

Ich begab mich in die Plicht und leuchtete Takelage und Deck ab und fand, daß alles in bester Ordnung war. Meine Stimmung war ausgezeichnet, und so ging ich in die Kajüte und lag unter der niedrigen Decke noch lange wach, ehe ich einschlief. Ich war glücklich, daß die Zeit der Ausreise endlich gekommen war.

GESUNKEN

Früh am Morgen des siebenten Juni zurrte ich mein kleines Schlauchboot unten am Mast fest, hievte meinen steinbeschwerten Seesack auf (das Werkzeug hatte ich herausgenommen, als es anfing zu rosten, und dafür Steine hineingetan) und segelte aufs offene Meer. Unter einer kräftigen östlichen Brise, die für diese Gewässer etwas ungewöhnlich war, nahm ich sofort Kurs nach Westen.

Mein Ziel waren die Galapagos-Inseln, diese einsamen Vulkan-Eilande, bei denen der Südost-Passat einsetzt.

Ich wollte zunächst die Seymour-Insel ansteuern, auf der sich eine Heeres-Wetterstation befand – vorausgesetzt, daß sie noch ihren Dienst versah. Vor meiner Ausreise aus Panama hatte ich zuletzt von Fischern gehört, die kürzlich auf den Galapagos-Inseln gewesen waren, daß die Wetterstation am ersten Juli aufgelöst werden solle. Ich hatte also noch zwanzig Tage Zeit – mehr als genug, denn nach meinen Berechnungen würde ich höchstens elf Tage bis dorthin brauchen.

Ich wollte das Boot dort eine Woche lang überholen und noch einmal sein ganzes stehendes und laufendes Gut sowie seinen Rumpf überprüfen. Dann sollte es unmittelbar hinein in den Südost-Passat gehen und ohne Unterbrechung über das Meer nach Sydney. Es blieb mir sowieso keine andere Wahl, da die Zeit der Orkane bevorstand. Ich hätte höchstens irgendwo auf der Strecke abwarten müssen, bis das Wetter wieder günstiger war. Für diesen Fall führte ich Seekarten und Segelhandbücher mit, auf denen alle in Frage kommenden Inselgruppen angegeben waren. Sollte mir etwas zustoßen, würde ich leicht die eine oder andere Insel zu Reparaturzwecken anlaufen und von dort telegraphieren können.

Als die Perlas-Inseln in meinem Rücken vom Grün ins Blau übergingen und schließlich das Blau zu Grau verblaßte, überlegte ich, welchen Kurs ich wählen sollte, um geradenwegs auf mein Ziel loszusteuern. So ganz klar war ich mir nicht darüber, doch fiel mir ein, daß die kürzeste Entfernung zwischen zwei Punkten stets die Gerade sei. Ich legte deshalb das Lineal auf die Karte und zog eine gerade Linie zwischen den Perlas- und den Galapagos-Inseln. Diese Linie gab meinen Kurs an: Er zeigte nach Südwest. Ich brauchte ihm jetzt nur noch genau zu folgen und mußte dann nach einer gewissen Zeit Land sichten! Leider erfuhr ich sehr bald, daß bei einer Fahrt auf hoher See die Theorie himmelweit von der Praxis verschieden ist.

Die frische östliche Brise flaute am Spätvormittag immer mehr ab. Sie hatte mich allerdings ein gutes Stück voran aufs offene Meer getrieben. Die Perlas lagen achtern bereits hinterm Horizont. Von Steuerbord aus sah das Festland von Panama wie ein dünner, nebliger Schatten aus.

Am Vormittag hatte ich mir die Zeit mit meiner Katzen-Mannschaft an Deck vertrieben. Das Ruder war festgelascht, und die *Pagan* segelte friedlich voran, von einer leichten, querlaufenden Dünung gewiegt. Mein Sombrero hielt die Sonne ab, und die geflochtenen Sandalen schützten meine Füße. Sonst trug ich weiter nichts als Shorts. Im Laufe des Vormittags warf ich die Angel aus, wobei ich als Köder den Schwanz des Gelbfisches benutzte, den ich am Tag zuvor gefangen hatte. Nach zwanzig Minuten zog ich für die Kätzchen eine spanische Makrele aus dem Wasser.

Es gab kaum etwas Possierlicheres, als wenn sie mit einem zappelnden Fisch spielten. Ich konnte sie fast täglich bei diesem Kampf mit meiner Beute beobachten. Der Vorgang war immer der gleiche und verlor doch nie an Reiz. Sie näherten sich zunächst dem Fisch mit der gewöhnlichen Neugier der Katzen. Einmaliges Beschnüffeln verriet ihnen, daß es sich um einen Leckerbissen handelte. Darauf sprangen sie wütend auf den kräftigen Fisch los und versuchten knurrend, sich in ihm festzubeißen. Der Fisch versetzte ihnen darauf einen kräftigen Schlag, daß sie kopfüber über Deck kollerten und sich augenrollend mit hochgestelltem Schwanz aufs Vordeck verzogen. Vorsichtig und hoffnungsvoll kehrten sie zurück, mit unschuldigen Augen. Sie strichen wachsam an dem Opfer entlang, duckten sich, als ob sie sich unsichtbar machen wollten, schnüffelten immer wieder aus der Ferne und setzten schließlich gespannt zum Sprung an. Da ließ ich hinter ihnen einen Hammer fallen und – flugs waren sie auch schon wieder holterdipolter auf dem Vordeck.

Dort hielt es sie kaum einen Augenblick, und schon schielten sie wieder mit ihren runden, glänzenden Augen um die Ecke der Kajüte und bemerkten am anderen Ende des Decks ihr noch zuckendes

Opfer. Langsam, mit dem Bauch dicht am Boden, kamen sie angeschlichen, postierten sich vor dem Leckerbissen und schnüffelten mit Behagen. Dann schlugen sie alle Vorsicht in den Wind und fielen über den Fisch her, freßgierig wie die Wölfe. Bei ihren wilden Sprüngen klammerten sie sich wie ein kühn-verwegener Cowboy an ihrer Beute fest, bis sie sich wieder fluchtartig zurückzogen. Wütend um sich spukkend, fiel eins übers andere.

Geduld kann man niemand beibringen; man muß sie haben. Zu meiner großen Belustigung haben meine Kätzchen sie nie gelernt, jedenfalls nicht, wenn es um Fische ging. Sie waren bis zu dem Tag, an dem ich mich traurig von ihnen trennen mußte, eine Quelle des Frohsinns für mich.

Gegen Mittag wurde die morgendliche Brise merklich schwächer. Das war die erste Wettereintragung in meinem Logbuch. Es umfaßte neunzig Seiten. Wenn ich täglich eine Seite vollschreiben würde, käme ich gerade damit aus, bis der Hafen von Sydney auftauchen würde. Da ich nicht wußte, wie man ein Logbuch ordnungsgemäß führt (wenn es überhaupt darüber Vorschriften gibt!), schrieb ich einfach: „7. Juni: 11 bis 12 Uhr vormittags: Wind flaut ab.“ So begann meine Reise.

Zum Mittagessen gab es verschiedene Leckerbissen von den Inseln: eine Avocadofrucht, den Rest einer Ananas, zwei Bananen und Kokosnußmilch. Ich hatte am Mast zwei Bananenstauden festgebunden, und an Deck rollten Kokosnüsse, Avocados, Mangos, Papayas und Ananas durcheinander. Ich hatte sie mir aus dem Überfluß des Dschungels geholt, als ich von den Perlas abfuhr. Wahrscheinlich würde das bis Australien meine letzte frische Nahrung sein.

Oft bestand mein Mittagessen nur aus einer Dose Bohnen, die ich hastig öffnete und gleich aus der Büchse verzehrte. Meine Mahlzeiten waren abwechselnd üppig oder einfach; je nachdem, wie ich mich fühlte und die Umstände es erlaubten. Zuweilen teilte ich auch die tägliche Fischmahlzeit der Katzen oder fand es bequemer, in der milden Sonne an Deck zu schlafen, anstatt in die Kajüte zu gehen und den Dosenöffner zu holen.

*

Am Spätnachmittag sprang der bisher flaue Wind auf Nordwest um und frischte plötzlich auf, so daß die ersten weißen Schaumkronen erschienen. Gegen Sonnenuntergang blies er noch stärker und kam ganz und gar aus Westen und brachte das Meer in Aufruhr. Vom Wind vorangetriebene Wolken jagten über den Horizont. Die *Pagan* lag hart über. Mich quälte der Gedanke, wann und wie man im richtigen Augenblick die Segel reffen sollte. Ich hatte bei ruhigem Wetter geprobt, aber jetzt, wo der Wind von vorn kam und der Bug gegen die See ankämpfte, sah die Sache leider ganz anders aus.

Ich ging in die Kajüte und blätterte in meinem „Handbuch der Segelkunst". Aber – o weh! – es war nur für Segler in geschützten Häfen geschrieben! Kein Wort über die geheiligte Zeremonie des Segelreffens.

Ich kroch daher aus meiner schrägliegenden Kajüte wieder hinaus auf das nasse Deck und suchte die finsteren, niedrighängenden Wolken mit meinen Blicken zu durchdringen, um aus ihnen etwas über das bevorstehende Wetter zu erfahren. Ich vermochte jedoch nichts aus ihnen herauszulesen. Das ist also die stürmische Begrüßung des Pazifik, dachte ich. Ich sah mich um und stellte fest, daß die Lee-Reling durchs Wasser pflügte. Die *Pagan* zitterte leicht, und ihre Verbände knarrten. Der Wind war bestimmt noch stärker geworden und ließ die aufgewühlte See unter meinem Boot brodeln. Sein Heulen und Pfeifen war die Begleitmusik der groben See. Ich war zwar nicht ganz sicher, ob jetzt der „richtige" Augenblick zum Reffen der Segel gekommen sei, aber auf jeden Fall schien es mir das klügste zu sein.

Aber wie holt man die Segel ein? Wie soll man in einem solchen Aufruhr den Großbaum festsetzen? Die Indianer sagen: „Willst du wissen, wie man's macht, fang einfach damit an." Auf einem Boot ist das jedoch gar nicht so leicht. Man kann nicht einfach das Fall loswerfen, um es sich dann achtlos vom Wind aus der Hand schlagen zu lassen . . . wie es mir geschah. Eine derartige Nachlässigkeit ist gefährlich, weil dann das lose Segel nutzlos gegen den Mast knattert. Es kann dabei auch geschehen, daß das Segel mittendurchreißt, die Rutscher vom Vorliek springen und vier oder fünf Segelnähte so beansprucht werden, daß sie im Handumdrehen aufreißen und von dem Segel in wenigen Sekunden nur noch formlose Fetzen übrigbleiben. Genau das passierte mir.

In den wenigen Minuten, in denen ich mich an das vom Wind gepeitschte Großfall klammerte, zerknallte mein Segel in lauter einzelne Teile. Ich rannte darauf zu und mühte mich mit den aufklatschenden Enden ab. Der widerspenstige Großbaum schlug mit einer Beharrlichkeit, die einen verrückt machen konnte, immer wieder von der einen Seite zur anderen. Waghalsig hing ich mich daran, um das Segel unter Kontrolle zu bekommen. Der Erfolg war, daß ich in den dazu benötigten zwanzig Minuten beide Seiten des Decks abwechselnd ungefähr tausendmal zu sehen bekam.

Es leuchtete mir ein, daß man auch das Ruder entsprechend führen muß, wenn man das Segel wegnimmt, denn ich raste jetzt vorm Wind mit größter Geschwindigkeit dorthin zurück, woher ich mühselig vor zwölf Stunden gekommen war. Nach einigem fragwürdigen Manövrieren kriegte ich das Boot tatsächlich herum, mußte aber, als es anluvte, mehrere schwere Seen über mich ergehen lassen. Es gelang mir, auf Steuerbordbug beizudrehen, das Ruder leicht nach Luv eingeschlagen und die Segel backgesetzt.

Mein wachsames Auge stellte fest, daß mein Boot nur zögernd in die zunehmende Nacht hineinfuhr. Dann und wann klatschten schwere Seen gegen seinen Bug. Ein Brecher schäumte unter ihm hindurch und ließ es auf seinem Wellenkamm tanzen. So sah also das Beidrehen bei stürmischem Wetter aus! Ein Kinderspiel! Man braucht nur das Großsegel in Fetzen gehen, den Klüver und die Fock stehen zu lassen und das Ruder luvwärts festzulaschen und im übrigen Gott zu vertrauen! Etwas kostspielig, aber einfach!

Als ich so in die Nacht starrte, meldete sich allmählich mein Magen, und auch in meinem Kopf verspürte ich eine gewisse Leere. Ich machte mir vor, daß es Übermüdung sei, und ging hinunter in die Kajüte meines stampfenden Bootes. Unter Deck war die Hölle los! Die Ausrüstung war in alle Ecken gerollt und klapperte und klirrte. Das Wasser schoß rauschend von einer Seite der Bilge zur anderen. Die Wärme in der Kajüte war unerträglich. Meine zitternden Kätzchen wimmerten leise und sprangen wie irr herum. Dazu kam der unheilvoll gurgelnde Laut des Wassers, das gegen die Außenhaut schlug und mir selbst bei den friedlichsten Gedanken wie anschwellendes Grabgeläut erschien.

Ich tastete mich hinaus in das Inferno der Nacht und fütterte die Fische, während ich auf den Knien lag und mich an den Wanten festhielt. Blitze erhellten die Nacht. Der Wind stimmte ein furchtbares Geheul zu dem grollenden Echo des Donners und dem Brüllen der See an. Während ich mich immer wieder übergeben mußte, wurde es mir klar und klarer, daß ich in einen orkanartigen Sturm geraten war. Die Blitze folgten einander immer rascher, und die Luft wurde noch feuchter und schmeckte nach Regengüssen und drohendem Wetter. Ich fürchtete, der Klüver würde bald hinüber sein, da er zu mürbe und alt war. Die Fock hielt der Beanspruchung stand, und der Großbaum lag fest in seiner Schere.

Ich streckte mich in der Plicht aus und war durchdrungen von dem gallenbitteren Gefühl der eigenen Ohnmacht. Ich vermochte wohl dann und wann noch einen schwachen Gedanken zu fassen oder dies und jenes zu empfinden, aber im übrigen war alles wie ausgelöscht. Ich wußte, daß der Klüver über Gebühr beansprucht wurde und jeden Augenblick aus den Lieken fliegen konnte. Ich wandte mich wie betäubt zur Seite und beobachtete dieses grimmige, hoffnungslose Spiel zwischen der entfesselten Natur und der menschlichen Ohnmacht.

Der Klüver bebte wie ein Mann unter einer vernichtenden Last. Am Vorliek wurde ein Stagreiter abgerissen. Die furchtbare Gewalt des Sturmes nahm noch immer zu. Das alte, abgenutzte Liek riß. Im Handumdrehen war das Unglückssegel in Fetzen, die blitzschnell vom Wind achteraus getragen wurden und in der kochenden See verschwanden.

Ich versuchte, mich zusammenzureißen und scharf darüber nachzudenken, was eigentlich vor sich ging. Der Wind nahm stetig zu. Die immer wildere See wurde zu schäumenden Brechern gepeitscht. Die Blitze ließen den Himmel wie bei Taglicht erstrahlen. Die Luft war voller Feuchtigkeit. Mit der backgesetzten Fock behauptete sich die *Pagan* noch immer. Sie arbeitete jedoch schwer, als ob es ihr bald zuviel würde. Angesichts dieser Tatsachen konnte ich nur in großer, ja in sehr großer Sorge sein.

Selbst ich wußte, daß der „richtige Augenblick" gekommen war, die Fock zu reffen. Ich warf das Fall los – behielt es jedoch fest in der Hand und ließ das wild umherschlagende Segel so weit herunter, daß ich die Reffbändsel zu fassen kriegen konnte.

Eins nach dem anderen machte ich die widerspenstigen Reffbändsel fest. Mit Vorsegeln ist schwer umzugehen. Wenn man nicht bereit ist, wenigstens ein Dutzend Eimer Wasser zu schlucken, sollte man bei schlechtem Wetter gar nicht erst versuchen, die Fock zu reffen. Der Kampf mit dem Segel ist nicht weniger aufreibend. Es klatscht einem wie verrückt um die Ohren, während sich der Bug wie ein wild gewordenes Pferd bäumt und duckt. Selbst wenn alle Segel geborgen sind, hört das Bocken des Bootes nicht auf. Es wundert mich heute gar nicht mehr, daß ein Segler einmal seine Xanthippe von Frau eine alte Fock nannte.

Ehe ich wieder in die Kajüte kroch, besah ich mir noch einmal den nächtlichen Höllenspuk. Was mich dann unten empfing, trug auch nicht gerade dazu bei, meine Seekrankheit zu überwinden. Die *Pagan* rollte entsetzlich, und die anstürmenden Seen machten sie mehr und mehr zu ihrem Spielball. Sie fiel ab und ging vor den Wind, so daß ich mich verzweifelt fragte, in welcher Richtung wohl Land zu suchen wäre.

Unten, in der Kajüte, barg ich die Kätzchen an meiner Brust. Natürlich behagte ihnen diese Enge gar nicht, so daß ich sie wieder herausholen mußte. Ich schnitt deshalb eine altmodische Schwimmweste auf, nahm die Korkschwimmer heraus, befestigte an zwei dieser Korken je ein Stück Band und verknüpfte die freien Enden mit den Hinterpfötchen der Kätzchen. Dann ging ich zur Abwechslung wieder an Deck und versuchte die Fische zu füttern. Ich konnte jedoch nur noch trokken aufstoßen. Je mehr ich mich anstrengte, desto elender fühlte ich mich. Ich fühlte mich so hilflos und überflüssig, daß ich mich nur umsehen konnte und fragen: „Also – was nun?“

Riesige Schaumkronen wuschen über die Luvreling. Der Wind kreischte in der Takelage. Wütende Seen liefen von achtern auf. Der Winddruck auf die Fock war so stark, daß sich die Erschütterung dem ganzen Boot mitteilte.

Was kann ich, zum Teufel, dagegen tun? dachte ich und ging hinunter in die Kajüte. Die Kätzchen hatten sich in ihrer Aufregung zu einem unentwirrbaren Knäuel von Pfötchen, Korken und Band zusammengerollt. Ich befreite sie und nahm sie in meinen Schoß und setzte mich mit ihnen auf die Koje. Das Getöse an Deck quälte mich genau so wie meine böse Vorahnung. Mir fiel ein, daß ich in Panama gehört hatte, daß der Großmast der beste Platz für ein Sturmsegel sei. Aber – woher ein Sturmsegel nehmen . . .?

Ich schnitt eine Leine in zwölf Teile von je dreißig Zentimetern. Dann zog ich meine alte Ersatzfock hervor und schleifte sie mutlos an Deck. Ich machte die kleinen Bändsel locker am Mast fest. In jeden dieser „Ringe“ hakte ich einen der am Vorliek des Segels angebrachten Stagreiter. Dann zog ich das Segel mit dem Großsegelfall hoch. Da es ein loses Fußliek hatte, kam ein gewaltiger Zug darauf. Trotzdem verrichtete es die Funktion eines Sturmsegels, so daß sich die *Pagan* nicht mehr ganz so wild aufbäumte. Ich holte darauf die Fock nieder, machte sie fest und ging schleunigst wieder unter Deck in die Kajüte.

Die Kätzchen dösten mit mir vor sich hin und schliefen schließlich unruhig ein, bis uns das knatternde Schlagen eines zerrissenen Segels emporschreckte. Ich stellte fest, daß das Sturmsegel von oben bis unten mittendurchgerissen war. Die zerfetzten Enden flatterten leewärts. Natürlich war die *Pagan* dadurch wieder in heftigste Bewegung geraten.

Was nun? Die Blitze beleuchteten den Nachthimmel mit ihrem grausighellen Feuerwerk. Es heißt: Aller Anfang ist schwer – und dies war mein erster Sturm. Ich bangte, daß mein Boot bald zu den Geisterschiffen gehören würde. In solchen Augenblicken der Ratlosigkeit geschieht es leicht, daß man gelobt, in Zukunft nur noch an geschützten Küsten zu segeln.

Die *Pagan* lag jetzt quer zur See. Das brodelnde Wasser brach über ihre Breitseite herein, und ich fürchtete, daß sie über kurz oder lang kentern würde. Ich setzte die Fock – als letzte Zuflucht. Da traf mein Ohr eine gewaltige Dusche, so daß ich beinah in die gurgelnde Tiefe gespült worden wäre. Instinktiv warf ich in meiner Angst meinen Seesack mit den Felsbrocken über Bord und kroch in die einigermaßen geschützte Plicht und wartete ab, wie die Wirkung sein würde. Der Sack versank zwar, schleppte aber hinter dem Boot her, so daß der Bug der *Pagan* mit einem Ruck in den Wind kam.

Es war im ersten Morgengrauen: Die Seekrankheit, die Übermüdung und die ständige Angst hatten mich völlig aufgerieben. Ich schleppte mich unter Deck zu meinen verstörten Kätzchen und – zu kurzem Schlaf.

Da! – gerade vor Tagesanbruch – geschah es! Glücklicherweise hatte der Wind nachgelassen – der Seegang war allerdings noch stark – trotzdem, es hätte noch schlimmer auslaufen können. Ein Schlag wie von einem Schmiedehammer traf die *Pagan* am Kiel. Wir wurden aus dem Schlaf gerissen und auf den Boden geschleudert. Die Kätzchen wimmerten. Ich sprang auf die Füße und taumelte, ehe ich überhaupt einen Schritt machen konnte.

Ich eilte zum Niedergang, wurde aber sofort zu Boden geschleudert. Die *Pagan* krängte schwindelerregend, und etwa ein Dutzend verschiedener Geräusche wetteiferten ohrenbetäubend miteinander, als der ganze Bootsleib zitternd auf den furchtbaren Schlag reagierte. Kurz darauf richtete sich die *Pagan* steil aus dem Wasser auf. Ein neuer Schlag gegen den Kiel ließ mich nochmals niederstürzen. Ich war fest überzeugt, daß sie auf eine brandungsgepeitschte Küste aufgelaufen war.

Blitzartig kam mir der Gedanke: „Gestrandet!" Ein Glück, daß ich meine Schwimmweste anhatte.

Ich griff nach den Kätzchen, da ich fürchtete, einen verzweifelten Sprung auf irgendwelche zackigen Felsen wagen zu müssen. Natürlich wollte ich meine Mannschaft nicht im Schiff umkommen lassen. Sie hatten sich in dem allgemeinen Durcheinander ein geschütztes Eckchen gesucht. Ich bekam sie jedoch an ihren Korkschwimmern zu fassen und kletterte mit ihnen an Deck, während sie an den Bandenden herunterbaumelten.

Ich hatte erwartet, daß aufgetürmte Felsen auf mich herabsehen würden und scharfkantige Felsblöcke die dünnen Planken der *Pagan* bedrohten. Doch davon war keine Rede. Statt dessen schwamm unmittelbar neben mir ein Ungetüm, das wie ein Riesenwal aussah. Sein Schwanz teilte die Seen.

An der anderen Seite des Bootes schwamm ein zweiter, etwas kleinerer „Wal". Er trieb gemächlich im Wasser. Ich hatte schon früher gehört, daß Wale zuweilen kleine Fahrzeuge angreifen – aber wie seltsam, ausgerechnet in einem solchen Sturm!

Ich war wie versteinert vor Angst, daß diese Ungeheuer mich mit einem einzigen Schlag ihrer mächtigen Schwanzflossen zermalmen könnten. Da ließen sich die Umrisse dieser „breiten Schwanzflossen" deutlicher erkennen, und ich entdeckte, daß sie nichts mit einem Wal zu tun hatten, sondern die gewaltigen Äste eines schwimmenden Baumes waren. Der Baum hatte einen Umfang, daß man aus seinem Holz gut und gern drei, ja sogar fünf Schiffe wie die *Pagan* bauen konnte.

Der Stamm schwamm unter der Oberfläche des Wassers, während seine Äste herausragten und sich alles zusammen mit der Dünung hob und senkte. Offenbar war ich von einer See angehoben und mitten zwischen die Äste gesetzt worden. Ich brachte die wimmernden Kätzchen in die Kajüte und versuchte, das Baumhindernis mit dem Bootshaken wegzustoßen. Meine Anstrengungen hatten jedoch wenig Erfolg.

Der Baumriese wurde durch schwere Brecher unter den Kiel gekeilt und übte so auf die Bootsplanken einen immer stärkeren Druck aus. Aus dem ganzen Schiff tönte mir ein schauerliches Ächzen entgegen. Lange konnten wir das nicht durchhalten.

Nachdem ein Dutzend Brecher gegen uns angeprallt waren und der mit seiner vollen Länge gegen den Baum gedrückte Kiel jeweils einige Zentimeter an ihm längsgerutscht war, kam er schließlich davon frei.

Ich stürzte nach unten und suchte mit der Taschenlampe, ob irgendein Leck oder ein anderer Schaden entstanden sei. Ich konnte nichts feststellen. Allerdings bemerkte ich, daß mir aus der tiefsten Stelle der Bilge, unter der Treppe, etwas silbrig entgegenglänzte. Ich ließ meine Hand durchs Wasser der Bilge gleiten, bis mir etwas Schlüpfriges,

Quicklebendiges unter die Finger kam. Ich griff danach, fing es schließlich und warf es auf die Bodenbretter. Ein Tintenfisch! Ein lebendiger Tintenfisch in der Bilge! Volle fünf Zentimeter lang und zwei dick!

Es kam mir sofort der Gedanke, daß irgendwo im Rumpf ein Leck sein müßte, durch das er hineingeschlüpft war.

Ich eilte an die Lenzpumpe und pumpte die *Pagan* lenz. Dabei behielt ich die Bilge besonders im Auge und beobachtete, wie unaufhörlich ein Strom von Wasser nachfloß. Als ich darauf die Spanten und Planken im Kajütsbereich und den Raum unterhalb der Wasserlinie nochmals ableuchtete, konnte ich auch diesmal nichts entdecken. Das Leck mußte sich wahrscheinlich zwischen dem Kiel und dem daran anschließenden Plankengang befinden. Ich beschloß, sofort Kurs auf die nächstliegende Insel zu nehmen. Im Augenblick fiel mir nur Del Rey ein.

Ich pumpte die sich langsam mit Wasser füllende Bilge abermals lenz, ging über Stag und schüttelte das Reff aus der Fock. Dann zog ich meinen Seesack-Treibanker an Bord. In aller Eile – ich schwitzte trotz des feuchtkalten Windes – setzte ich den Reserveklüver und holte die Schot an. Ich bedauerte sehr, daß ich so unvorsichtig gewesen war, mein gutes Großsegel in Fetzen wehen zu lassen. Ich hätte es jetzt gut gebrauchen können. Trotzdem machte die *Pagan* vorm Wind unter Fock und Klüver gute Fahrt und wurde dabei trefflich durch die von achtern auflaufenden Seen vorangeschoben.

Ich steuerte Nordost-Kurs, da die *Pagan* wahrscheinlich im Laufe des Tages, vor allem durch den Sturm, etwas nach Süden versetzt worden war. Als die Sonne endlich hervorkam, war der Himmel noch immer völlig verdunkelt. Nur ganz hoch oben traf die Vorsegel ein schwacher Lichtschein. Ich sichtete die Perlas-Inseln gerade voraus.

Während ich die Bilge lenzpumpte, schien es mir, als ob sie sich schneller als bisher füllte. Ich ließ deshalb zur Sicherheit auch noch den Motor voll voraus laufen. In der kurzen Zeit, in der ich mich mit dem Motor beschäftigt hatte, war die Bilge bereits wieder vollgelaufen. Ich pumpte, bis ich jenes Röcheln hörte, das dem Seemann auf einem lecken Schiff wie Schalmeienton klingt. Aber ach! – kaum war es soweit, da sah ich auch schon, wie sich der Pumpensumpf herausfordernd von neuem füllte.

Die *Pagan* kam gut voran, aber trotz alledem noch nicht schnell genug. Da fiel mir das Reserve-Großsegel in der Segelkoje ein. Sicher wäre es gut, wenn ich es setzen würde. Ich ging nach unten, um es zu holen. Da bot sich mir ein erschütternder Anblick: Die Bilge hatte sich wieder gefüllt und schwabbte über. Das Wasser stand bereits gut zwei Zentimeter auf den Bodenbrettern.

Ich rannte zur Pumpe zurück und pumpte, bis ich nicht mehr konnte . . . und die Bilge trocken war. Dann starrte ich sehnsüchtig über die weißen Wellenkämme auf den grauen Küstenstreifen und fand, daß er noch weit, weit weg war.

Eine halbe Stunde verging. Ich heftete meine Blicke unverwandt auf die Inseln. Dann und wann sah ich nach, ob sich die Bilge wieder gefüllt hatte.

Del Rey war ungefähr acht Meilen entfernt, und Punta de Cocos noch weiter. Querab an Backbord lag San José in einer Entfernung von fünf oder sechs Meilen. Offenbar hatte ich zu lange Ausschau nach den Inseln gehalten, denn als ich wieder nach der Bilge sah, stand das Wasser schon gut sieben Zentimeter hoch in der Kajüte. Das Leck wurde größer.

Ich begann wieder zu pumpen und arbeitete im Eiltempo. Ich pumpte einmal mit der einen, einmal mit der anderen Hand. Trotzdem hörte das Wasser nicht auf, in der Bilge zu gurgeln. Als ich endlich das ersehnte Röcheln der Pumpe hörte, seufzte ich erleichtert auf und sah zugleich besorgt über die meilenweite Wasserfläche bis nach Punta de Cocos. Da plätscherte das Wasser schon wieder in der Bilge, und so fing das Pumpen von vorn an. Nachdem ich für meine Begriffe endlos lange gepumpt hatte, mußte ich leider einsehen, daß ich kaum mehr gegen das eindringende Wasser ankam. Allein in der kurzen Zeit, in der ich in den Pumpensumpf hinuntergeschaut hatte, war ich vollkommen mit dem Pumpen ins Hintertreffen geraten.

Ich sprang zum Ruder, warf die Leine, mit der es festgezurrt war, los, und änderte den Kurs auf Ost. Die *Pagan* trieb jetzt auf San José zu, das drei Meilen leewärts lag. Dann begann ich wieder zu pumpen. Das Wasser war im Boot besorgniserregend gestiegen. Meine Kätzchen lagen zusammengerollt und zitternd in der Koje und sahen entsetzt auf das Wasser. Ich pumpte verbissen in der stillen Hoffnung, doch noch Herr über das Wasser zu werden. Vor mir lag ungeschützter Strand. An seiner äußersten Linken erhob sich ein zerklüftetes Vorgebirge, hinter dem sich ein Stück Küste mit geschütztem Wasser verbarg. Mir blieb keine Wahl: Ich mußte Kurs darauf nehmen. Ich hatte gehört, daß Seeleute zuweilen ihr Fahrzeug bewußt auf Strand gesetzt hatten, um dort Reparaturen auszuführen, die Muscheln abzukratzen oder einen neuen Anstrich vorzunehmen.

Ich änderte den Kurs um drei Strich nach Backbord, so daß der Bug unmittelbar auf die Küste zeigte. Im übrigen pumpte ich wie ein Wilder und wagte überhaupt nicht mehr, die Entfernung bis zur Küste abzuschätzen. Plötzlich fing der Motor an zu spucken, gab heisere Töne von sich, puffte noch einmal und stand dann. Ich warf einen raschen Blick auf ihn – er stand ganz unter Wasser. Zurück zur Pumpe eilen und aus Leibeskräften pumpen, war eins. Ich hoffte, daß das Fahrtmoment des Bootes die *Pagan* noch einigermaßen heil an Land bringen würde. Auf die kleinen Segel allein war sowieso nicht viel Verlaß. Langsam, ganz langsam kamen wir der Küste näher. Ich pumpte stoßweise wie ein Wahnsinniger. Trotzdem lag die *Pagan* merklich tiefer im Wasser, und die Schiffsbewegungen wurden sehr schwerfällig. Die Kätzchen miauten verzweifelt unter Deck. Bestimmt hatte sie das Wasser bereits von der Koje vertrieben.

Ich erwartete, daß das Boot jeden Augenblick sinken würde. Da! Der Kiel schrammte, wenn auch nur ganz leicht. Die *Pagan* rannte sich fest. Die Kätzchen schwammen durch den Niedergang in die Plicht; die Schwimmkorken an den Stricken immer hinter ihnen her. Ich setzte sie aufs Kajütdach und warf eilig die Segel los. Dann versuchte ich, die *Pagan* am Strand zu sichern.

Im Innern des Schiffes schwamm alles. Ich öffnete das Vorluk, stieg hinunter in den Raum und stand bis über die Hüfte im Wasser. Ich fischte eine fünf Zentimeter dicke Trosse heraus, die ich am Poller belegte, das freie Ende schlang ich mir um die Hüften.

Dann ergriff ich die Kätzchen und warf sie strandwärts. Sie fielen ins Wasser. Ich tauchte vom Bug aus nach ihnen, kam ganz in ihre Nähe und beobachtete, wie sie hilflos versuchten, oben auf die Schwimmkorken zu klettern. Da zog ich sie an den Schwimmern die paar Meter an Land. Dort überließ ich sie unter dem kalten Himmel zitternd ihrem Schicksal. Dann machte ich die Trosse mit zwei halben Schlägen an dem Stumpf einer Mangrove fest. Meine schiffbrüchige Katzen-Mannschaft erklomm trübselig mit „Salz in den Augen" den Strand. Sie hatte das Meer und seine Gefahren gründlich satt. Da erblickten sie plötzlich den Dschungelwald, der hoch über ihnen aufragte und dunkel mit seiner unheimlichen Stille auf sie hinabsah. Zaghaft näherten sie sich ihm und verfluchten mit kläglichem Miauen das harte Seemannslos ihres Herrn. Ich nahm meine beiden Gefährten tröstend in die Arme. Ihr bedauernswerten kleinen Geschöpfe! Bisher hatte ich sie stets nur „Kätzchen" gerufen. Unsere augenblickliche trostlose Lage brachte mich jedoch auf folgende Namen: Die kleine helle, weibliche hieß fortan: „Wrackgut“ und der dunkle Kater „Strandgut“. Leider war ihr Tauftag kein Anlaß zu freudigem Feiern. Der Gefahr waren sie zwar entronnen, aber nun saßen sie kläglich unter einem Eimer, damit sie nicht in den Dschungel liefen und dort zum Mittagsbraten eines Krokodils oder einer Schlange wurden.

Ich aber hockte am Strand und betrachtete niedergeschlagen mein schönes Boot, das bis zu den Speigatten versunken vor dieser menschenleeren Insel lag.

SCHIFFBRÜCHIG

Als ich an jenem Morgen an dem wenig einladenden Strand saß und auf das Wrack der *Pagan* starrte, glaubte ich den Tiefpunkt meiner Reise erreicht zu haben. Eins wußte ich: Es war Wahnsinn, sich ohne seemännische Kenntnisse aufs Meer zu wagen.

Welche Ironie! Als ich von Panama losfuhr, sagte ich: „Sydney oder untergehen!" Und keine sechzig Meilen weiter war mein Boot bereits auf Grund gelaufen, obwohl ich doch noch 8440 Meilen vor mir hatte! Die Kätzchen schienen meine Erbitterung zu fühlen und kuschelten sich noch zärtlicher als sonst in meinen Schoß.

Ich schwamm zu meinem Boot zurück. Das Herz konnte einem brechen, als ich auf seinem schrägliegenden Deck stand und mir dunkle Gedanken über die Aussichtslosigkeit meiner Lage machte. Als ich damals bei der Insel Señora auf Grund geriet, meinte ich, schlimmer könnte es nicht mehr werden. Aber nun? In einem Punkt war ich allerdings ein echter Janmaat – ich fluchte an diesem Morgen, was das Zeug hielt. Jedes Schimpfwort, das mir irgendwie auf die Zunge kam, schrie ich pathetisch vor mich hin und – merkwürdigerweise –, ich fühlte mich hinterher erleichtert und wohler.

Als ich auf dem einzigen trockenen Fleck der *Pagan* saß, gab mir das hochkant liegende Deck beinahe ein vertrautes Gefühl. Ich bildete mir fast ein, hoch in Luv zu sitzen und auf See zu sein, obwohl die *Pagan* vor dem Strand auf der Seite lag, anstatt mit dem Kiel das tiefe Wasser zu pflügen.

Das Schiff war bei halber Tide gesunken. Eine Stunde später lag fast das ganze Deck frei, und nur noch der Kiel war knietief von Wasser umspült. Ich kletterte über Bord und watete rings um den beschädigten Rumpf und prüfte jede kleine Schramme.

Unter meiner Führung hatte das Boot allerhand überstanden und sein möglichstes getan. Durfte ich daher nicht vernünftigerweise annehmen, daß mein wackerer Kutter, wenn er repariert würde und wieder flott wäre, doch noch mit Leichtigkeit den Ozean überqueren konnte? Es war ohne weiteres von *Pagans* verschrammten Planken abzulesen, was sie mein „Einführungskursus in die Segelkunst" gekostet hatte. Ich öffnete die Bullaugen, um dem Wasser eine Abflußmöglichkeit zu geben. Als das Wasser weiter fiel, stieg ich in den Motorenraum und öffnete das Seeventil.

Ein Altwarenhändler hätte an dem Wirrwarr von Gerümpel in meiner Kajüte seine helle Freude gehabt. Doch mit diesen Sorgen mochte ich mich vorerst noch nicht beschäftigen. Mich interessierten einzig und allein die Lecks. Ich brauchte nicht lange danach zu suchen.

Der Kielgang war auf der Backbordseite am Vorsteven aufgesprungen, so daß die mit Zement ausgegossene Bilge freigelegt worden war. Die Kalfaterung war fast völlig aus den Nähten gesprungen, und der Wassereinbruch rührte hauptsächlich hiervon her. Außerdem entdeckte ich noch andere Beschädigungen. Das untere Ruderlager war aus seiner Befestigung am Kiel herausgerissen worden. Einige Planken schienen sich an der Stelle, wo sie in den Achter- und Vorsteven eingepaßt waren, aus der Sponung gelöst zu haben. Ein Propellerflügel war verbogen.

Als ich diese Schäden feststellte, wurde mir gleichzeitig klar, daß sie sich reparieren ließen. Ich holte mir aus dem Innern des Bootes Hammer, Schraubenzieher, Nägel und ein altes Hemd. Zunächst nagelte ich den Kielgang wieder glatt an seinen Platz gegen den Kiel und in die Sponung am Vor- und Achtersteven hinein. Zum behelfsmäßigen Kalfatern benutzte ich mein in Streifen zerrissenes Hemd. Ich arbeitete mit Schraubenzieher und Hammer, als ob mir der Teufel im Nakken säße. Da das Wasser nur zu bald wieder auflaufen würde, mußte das Boot bis dahin wieder einigermaßen dicht sein, damit ihm das Wasser nichts mehr anhaben konnte.

Als ich unter dem Boot die letzte Schadenstelle notdürftig repariert hatte und mich gerade wieder aufrichtete, kam die Flut. Ich verschalkte alle Luken und Bullaugen, drehte das Seeventil zu und schloß den Kajütsniedergang hermetisch ab.

Die See lief auf dem Strand auf und griff mit gierigen Fingern nach meinem Boot, als wolle sie abtasten, ob sie nicht doch noch irgendwo eindringen könne. Ich ließ kein Auge von meinem Kutter.

Die *Pagan* hob sich mühelos mit der Flut, so wie sie es früher stets unter meiner Führung getan hatte. Die lecken Stellen fielen kaum mehr ins Gewicht. Ich brauchte nur ein paarmal zu pumpen, um den Schaden auszugleichen. Lange nach Eintritt der Dunkelheit zog ich mein stattliches Boot bei Hochwasser so nah wie möglich an den

Strand und machte es fest. Dabei setzte der Kiel auf den sandigen Grund auf. Der Bug war dem Dschungel zugekehrt. Ganz erschöpft von der Arbeit und Aufregung schleppte ich mich den Strand hinauf zu meinen wehklagenden Kätzchen. Ich hatte den ganzen Tag nicht an Essen und Trinken gedacht und war so zerschlagen, daß mich allein schon der Gedanke aufbrachte, umkehren zu müssen, um eine Fischkonserve für meine Mannschaft aus dem Schlamm der Bilge herauszusuchen. Ich tröstete sie daher und sagte: „Wartet noch ein paar Minuten, dann hole ich bestimmt etwas für euch." Aus den Minuten wurden Stunden, denn als ich mich schließlich dazu erhob, war bereits wieder Tag, und die Kätzchen sprangen fröhlich um mich herum. Es war schönes Wetter. Die Flut zog gerade ab. Mein Boot lag parallel zum Ufer. Die Arbeit rief und vor allem – der Hunger.

An Bord mußte ich leider feststellen, daß das Wasser alle Etiketten von meinen Konservendosen abgelöst hatte. Wir mußten also mit dem vorliebnehmen, was mir gerade in die Hand kam. Ich griff zwei Dosen heraus, davon enthielt die eine Spinat, die andere Ananasscheiben. Auf diese Weise bekamen die Kätzchen zum Frühstück Ananas. Schließlich mußten sie sich auch an das Auf und Ab im Seemannsleben gewöhnen. Mir mundete jedenfalls der kalte Spinat aus der Büchse an diesem Morgen besser als Schinken und Speck, und der Ananasnachtisch übertraf jede Tasse starken Kaffee, die ich je getrunken hatte.

*

Die nächsten zehn Tage verbrachte ich wie ein König – frei und ungebunden. Ich lief splitternackt herum, nur der Kopf war durch den Rest meines Sombreros geschützt, dessen Rand ich schon lange abgeschnitten hatte. Seit Panama war ich unrasiert; ich hatte mir geschworen, den Bart bis zum Wiedersehen mit Mary stehen zu lassen. Mit bloßen Füßen, kräftig gebräunt, lag ich auf meinem kleinen Boot und reparierte seine beschädigten und verschrammten Planken für den neuen Kampf mit der See.

Unsere Verpflegung war dem Zufall anheimgegeben. Alles wurde gleich kalt aus der Büchse gegessen, so wie's gerade kam, meistens allerdings eine etwas seltsame Speisenfolge. Zum Glück konnte ich sie durch Früchte und Gemüse aus dem Dschungel bereichern. Ganz in der Nähe waren ein Bananenwäldchen und ein reichtragender Mangobaum. Etwas weiter entfernt davon fand ich Papayas, Avocados und grüne, durstlöschende Kokosnüsse. Diese Frischnahrung bekam mir ausgezeichnet. Das merkte ich sowohl an meinem Arbeitstempo als auch an meinem gesunden Schlaf und Appetit und meiner ganzen Lebenslust.

Ich kampierte auf dem Strand unter einem behelfsmäßigen Schutzdach aus meinen Riemen und der Fock. Weder früher noch später habe ich so fest geschlafen, mit solchem Genuß gegessen, noch eine so innige Verbundenheit mit allem Lebendigen verspürt. Es fehlte mir nichts als Mary, um restlos glücklich zu sein. Aber – was wäre wohl aus den Reparaturen geworden, wenn sie bei mir gewesen wäre? Wahrscheinlich wären sie nie ausgeführt worden.

Ich habe in diesen Tagen beharrlich und schwer gearbeitet. Während der Ebbe brachte ich mit den verfügbaren Werkzeugen *Pagans* Rumpf wieder in Ordnung. Wurde dagegen mein standhafter kleiner Kutter bei Flut vom Wasser umspült, flickte ich mein zerfetztes Großsegel, indem ich die drei großen Risse zusammennähte und ein neues, widerstandsfähigeres Segel daraus machte. Außerdem verstärkte ich bei allen Segeln die Nähte, besserte sie aus, nähte die Lieken wieder fest und sorgte dafür, daß Stagreiter und Rutscher besser befestigt wurden.

Ich brauchte allein einen ganzen Tag, um die Schiffsausrüstung an den Strand zu tragen und auf dem Boot Klar-Schiff zu machen; das war eine vordringliche Arbeit. Im übrigen waren nur noch kleine Reparaturen auszuführen, bis ich hoffen durfte, wieder lossegeln zu können.

Ich riß die Planken des Kielgangs los, pflockte die alten Schraubenlöcher in den Planken und im Kiel dicht, bohrte neue und verschraubte alles fester als zuvor. Die Nähte kalfaterte ich mit Hilfe des Schraubenziehers mit Werg, das ich eigens zu diesem Zweck mitgenommen hatte. Dann beschlug ich die Nähte der ganzen Länge nach mit Streifen von Bleiblech und strich alles an.

Auch an beiden Seiten des Vor- und Achterstevens nagelte ich dort, wo die Planken eingepaßt waren, ein weit übergreifendes Bleiblech auf.

Dann kratzte ich bis zum Bleischuh unten am Kiel gründlich die Muscheln vom ganzen Boot ab und strich es neu an. Der Ruderbeschlag wurde wieder eingesetzt und der verbogene Propellerflügel gerichtet. Endlich war ich soweit, daß ich wieder an ferne Horizonte denken konnte.

Eins der wichtigsten Probleme war, wie ich die *Pagan* vom Strand herunterwarpen sollte. Leider besaß ich keinen Anker mehr und mußte daher auf einen Ausweg sinnen.

Es war mir von Anfang an klar, daß ich mir irgendwie einen Anker zurechtmachen müsse. Mein Seesack mit den Felsstücken war nicht als Warpanker zu gebrauchen. Es mußte etwas sein, das sich in einiger Entfernung vom Strand in dem Meeresboden festhakte, damit ich daran die *Pagan* vom Ufer wegziehen konnte, wenn das überhaupt möglich war.

Ich fällte im Unterholz am Rande des Dschungels einen Baum, beseitigte die Äste und schlug mir zwei brauchbare Balken zurecht – einen langen, dicken und einen kurzen, dünnen.

Den großen, starken benutzte ich als Ankerschaft, und querüber nagelte ich das kürzere Stück als Ankerarm. An die Enden des Arms nagelte ich außerdem lange Schaufeln, die sich so oder so im Sand eingraben würden, ganz gleich, wie der Anker zu liegen kam. Ein derartiger Anker hatte nur den einen Nachteil – er trieb auf dem Wasser. Um das zu verhindern, sägte ich vom Kiel der *Pagan* zwei Klumpen Blei ab, von denen ich den einen am Ankerkreuz und den anderen oben am Schaft befestigte.

Dann schätzte ich die Entfernung zwischen der See und meinem gestrandeten Boot ab. Dabei kamen mir meine früheren Erfahrungen, als ich schon einmal auf Grund geraten war, zu Hilfe. Mein Plan, die *Pagan* wieder flott zu bekommen, war folgender: Ich wollte das Hochwasser abwarten und sie dann rasch vom Strand hinunterschieben. Sie würde so ruckweise wieder ins Wasser gelangen. Dann könnte ich sie abwarpen und verankern. Ich pumpte mein Schlauchboot auf, um darin den Warpanker ins tiefe Wasser zu bringen.

In einiger Entfernung vom Strand warf ich den Anker über Bord und sah ihn vor meinen Augen versinken. Dann ruderte ich zum Strand zurück und setzte mich am Rande des Dschungels neben meine Vorräte und die auf einem Haufen liegenden Ausrüstungsgegenstände. „Wrackgut" und „Strandgut" kuschelten sich in meinen Schoß und beobachteten mit mir, wie das auflaufende Wasser zunächst den Kiel der *Pagan* beleckte.

Nach einer Weile kam Bewegung in das Boot. Es schlug mit der Rundung der Kimm auf den Sand und versuchte sich herumzudrehen. Als das Wasser hoch genug war, holte ich die Warpleine ein. Der Warpanker hielt. Die *Pagan* kam frei und ich lag vor Anker.

Meine größte Sorge war, ob sich noch irgendwo ein Leck zeigte. In diesem Fall hätte ich nach Panama zurückkehren müssen, um es dort reparieren zu lassen, während ich sonst fest entschlossen war, meine Reise fortzusetzen.

Ich ging nach unten und leuchtete die Planken und die Bilge ab. Nirgendwo drang auch nur ein Tropfen Seewasser ein. Als ich wieder an Deck erschien, wies der Bug zum offenen Meer, als ob es mein Boot instinktiv dorthin zöge und Gott mein Gebet erhört habe.

Schon einmal verführte mich mein Starrsinn, mutterseelenallein von Panama loszufahren, und auch jetzt ließ er mich wieder von neuem das offene Meer suchen.

Es war schon spät am Nachmittag. Ich fieberte, endlich wieder weiterzufahren. Ich zog mein Schlauchboot ans Heck, sprang hinein und ruderte an den Strand. Dort lag *Pagans* Ausrüstung aufgeschichtet unter einem Segel. „Wrackgut" und „Strandgut" miauten kläglich unter ihrer Pütz – übrigens der gleichen Pütz, die später zu meinem Lebensretter werden sollte. Die nächsten drei Stunden verbrachte ich im Schweiße meines Angesichts mit dem Transport der Gegenstände vom Strand an Bord. Es dämmerte schon, als ich zum letztenmal zur Insel zurückkehrte, wo die Kätzchen ängstlich mit unschuldsvollen Augen oben von dem kleinen Häufchen meiner Vorräte auf das immer dunkler werdende Wasser starrten.

Kaum eine Stunde später konnte ich mein Schlauchboot vorn unter dem Baum der Fock festzurren und mein Prachtexemplar von Anker hieven und auf dem Vordeck festlaschen. Die Segel der *Pagan* füllten sich in einer leichten Brise, und so segelten wir aus der Bucht hinaus. Instinktiv fühlte ich, daß es diesmal ernst war: Ich befand mich wirklich auf dem Weg zu den „gewaltigen Tiefen" des Pazifik. Natürlich kam mir gelegentlich auch der Gedanke, ob ich nicht trotz allem lieber nach Panama zurückkehren sollte, um das Boot dort überholen zu lassen. Bestimmt wäre das das klügste gewesen. Als sich aber nach einer weiteren Stunde kein Tropfen Wasser in der Bilge zeigte und mir einfiel, daß ich im ganzen schon nahezu einen Monat verloren hatte, kam mir jeder Tag, ja jede Stunde bei meinem Wettlauf mit dem Orkan mehr als kostbar vor.

Allein die Tatsache, daß die *Pagan* wieder flott war und aus eigener Kraft dahinfuhr, ließ mir die endlos weite Strecke bis zu Mary gar nicht so lang vorkommen.

Als ich um Mitternacht unbehelligt aufs offene Meer hinausgekommen war, legte ich Kurs Westsüdwest an, laschte das Ruder und begab mich mit meiner Mannschaft in die warme Kajüte.

ABENTEUER

Man muß neunhundert Meilen über den Ozean fahren, um von den Perlas-Inseln zu den Galapagos zu kommen. Man hatte mir in Panama erzählt, daß Segelfahrzeuge dazu zwischen sieben Tagen und einer Ewigkeit brauchten. Das war alles, was ich wußte.

Sogar Segler, die selbst diese bedrückend lange Strecke überwunden hatten, vermochten nichts von Belang darüber zu berichten. Sprachen sie schon einmal darüber, so starrten sie lediglich aufs Meer hinaus und runzelten die Stirn. „Steuern Sie die Galapagos von Osten her an", meinten sie, „ja nicht von Westen, sonst werden Sie zum Spielball der Meeresströmungen und des Passatwindes."

Es war daher mein Plan, mich so lange südlich zu halten, bis die Galapagos auftauchten, und dann westwärts Kurs zu nehmen. Man hatte mir erzählt, daß die Strecke zwischen den Galapagos und Australien ein Kinderspiel wäre, sobald ich erst einmal bis zu dieser Inselgruppe gekommen sei. Das Wichtigste war, daß ich die Passatwinde richtig ausnutzte. Als sich später mehr und mehr Schwierigkeiten vor mir auftürmten, erschienen mir daher die Galapagos wie ein rettendes Ziel, um das es sich zu kämpfen lohnte.

Die Wetterverhältnisse zwischen Panama und dem Südost-Passat mit dem einfachen Ausdruck ungünstig oder gefährlich abzutun, wird diesen Schwierigkeiten in keiner Weise gerecht. Das Schlimmste in diesem Gebiet ist nicht die zufällige Wetterstörung, sondern die allgemeine Wetterlage. Es herrscht hier kein bestimmtes Wetter vor, sondern man muß auf alle Tücken der Witterung gefaßt sein – ganz zu schweigen von dem gefährlichen Zusammenwirken verschiedenartigster Wetterkatastrophen.

Bei den Perlas hatte ich bereits einen schweren Sturm und starke Böen kennengelernt. Als ich aber aus dem Golf von Panama und dann noch weiter hinaus aufs offene Meer kam, öffnete Pandora ihre Büchse weit und überschüttete mich von Anfang an mit ihren höllischen Gaben.

In wirklich schweres Wetter bin ich zwar nicht geraten, wenn man darunter lediglich orkanartige Stürme versteht. Trotzdem wäre es mir lieber gewesen, der Wettergott hätte mich jeweils eine Woche lang geplagt und mich dann wieder einen Tag friedlich voransegeln lassen.

Beinah jede Nacht mußte ich das Großsegel doppelt reffen und beidrehen, während es sonst völlig oder fast windstill war, so daß ich kaum wirksam gegen die Meeresströmungen ankam. Zu diesem dreifach tückischen Wetter gesellten sich außerdem, ganz unvorhergesehen, die tropischen Böen. Gewöhnlich kündigten sie sich nur durch ein stärkeres Brausen des Windes oder den jämmerlichen Laut eines zerrissenen Segels an, das monoton gegen den Mast schlug.

Die schärfste Prüfung für den Seemann sind jedoch die drei ungleichartigen Meeresströmungen, die hier aufeinanderstoßen und unter dem Kiel gegeneinander ankämpfen. Da war zunächst die mexikanische Meeresströmung, die aus dem Norden von den Küsten Unalaskas und Japans ihre kalten Fluten heranwälzt, dann die starke äquatoriale Gegenströmung, die sengende tropische Hitze mit sich bringt, während sich aus der Antarktis, längs der südamerikanischen Küste, breit die kalte Humboldt-Strömung ergießt. Wenn diese drei Strömungen aufeinandertreffen, ist es ungefähr so, als ob eine Brünette, eine Rothaarige und ein Blonde verbissen um den gleichen Mann kämpfen.

Damit das Maß der Widerwärtigkeiten voll werde, wehte außerdem ein unbeständiger Wind aus Südwest, stets wechselnd zwischen äußerster Stärke und fast völligem Abflauen. Das hatte mir noch gefehlt, nachdem ich mir vorgenommen hatte, ständig nach Südwesten zu segeln! Es blieb mir nichts anderes übrig, als dauernd zu kreuzen – ein Schlag nach Süden, dann einer nach Westen. Obendrein mußte ich gegen die Meeresströmung ankämpfen, die mich nach Panama zurückdrängen wollte, was ihr auch zeitweilig gelang. An manchen Tagen wurden meine Nerven durch eine anhaltende Windstille auf die höchste Probe gestellt, bis mir plötzlich ein Sturm unsanft um die Ohren pfiff. Dann mußte ich beidrehen und trieb über Nacht fast die ganze Strecke zurück, die ich am Tag vorangekommen war. Am Morgen wurde ich dann häufig wieder von einer völligen Windstille, sintflutartigem Regen und grollenden Donnerwolken überrascht, oder der Himmel barst von Elektrizität und schrecklichen Blitzen.

Als ich den ersten Nachmittag auf See war, geriet ich in einen immer lebhafteren Südwestwind. Ich hatte ein Reff eingesteckt und überlegte, ob ich das andere einbinden sollte, als der Wind ganz plötzlich aufhörte. Große, glatte Wellen rollten unter meinem Boot nach achtern. Nach kaum zwanzig Minuten kam jedoch eine riesige Wolke gerade hinter mir auf. Grollend nahte sie heran. Von Rechts wegen hätte ich alle Segel bergen und nach unten gehen müssen, aber es lag mir zuviel daran, wenigstens etwas in südwestlicher Richtung voranzukommen. Ich war den ganzen Tag gezwungen gewesen, auf dem gleichen Gebiet, in demselben flauen Gegenwind hin- und herzukreuzen. Da war ein kräftiger Windstoß wirklich eine Wohltat. Ich stülpte meinen Sombrero fester auf den Kopf und blieb unerschütterlich an Deck sitzen. Die Bö fiel stürmisch ein, als ob mir jemand einen kräftigen Fußtritt versetzte. Im Handumdrehen segelte ich mit sieben Knoten Geschwindigkeit vor ihr her! Das hatte ich mir gerade gewünscht!

Man muß sich vorstellen, wie ich mich mit diesem kleinen Schiff der heranrollenden Dünung entgegenwarf! Die *Pagan* flog von einem Wellenkamm auf den anderen, so daß der Gischt das Boot wie eine Kanonade traf und hochaufspritzend die Segel bis zur Mastspitze durchnäßte. Unaufhörlich flutete das Wasser über Deck und floß achtern wieder ab. Das Dröhnen zeigte mir an, daß sie von einem schäumenden Wellenkamm hinabglitt, und der dumpfe, klatschende Laut, daß sie in einen neuen hineingeriet. Es gab Augenblicke, in denen ich es mit der Angst zu tun bekam und beschloß, in den Wind zu gehen und alle Segel zu bergen. Aber dann sagte ich mir: „Schon gut, wir kommen wenigstens voran!“ und ließ dem Boot freien Lauf.

Die Bö hielt ungefähr vierzig Minuten an, flaute dann völlig ab und ließ mich mitten auf dem aufgewühlten Meer zurück.

*

Am nächsten Tag erlebte ich die erste Stromkabbelung. Die See zeigte weithin im Handumdrehen – Gott weiß, woher – zahllose, sich überstürzende kleine Wellenkämme. Sie hoben und senkten sich wie im endlosen Tanz und zeigten mit ihrer Unzahl weißer Finger bis zum Horizont. So etwas hatte ich noch nie gesehen. Es überfiel mich wie ein unheimlicher Veitstanz. Unter dem Kiel trafen zwei Gegenströmungen aufeinander – die Rothaarige und die Blonde rauften sich gegenseitig die Haare aus.

*

Ich erlebte noch etwas anderes Einzigartiges. Der Wind war am Tage nur schwach und unstet gewesen. Ich hatte den Motor mehrere Stunden während der Mittagshitze laufen lassen in der vergeblichen

Hoffnung, irgendwo auf eine frische Brise zu stoßen. Beim Einbruch der Nacht befand ich mich dagegen ganz unerwartet und plötzlich in einem Sturm. Er kam so überraschend, daß ich in der Eile nicht einmal die Segel wegnehmen konnte. Ich hatte gerade das Großsegel doppelt gerefft, als es auch schon bitterernst wurde und mir der Sturm nur so um die Ohren fegte. Schaumgekrönte Wellen türmten sich übereinander auf, und die *Pagan* stampfte wie wild. Es war keine Zeit mehr, sich auf den Klüverbaum hinauszuwagen, um den Klüver niederzuholen.

Wenn man in schwerem Wetter auf dem stampfenden Klüverbaum stehen muß, ist das ungefähr so, als ob man auf einem rollenden Faß Fuß fassen möchte. Jedesmal, wenn sich der Bug senkt, steht man bis über die Knie im wirbelnden Wasser, und hebt er sich wieder, fließt einem das Wasser nur zu oft aus den Jackentaschen.

Man kann nichts weiter tun, als sich mit ganzer Kraft am Stag festzuhalten und mit der freien Hand das Segel zu bergen. Ich möchte keinem raten, in einer stürmischen, dunklen Nacht über Bord zu fallen. Besser hält man sich fest und sucht, so schnell wie möglich, mit der Arbeit fertig zu werden – aber natürlich nicht zu rasch, denn dann wird man unvorsichtig, wie es mir erging!

Damals auf den Perlas-Inseln hatte ich häufiger auf dem Klüverbaum gestanden und fühlte mich daher bereits zu sicher und war leichtsinnig. Auf Segelbooten lernt man unweigerlich, daß man stets auf der Hut sein muß. Die *Pagan* holte plötzlich hart über, sank tief in ein Wellental und hob dann den Klüverbaum mit einem Ruck gen Himmel. Infolgedessen wirbelte ich geschickt wie ein Zirkusclown übers Deck, mitten hinein in die dunklen, gierig nach mir gischtenden Wellen.

Ich kämpfte mich sofort an die Oberfläche. Mehrere Sturzseen schlugen mir um die Ohren und trieben mich nach achtern, ungefähr in die Nähe des Hecks. Der Ausleger war kaum einen Fuß von mir entfernt. Ich wußte, würde ich ihn nicht unmittelbar zu fassen bekommen, würde mich die nächste schwere See mit dem Wind abtreiben. Ich schwamm mit aller Kraft. Trotzdem gelang es mir nur schwer, mich gegenüber der *Pagan* zu behaupten, die langsam Fahrt voraus machte. Das über mir zusammenschlagende Wasser nahm mir die Sicht und erschwerte mir das Atmen. In diesem Augenblick höchster Verzweiflung fanden meine Hände irgendwie Halt. Ich dachte erst, es wäre die Hinterkante des Ruders, aber es waren ein paar kurze Hosen, die ich achtern festgemacht hatte, damit sie sich von allein im

Kielwasser sauber wüschen. Ich zog mich an ihnen bis zur Reling hoch und hing dort dann einen Augenblick, um mich zu verschnaufen.

Das Meer entfaltete eine gewaltige Kraft – ich war ganz beeindruckt von seiner grenzenlosen Macht, die mir in den vier Jahren bei der Handelsmarine niemals so bewußt geworden war. An Deck großer Frachter befindet man sich wohl auf dem Meer – aber doch nur bedingt. Zwischen dem festen Stahlgefüge des Schiffes ist man wie in einer Wiege geborgen. Man sieht sorglos auf das Meer hinab, und bekommt man wirklich mal einen Salzspritzer auf die Lippen, so ist das schon ein Erlebnis.

Als ich – zu erschöpft, um mich an Bord zu ziehen – im schäumenden Kielwasser der *Pagan* hinterherschleifte, wurde mir die Notwendigkeit klar, achtern ein Tau zu befestigen, an dem ich mich anklammern könnte, sollte ich nochmals über Bord fallen. Kaum war ich wieder auf meinem Boot, so eilte ich auch schon zum Klüverbaum, um mit aller Anstrengung den Klüver zu bergen. Ich hatte mich zuvor nur einen Augenblick am Heck hingelegt und ernüchtert auf die davonrollenden Wellenkämme gestarrt. Sie kamen wie wilde Tiere unter dem Leib der *Pagan* hervorgestürzt und verzogen sich grollend ins Dunkel der Nacht. Was hätte alles passieren können! Solche Zwischenfälle sind für den Alleinsegler das gefährlichste. Diesmal hatte ich Glück gehabt, aber – wie würde es beim nächsten Mal ausgehen? In diesem Kampf mit der raubgierigen See empfand ich zutiefst die unzertrennliche Verbundenheit zwischen Mensch und Boot.

Ich fragte mich, ob ich diese Fahrt auch dann unternommen hätte, wenn ich von Anfang an alle Gefahren, die mich jetzt bedrohten, übersehen hätte. Ja, das hätte ich getan. Trotz aller Schrecken war ich mit Leib und Seele dabei. Diese Erlebnisse brachten auch manches Erheiternde und spannend Aufregende mit sich; etwas, das jeden Mann anspricht – der Reiz des Abenteuerlichen. Außerdem war es für mich die einzige Möglichkeit, die geliebte Frau wiederzusehen.

*

Der Morgen des vierten Tages begann wie alle übrigen, vielleicht mit einer Ausnahme. Bei Tagesanbruch war mein Kurs Südsüdost mit einem leichten Schrick in der Schot. Ich kam nur langsam voran. Wie gewöhnlich sah der Himmel etwas bedenklich aus, aber das war ich allmählich gewohnt. In der vergangenen Nacht hatte ich alle Segel gerefft. Ich war deshalb schon frühzeitig aufgestanden, um wieder auszureffen und den Tag so gut wie möglich zu nutzen. Ich hatte jedoch kein Glück. Der Wind wurde immer schwächer, der Himmel war bleiern, und schließlich herrschte völlige Windstille.

Ich ließ meinen lärmenden Motor laufen und brauchte zwei Stunden, ehe ich in eine leichte Brise kam. Sie wehte wie gewöhnlich aus Südwest und reichte gerade, um die Segel zu füllen.

Während dieser ersten fünf Tage erlernte ich die astronomische Navigation. Dazu war bisher keine Zeit gewesen. Trotzdem berechnete ich mein tägliches Etmal auch weiterhin aus Kurs und Geschwindigkeit und nahm die Größe der Schaumbläschen des Kielwassers als Anhaltspunkt für die Geschwindigkeit durchs Wasser. Schätzungsweise machte ich demnach sechs Knoten. Das bedeutete, daß ich wahrscheinlich auf halbem Wege zu den Galapagos war.

Gegen zehn Uhr morgens schwamm plötzlich ein großer, plumper Haifisch gemächlich neben der *Pagan* her und blinzelte mich aus seinen kleinen Schweinsaugen an. Dann näherte er sich verstohlen und schlug mit seinem gewaltigen Körper gegen den Rumpf.

Ähnliches hatte ich auch schon früher erlebt. Oft hatte ich bei Tag und bei Nacht gehört, wie die Haie gegen den Rumpf schlugen. Vielleicht wollten sie sich kratzen – oder sie sind rachsüchtig. Zum erstenmal hörte ich dieses Geräusch bei den Perlas-Inseln. Es war in der Nacht. Ich hatte in der Nähe von Saboga beigedreht und lag unten in der Koje und schlief. Da wurde ich durch einen unheimlichen, dumpfen Schlag wach, der das ganze Boot erschütterte. Ich stürzte voller Angst an Deck und glaubte, auf ein Riff aufgelaufen zu sein, denn ich war mir über die Position des Schiffes nicht ganz klar. Mein erster Gedanke war, daß die *Pagan* versehentlich wieder Kurs auf die Küste genommen hätte. An Deck konnte man nichts erkennen. Die Luft war reglos und der Himmel bedeckt. Die *Pagan* schwankte nur ganz leicht. Ich rätselte lange Zeit herum, bis mir eine schrägwinklige, silbrige Wasserbahn verriet, daß irgend etwas auf das Boot zuschwamm. Da schlug es auch schon, gerade unter meinen Füßen, gegen die Breitseite der *Pagan*. Dann entfernte es sich wieder ein paar Meter, verhielt und glitt geheimnisvoll davon. Es war ein Hai.

Da die Planken der *Pagan* nur aus zwei bis drei Zentimeter starkem Eichenholz waren und außerdem sechsundzwanzig Jahre alt, konnte ich die Angriffe des Hais nicht einfach ruhig mit ansehen. Wenn sich diese plumpen Tiere daran zu häufig den Rücken scheuerten, würde ich bald in meiner Kajüte Schwimmübungen machen können. Ich holte mir daher einen Fischspeer und stieß zu, als der große Hai schwerfällig angeschwommen kam. Überrascht wandte er sich herum und brach dabei den Speer ab. Darauf tauchte er eiligst unter. Verlust: ein guter Speer. Jetzt versuchte ich es mit einem langen Jagdmesser, das ich an einem Riemen festband. Als sich mir wieder eins dieser Ungetüme näherte, stach ich ihm mit dem blanken Stahl fünfzehn Zentimeter tief in die Rippen.

Aber der Hai, der am Morgen des dreiundzwanzigsten dem Rumpf der *Pagan* einen kräftigen Nasenstüber versetzt hatte, war ein Aufschneider. Er bramarbasierte wie jeder echte Raufbold, obwohl er nur halb so lang wie mein Boot war. Allerdings besaß er fingerlange Zähne.

Als ich sein messerscharfes Gebiß sah, wollte ich es gern besitzen, um später vorweisen zu können, was ich erlebt hatte. Vor allem sollte Mary diesen gewaltigen Kieferknochen sehen und in die Hand nehmen.

Ich holte meine Sportangelrute an Deck und befestigte daran meinen größten Haifischangelhaken. Als Köder benutzte ich ein Stück fetten Gelbfisch, den „Wrackgut" und „Strandgut" bereits angeknabbert hatten. Als sich der Haifisch näherte, hielt ich ihm den Köder gerade vor die Nase und zog ihn wieder weg, als er sich genauer von seiner Beschaffenheit überzeugen wollte. Das war ein alter Trick, der ihn um so mehr aufbrachte, je mehr sich sein Appetit darauf steigerte. Schließlich schnüffelte er daran und ließ ihn hochmütig hinter dem Gehege seiner Zähne verschwinden.

Darauf zog ich mit aller Kraft die Angelschnur an. Der Haken saß fest und sicher in seinem dreisten Kiefer. Der Schmerz ließ ihn plötzlich um sich schlagen, das Wasser aufwühlen und eine mächtige Welle gegen die Bordwand in Bewegung setzen, ehe er sich querab davonmachte. Surrend rollte die Schnur von meinem Angelroller ab. Da warf er sich in einer Entfernung von etwa sechzig Metern am Angelhaken herum und peitschte die Oberfläche des Wassers, wobei er silbrig in dem schäumenden Wasser aufglänzte.

Sein gewaltiger Körper wandt sich wütend U- und S-förmig hin und her, während er bösartig mit seinen riesigen Kinnladen zuschnappte. Bald tauchte er achtern auf, bald wieder vorn, und jedesmal hatte man den Eindruck eines großen Fettflecks auf der glatten See. Dann warf er sich wieder peitschend auf den Rücken oder schoß in großen Kreisen dahin, einmal querab und im nächsten Augenblick wieder ganz dicht beim Schiff. Sein Lotsenfisch folgte ihm getreulich.

Einmal war er über dreißig Meter tief gerade unter meinem Boot, so tief, daß ich ihn trotz des durchsichtig klaren Wassers nicht erkennen konnte. Der dramatischste Augenblick ereignete sich etwa eine halbe Stunde, nachdem er meinen Angelhaken verschluckt hatte. Er war bis ans Ende der Angelschnur gerade achteraus geschwommen. Darauf raste er, während seine Rückenflosse messerscharf die Oberfläche des Wassers durchschnitt, voller Wut um mein Boot und wühlte das Wasser dabei so gewaltig auf, daß es hoch über ihm aufspritzte und er eine lange, silbrige Spur hinterließ. Als er das Umkreisen des Bootes satt hatte, hielt er einen Augenblick an und schoß dann etwa fünfzehn Meter in Richtung auf das Heck. Dort warf er sich herum und schwamm mit aller Vehemenz wieder bis ans Ende der Leine. Als er ruckartig das Ende erreicht hatte, sah es so aus, als ob er sich durch seine Gewaltsamkeit den Kopf abreißen würde. Er ließ es jedoch gar nicht erst so weit kommen, sondern warf sich schon kurz vorher hoch aus dem Wasser. Er zitterte vom Kopf bis zum Schwanz bei dieser unheimlichen Wendung. Ein Glück, daß die Angelleine nicht steif stand, denn sonst wäre selbst Liektauwerk wie ein dünner Faden gerissen. Endlich gab er jeglichen Widerstand auf. Er wehrte sich nur noch schwach, als ich ihn an der Reling vertäute.

Als ich seine Zähne sah, war ich ganz erschrocken. Sie standen in zwei ungleichen Reihen. Jeder war fünf Zentimeter lang und dicker als ein Bleistift. Sie sahen unbarmherzig scharf aus und ragten in einem gefährlichen Winkel aus dem gewaltigen Kiefer, mit dem er bequem die größten Knochen zermahlen konnte. Mit dem tierischen Instinkt des Siegers und voller Neid auf seine Stärke lehnte ich mich über die Reling und gab ihm einen kräftigen Schlag auf die Nase. Sie war genauso hart wie die Planken der *Pagan.*

Dieser riesige Kiefer mit seinen schartigen Zähnen war ein überwältigender Anblick. Aber wie sollte ich mich in seinen Besitz bringen? Die Stimme des Bösen in mir stachelte mich an und flüsterte mir zu: „Los! Es wird schon alles gut gehen! Zieh ihn an Bord! Schneid ihm den Kopf ab und koche das Fleisch – es ist alles ganz einfach!“

„Wrackgut“ und „Strandgut“, mit den Pfötchen auf der Reling, schnupperten den fischigen Atem des Ungeheuers und miauten erregt vor Vorfreude auf den Festbraten. Ich entschloß mich daher, den Hai an Bord zu ziehen.

Zunächst versuchte ich in meiner Einfalt, ihn mit einer einzigen Kraftanstrengung hochzuhieven. Ich konnte ihn jedoch nur ein ganz klein wenig aus seiner Lage bringen, da er immerhin Hunderte von Pfund wog. Darauf befestigte ich das Großsegelfall an dem Fischhaken, der in seinem Rachen steckte, und zog ihn mit größter Mühe zentimeterweise über das Heck ins Cockpit. Was für ein Ungeheuer! Sein Kopf lag in der Plicht, während der Schwanz über das Achterdeck hinunterhing. Er bewegte sich kaum noch. Da nahm ich die Axt und schlug sie ihm tief ins Rückgrat, damit die Zuckungen endlich aufhörten. Ein breiter Blutstrahl bespritzte mich über und über.

Im gleichen Augenblick schüttelte sich das Ungeheuer mit aller Gewalt. „Wrackgut" und „Strandgut" rasten entsetzt zum Bug. Als ich ihnen gerade nachsah, hörte ich ein lautes Getöse und sah, wie meine Ruderpinne vom Ruderkopf absplitterte und im Bogen ins Meer flog.

Der Hai schlug mit seinem riesigen Schwanz wie mit einem Schmiedehammer zu und zersplitterte, zertrümmerte und zerdrückte alles, was ihm im Wege war. Blitzartig wurde die Luke über dem Treibstofftank eingedrückt und der gelötete Kupfertank flachgewalzt, während sich sein Inhalt in die Bilge ergoß. Ich klammerte mich voller Grauen an der Reling fest. Das Cockpit-Süll splitterte krachend los und flog mir um die Ohren. Hätte ich mich nicht schnell geduckt, hätte ich bös etwas abbekommen.

Inzwischen hatte er die Schiebetür vom Kajütniedergang eingedrückt. Das achtere Bullauge hatte ebenfalls daran glauben müssen, und der Boden des Cockpits gab bereits bedenklich nach. Die *Pagan* schaukelte, als ob Riesenfäuste sie bearbeiteten.

Ich stürzte so nah wie möglich an das Ungeheuer heran, riß mein Beil heraus und hackte auf gut Glück auf sein sich bäumendes Rückgrat ein. Da begann er von neuem um sich zu schlagen. Krachend zersplitterte das Querschott zwischen Maschinenraum und Cockpit. Der Boden der Plicht brach ein, die Benzintanks rollten polternd in den Maschinenraum, und der Hai sank mit seinem Kopf auf den Motor. Ich pirschte mich wieder an ihn heran und stieß ihm das Jagdmesser tief in den Leib. Trotzdem hörte seine Zerstörungswut nicht auf. Die *Pagan* wurde vor meinen Augen Stück für Stück zertrümmert, obwohl ich auf ihn einhackte wie ein wild gewordener Holzfäller. Ich schlug ihm tiefe Wunden in Kopf und Rücken. Die Rückenflosse hatte ich ihm bereits abrasiert, und dennoch fuhr er fort, mein Boot kurz und klein zu schlagen. Ich hatte große Angst, daß er auch noch in meine Kajüte gelangen und sie zertrümmern könnte oder den Mast in Gefahr brächte. Ich schlug daher noch härter zu und bearbeitete ihn wie ein Verrückter – verzweifelt und von oben bis unten mit Blut bespritzt.

Durch seitliche Schläge mit dem Kopf beschädigte er den Motor, verbog die Zündkerzen und zerriß die Zündkabel.

Ich ließ ihm jedoch keine Minute mehr Ruhe und erteilte ihm einen blutigen, tödlichen Schlag nach dem anderen. Ich schnitt ihm ein Auge vollständig heraus und durchbohrte ihn von den Kiemen bis zu seiner abgehauenen Rückenflosse. Dennoch schlug er immer noch wie mit Peitschenhieben um sich.

Da kroch ich wegen des beschränkten Raums mit angezogenen Beinen noch näher an ihn heran und nahm alle Kraft zusammen. Ich zielte nach seiner Nase – sie gilt als seine verwundbarste Stelle – und traf sie bis auf den Knochen, ja bis zu den Vorderzähnen. Trotzdem schlug er weiter um sich. Schließlich ließ ich meine Axt wuchtig in seine lebenswichtigen Eingeweide sausen.

Obwohl der Stahl tief in ihn eindrang, schien er es kaum zu spüren. Plötzlich riß er jedoch den Rachen auf und lag dann still da. Ich blieb eine Zeitlang geduckt neben ihm liegen und beobachtete ihn in der Hoffnung, daß er sich endlich nicht mehr rühren würde. Ich hätte ihm andernfalls kaum ausweichen können, da ich nicht mehr die Kraft besaß, aufzustehen und mich zu retten. Ringsum war alles zertrümmert oder mit Blut besudelt. Ich selbst war ganz mit geronnenem Blut bedeckt.

Ehe ich daran denken konnte, den zerfetzten Kadaver über Bord zu werfen, war noch mancherlei Wichtigeres zu erledigen. Ich mußte zunächst literweise Benzin, Akkumulatorensäure und Blut aus der Bilge pumpen. Darauf schrubbte ich das geronnene Blut von Deck, Planken und den Wänden des Motorraums und räumte das zersplitterte Holz beiseite. Das Cockpit war ein glühender Schlund, in dem mittendrin die Kätzchen saßen und sich schnurrend und hungrig über den Haifisch gemacht hatten. Sie kauten genießerisch. Ich schnitt ihnen ein mächtiges Stück heraus, legte es auf das Vorluk und setzte sie daneben.

Im Bauch des Hais fand ich ein buntes Durcheinander bedauernswerter Kreaturen, die er ganz oder teilweise verschluckt hatte: zwei Tintenfische, eine große spanische Makrele, eine Menge halbverdauter Fische, den Gelbfisch, mit dem ich ihn geködert hatte, sowie mehrere ansehnliche Stücke Fleisch und Knochen, die offensichtlich von einem sehr großen Fisch stammten.

Nach diesem heißen Kampf schien mir der Kieferknochen des Hais mehr denn je eine würdige Trophäe zu sein. Ich schnitt dem Ungeheuer den Kopf ab, kratzte das Fleisch von den Knochen und reinigte sie und die gelben Zähne. Ein grausiger Anblick! Um den Kadaver über Bord werfen zu können, mußte ich ihn erst halbieren, eine mühselige Arbeit, die meine volle Kraft in Anspruch nahm. Bestimmt würde meine ganze Freizeit in den nächsten zwei Wochen damit ausgefüllt sein, zunächst einmal den Schaden wieder in Ordnung zu bringen.

Der Hai erteilte mir eine neue Lektion: Zieh keinen Hai an Deck!

Der Motor war nicht mehr zu gebrauchen, es sei denn, ich kehrte um, um ihn reparieren zu lassen. Heute weiß ich, daß das das Vernünftigste gewesen wäre. Hätte ich ihn in Balboa überholen lassen, wäre ich trotzdem schneller vorangekommen als ohne ihn. Vielleicht wäre allerdings meine Fahrt über den Pazifik dann wohl schneller, aber auch langweiliger und weniger abenteuerlich gewesen.

Der Hauptgrund, warum ich meinen ursprünglichen Plan nicht aufgab, war die Ebbe in meiner Kasse. Ich besaß nur noch fünfundzwanzig Dollar. Damit konnte ich nicht einmal die Kosten fürs Aufslippen decken. Nach meinen nautischen Berechnungen kam ich außerdem täglich achtzig bis hundert Meilen voran und würde so in einer Woche die Galapagos-Inseln erreicht haben – und von dort aus brauchte ich ja keinen Motor mehr, da dann, wie man mir gesagt hatte, die stets gleichbleibende Antriebskraft des Südost-Passats einsetzen würde.

So fuhr ich weiter – allein auf die Segel angewiesen.

Die Erfahrung hatte mich gelehrt, daß bei einem Einhandtörn die größte Gefahr darin besteht, daß einen niemand auffischen kann, wenn man einmal über Bord geht. Ich dachte ständig daran und paßte doppelt auf, daß es mir ja nicht noch einmal passierte.

Am Tag nach dem Kampf mit dem Hai brachte ich ein etwa achtzehn Meter langes Rettungstau an, das ich achteraus schleppte. Sollte ich über Bord fallen, so hatte ich wenigstens etwas, woran ich mich klammern könnte. Gelegentlich befestigte ich an seinem Ende einen Angelhaken mit einem Streifen weißen Zeugs als Köder und fischte so manche frische Mahlzeit für mich und die Mannschaft. Zuweilen band ich meine schmutzigen Hosen oder ein Hemd daran fest, damit es mühelos im Kielwasser gewaschen wurde. Praktischerweise konnte ich das Tau auch als Logleine benutzen, um meine Geschwindigkeit zu messen. Vor allem aber war es in erster Linie als Rettungsleine gedacht.

Eines Morgens wäre ich allerdings trotzdem beinahe einsam auf weitem Meer zurückgeblieben.

Die Sonne war kaum aufgegangen, da erhob sich auch schon über mir ein stürmischer Wind aus Südwest. Die aufgewühlte See streckte sich mir wie eine gewaltige, schlagbereite Hand entgegen. Ich steuerte geradenwegs auf sie zu. Das Großsegel sowie die Fock waren gerefft. Ich zögerte noch, den Klüver niederzuholen, da ich hoffte, daß der Wind nachlassen würde.

Die Aussicht, ab und zu mal untergetaucht und selbst vom Klüverbaum gewaschen zu werden, entmutigte mich nicht mehr allzusehr.

Es ist mir nie gelungen, für das Bergen des Klüvers bei Sturm eine brauchbare Formel zu finden. Ich brachte es nicht ein einziges Mal in befriedigender Weise fertig und begann deshalb, es systematisch zu üben.

Ich ließ stets den Klüver bis zur letzten Minute stehen, ehe ich ihn barg. Da er sehr unhandlich war, machte es kaum einen Unterschied, ob ich mich mit ihm bei einer steifen Brise oder bei Sturm befaßte.

An dem bereits erwähnten Morgen hatte ich mich durch das übliche Schwören und Fluchen im voraus auf den Kampf mit dem Klüver gerüstet. Als ich hinaus auf den Klüverbaum kam, stellte ich fest, daß der Spanner des Klüverstags sich beinahe losgedreht hatte. Ich schraubte ihn wieder fest, muß dabei aber nach der falschen Richtung gedreht haben – auf jeden Fall ging er plötzlich ganz los. Ich griff darauf rasch in das Segeltuch des Klüvers und hängte mich daran, als der Wind anfing, ihn aufzublähen.

Schon im nächsten Augenblick schwebte ich von dem aufgeblähten Segel herab mitten in der Luft. Es hatte mich etwa vier Meter hochgehoben, und die gleiche Entfernung war ich querab über Wasser. Ich klammerte mich, tödlich erschrocken, am Vorliek fest und überlegte, ob ich wohl zu weit weg vom Boot ins Wasser fallen würde, wenn ich das Segel losließ. Ich beschloß, mich auf jeden Fall weiter daran festzuklammern.

Ganz unerwartet ging der Wind wieder aus dem Segel, so daß ich an Bord zurückschwang und gegen den Mast schlug. Ehe ich jedoch das Segel loslassen konnte, hing ich schon wieder in der Luft, denn der Wind hatte es von neuem gepackt. So wurde ich hin- und hergeschlagen, genau wie ein Terrier eine Ratte umherwirbelt. Schließlich rutschte das Segel vom Stag, der Wind ging heraus, und als es auf das Wasser aufklatschte, faltete es sich zusammen.

Das mit einem Stopperknoten versehene Ende des Falls bekniff sich im Block, so daß ich achtern ins Schlepptau genommen wurde. Ich klammerte mich an die steife Segelleinwand, was keineswegs einfach war, und versuchte sie zusammenzurollen. Ich hoffte, sie dadurch zu retten und sie heil wieder mit an Deck zu bringen. Bei dem steifen Material war jedoch alle Mühe vergeblich. Da rutschte das Fall durch, so daß ich zum Spielball von Wind und Wasser wurde. Mit dem Segel fest in der Hand schwamm ich achtern ans Rettungstau. Leider hatten sich daran kleine schleimige Seetierchen und schlüpfriger Seetang festgesetzt. Ich kam mir wie bei einem Wettreiten auf glitschigem Schweinerücken vor, nachdem ich das Tau glücklich mit einer Hand gefaßt hatte und mit der anderen das Segel hielt.

Ich war fest entschlossen, den Klüver zu retten, denn mein zweiter Klüver war bei dem Sturm in der Nähe von San José davongeweht. Dies hier war mein letzter. Ich brauchte ihn dringend, der Klüver gehört zu den wichtigsten Segeln, wenn man aufkreuzen muß.

Schon nach wenigen Minuten erkannte ich, daß es unmöglich war, mich mit dem Segel in der Hand an dem glitschigen Tau vorauszuholen. Es gelang mir wohl, ein paar Zentimeter voranzukommen, aber schon die nächste Welle warf mich wieder zurück.

Ich paßte scharf auf, nicht an die grausigen, stählernen Haifischangelhaken am Ende des Taus zu geraten. Ich durfte mich keinen Augenblick ausruhen, da ich sonst beständig weiter achteraus rutschte. Ich konnte mich festklammern soviel ich wollte, gegen diesen Zug nach hinten war ich machtlos. Meine Füße kamen dem Angelhaken bereits bedenklich nahe, und die Gefahr war groß, daß er sich in ihnen festhakte. Hilflos glitt ich immer mehr am Tau achteraus. Die See, die mir das Segel entreißen wollte, zog mich gewaltsam nach hinten.

Ich klemmte das behelfsmäßig zusammengefaltete Segel mit meinem Bauch gegen das Tau. Auf die Dauer blieb mir jedoch nichts anderes übrig, als es fahren zu lassen und der See preiszugeben. Ich tat es höchst ungern, aber was sollte ich tun?

Als die *Pagan,* doppelt gerefft und stark auf der Seite liegend, geradenwegs in die Fänge des zunehmenden Windes hineinfuhr, sah sie trotz ihrer halbentblößten Spieren wie ein tapferer Kämpfer aus. Das Schiff mit seinen eleganten Linien stürmte mir neun Meter voraus gegen die ungestümen Wellenkämme der gewaltigen Dünung an. Der Gischt spritzte ringsherum hoch auf. Ich hörte, wie der Bug in die ihm entgegenrollenden Brecher klatschte.

Schließlich setzte ich zu einem langen Klimmzug an und arbeitete mich Hand über Hand an dem glitschigen Tau voran, ständig im Kampf mit jeder neu heranbrausenden Welle und dem weißbrodelnden Kielwasser.

Als ich endlich wieder an Bord war, streckte ich alle viere von mir und starrte trübe auf die heftig bewegte See mit ihren schaumgekrönten Wellen, die ohne Unterlaß eilig dem Horizont zustrebten und dabei ein Getöse machten wie ein dahinrasender Zug.

Als ich so, düsteren Gedanken hingegeben, im Cockpit lag und darüber nachsann, was noch hätte passieren können, bemerkte ich, als meine Augen Welle für Welle nach achtern verfolgten, wie sich etwas Weißes auf der Oberfläche des Wassers kräuselte. Ich erkannte mein Segel, das meinem Angelhaken irgendwie zu nahe gekommen sein mußte und nun von ihm ins Schlepptau genommen worden war.

Ich zog das Tau ein und hoffte, daß sich das Segel dabei nicht wieder selbständig machen würde. Gottlob tat es mir den Gefallen. Als es in die Nähe des Hecks kam, sah ich, daß sich mein Haihaken im Liek des Segels festgehakt hatte. Ein ganz seltener Glücksumstand.

Ich trug das Ereignis später folgendermaßen ins Logbuch ein: „Klüver auf schwierige Weise niedergeholt.“

DIE MALPELO-INSEL

In den ersten neun Tagen schätzte ich die Schiffsgeschwindigkeit nur ungefähr ab und versuchte jeweils am Abend die mutmaßliche Position auf der Seekarte herauszufinden. Es war fabelhaft, welche Strecke ich bereits zurückgelegt hatte! Wenn ich beobachtete, mit welcher Geschwindigkeit das Wasser unter meinem Kiel dahinfloß, mußte ich wenigstens sechs Knoten machen. Dementsprechend müßte ich eigentlich schon in der Nähe der Galapagos sein; aber war ich es wirklich? Ich war mir nicht so ganz sicher. In Panama hatte jemand zu mir gesagt: „Peilen Sie die Entfernung nach den Galapagos bloß nicht über den Daumen; das wäre Selbstmord." Als ich daher meinen ersten Versuch mit dem Sextanten machte, war mir nicht gerade wohl zumute.

Meine Berechnungen hatten zunächst wenig praktischen Wert. Ich verbrachte den ganzen Tag damit, die sich ändernde Stellung der Sonne in Winkelgraden zu messen und die für mich in Frage kommende Mittagshöhe aus einem Wirrwarr von Zahlen herauszufinden. Am späten Abend, nachdem ich mich den ganzen Nachmittag mit Zahlen und Sonnenhöhenmessen geplagt hatte, kam ich schließlich zu einer Position, die irgendwo im Innern von Zentral-Panama sein mußte. Darauf legte ich mich erst einmal schlafen.

An den beiden darauffolgenden Tagen kam ich jedes Mal auf die gleichen Zahlen – aber was für Zahlen! Wie oft ich auch die Ergebnisse überprüfte und wieder überprüfte, es blieb immer das gleiche: Ich war kümmerliche dreihundertundfünfzig Meilen von Panama entfernt. Diese Zahlen besagten, daß ich mich in der Nähe eines einsamen, unfruchtbaren Felseneilands, der Malpelo-Insel, befand. Ich weigerte mich einfach, den Zahlen Glauben zu schenken und blieb bei meiner ungefähren Berechnung, nach der ich etwa neunhundert Meilen von Panama entfernt sein mußte.

Im Laufe des Morgens rechnete ich alles noch einmal durch. Es bestand kein Zweifel: Ich war wirklich in der Nähe der Malpelo-Insel. Schließlich kletterte ich in den Mast und suchte den Horizont ab. Vor mir lag nichts als das eintönige Meer. Es hatte im Südwesten eine schmutzige Farbe, und ein Dunstschleier hing über dem Wasser.

Vögel flogen um mein Boot; ein Zeichen dafür, daß ich nicht weit von Land sein konnte. Um die Mittagszeit ließen sich endlich die Umrisse der Insel erkennen. Gerade voraus, etwa zehn Meilen entfernt, tauchten unverkennbar die nackten, einsamen Felsklippen auf.

Es kam mir wie eine Art Wunder vor, als sich mein Boot auf dem pfadlosen Ozean plötzlich diesem meerüberspülten Felsen näherte. Elf Tage lang hatte ich den Horizont vergeblich abgesucht und nur gelegentlich die Rauchfahne eines Dampfers entdeckt. Da ergaben flüchtige Berechnungen und Zahlenreihen auf einem kleinen Stück Papier, daß Land vorm Bug auftauchen müsse . . . und es tauchte auf! Das Eiland lag wie ein schemenhafter Felsblock vor mir, gischtumsprüht von der anbrandenden See.

Ich fühlte mich bei seinem Anblick unendlich erleichtert. Die Navigation wurde mit einemmal zu einem heiteren Spiel. All das geheimnisvoll Ungewisse an ihr klärte sich, und sie kam mir plötzlich einfach vor, nachdem mich der bloße Gedanke daran jahrelang nervös gemacht hatte.

Ehe ich die *Pagan* erwarb, meinte ich, man müsse zum mindesten die Differentialrechnung beherrschen, wenn man eine Nußschale über eine Bratenplatte steuern wolle. Ich hatte versucht, mich in die Standardwerke der Navigation hineinzulesen, und es seufzend, wie benebelt, wieder aufgegeben. Genauso erging es mir, als ich zum ersten Mal an Bord der *Pagan* war. Vor mir lag die weite Fahrt über den Ozean, und hinter mir stand drohend das Gespenst der mir völlig fremden Navigation.

Das Schlimme war, daß ich in den ersten beiden Wochen nach Ankauf der *Pagan* vor der Abreise nicht eine freie Minute im Hafen hatte, um mich in die Navigationslehre zu vertiefen. Meine Achtung vor ihren komplizierten Formeln war so groß, daß ich mich nur schweren Herzens mit meinen geringen Kenntnissen aus Panama aufs Meer wagte. Ich besaß weiter nichts als eine gewisse praktische Anschauung, die ich mir auf meinen Flügen erworben hatte. Aber was sollte ich tun? Die Zeit war gegen mich! Ich mußte die Fahrt antreten, ehe die alljährlichen Orkane über dem Korallenmeer und der Tasmanischen See einsetzten. Ich konnte es mir meiner Ansicht nach nicht leisten, vorher noch vierzehn Tage die Navigationsschule zu besuchen. Die Lage verlangte gebieterisch, daß ich losfuhr.

Bei meiner Abreise führte ich folgende Navigationsinstrumente mit: einen Sextanten, ein Geschenk von Kapt. Beaverstock aus Balboa; eine sehr zuverlässige Taschenuhr; einen billigen Kompaß, den ich auf dem Boot vorfand; eine Handlotleine; einen Band „Navigationslehre“, den man mir aufgedrängt hatte, obwohl ich gar nichts damit anzufangen wußte; ich habe ihn nur ein einziges Mal benutzt – zum Anmachen meines Allesbrenner-Ofens; einen Band „Hochsee-Navigationslehre“, Preis: ein Dollar fünfzig, das Buch ist sein Gewicht in Gold wert; ein Exemplar der „Veröffentlichungen Nr. 211 des Hydrographischen Büros“, für das ich zehn Cents gab; gute Seekarten, auf denen alle Inselgruppen angegeben sind, die ich möglicherweise auf meiner Fahrt ansteuern könnte, Kostenpunkt: vier Dollar; Segelhandbücher und Leuchtfeuerverzeichnisse für die gesamte Fahrt, Anschaffungswert: zwei Dollar dreißig. Alles in allem hatte ich acht Dollar neunzig dafür ausgegeben.

Wünscht jemand eine größere Segelfahrt zu unternehmen, sollte er sich alle diese Dinge beschaffen und dann einfach lossegeln. Wenn er nach zehn Tagen Sternenbeobachtung und Beschäftigung mit diesen Hilfsmitteln der Navigation nicht seine Position auf See feststellen kann, rate ich ihm, umzukehren und sich stets brav in der Nähe der Küste zu halten. Die Navigation wird er dann doch nie begreifen. Jeder vernünftige Mensch, der Sonne und Horizont zu beobachten weiß, kann mit diesen Hilfsmitteln um die ganze Welt segeln.

*

Die Malpelo-Insel selbst war für mich uninteressant. Ich befand mich schließlich nicht auf einer Vergnügungsreise, und auch dann hätte ich sie bestimmt nicht ihrer landschaftlichen Reize wegen aufgesucht. Die Insel wird so durch Wind, Regen und Brandung bearbeitet, daß nicht einmal der Guano der vielen Vögel liegenbleibt. Ringsherum tauchen spitznadlige Felsen aus dem Wasser auf. Im übrigen ist sie kahl und wenig einladend. Das einzig Positive an ihr war für mich, daß sie sozusagen ein lebendiger Beweis meiner fortgeschrittenen Navigationskünste war, obwohl mich die Feststellung, daß ich in elf Tagen nur dreihundertfünfzig Meilen vorangekommen war, sehr enttäuschte.

Ich gab die Schuld an meiner langsamen Fahrt meinen mangelnden Erfahrungen und den vielerlei Katastrophen, die mich heimgesucht hatten. Ich hatte die Geschwindigkeit nur schätzungsweise feststellen können und wußte über die Richtung der Meeresströmungen nicht genau Bescheid. Das Schlimmste war natürlich, daß mein Motor nicht mehr zu gebrauchen war. Kann man den Motor während einer Flaute auch nur eine Stunde anstellen, so hilft das oft schon, daß man wieder den Wind zu fassen bekommt.

Bei Eintritt der Dämmerung war ich bereits ein gutes Stück von Malpelo aus weitergekommen, aber leider wurde es kurz darauf schon wieder windstill. Ich holte das Großsegel nieder, um nicht anhören zu müssen, wie es nutzlos hin- und herschlug. Dann ging ich zum Schlafen in die Kajüte. Am nächsten Morgen, es war der dreißigste, stellte ich fest, daß mich die Meeresströmung während der Nacht nordwestlich von Malpelo versetzt hatte. Es herrschte noch immer Windstille. Ich vertrieb mir daher die Zeit mit Angeln, bis mich eine kräftige Brise das einsame Felseneiland zum zweiten Mal umsegeln ließ.

Während des Vormittags frischte es auf. Ich hielt mich westlich, bis ich Malpelo hinter mir gelassen hatte, und nahm dann südlicheren Kurs in Richtung auf den Äquator. Während des Nachmittags blies ein ständig zunehmender Wind. Bei Einbruch der Nacht hatte ich stark gerefft. Malpelo lag weit hinter mir. Angesichts einer herannahenden Böenfront holte ich als Vorbereitung für eine stürmische Nacht das Großsegel herunter, machte es mit Zeisingen fest und drehte bei. Ehe ich in die Kajüte ging, sah ich mich, wie ich hoffte, zum letzten Mal nach Malpelo um.

Als der Morgen dämmerte, prasselte der Regen wie Schrotkugeln auf mein Kajütdach. Das Wetter konnte gar nicht abscheulicher sein. Es war überhaupt keine Sicht, der Wind sehr stark und der Seegang dementsprechend hoch. Es wurde den ganzen Tag über nicht hell. Nicht einmal die gewöhnlichen Seevögel wagten sich hervor. Ich hielt mich in der Kajüte auf und getraute mich nicht, den kleinsten Fetzen Segel zu setzen.

Obwohl keinerlei Sicht bestand, ahnte ich doch instinktiv, daß das trostlose Eiland irgendwo in meiner Nähe sein müßte. Ich kreuzte nun schon drei Tage hier, und meine Stimmung war mehr als gedämpft, wenn ich daran dachte, wie hilflos ich dem Wetter preisgegeben war.

Gegen Mittag war es noch immer das Gleiche, höchstens, daß ich in einiger Entfernung an Steuerbord das immer wiederkehrende, dumpfe Dröhnen brandender Seen hören konnte. Nach einer Weile wurde mir klar, daß ich vom Wind schon über Malpelo hinaus zurückgetrieben worden war.

Endlich mitten in der Nacht legte sich der Wind. Ich verließ mein warmes Lager und kletterte an Deck. Am Himmel blinkten zahlreiche Sterne. Die See ging noch immer hoch. Die Luft war bewegt und doch zugleich schon etwas flau, wie es beim Umschlagen des Wetters häufig ist. Ich hatte das Gefühl, daß man ruhig ein Segel riskieren könnte, und band deshalb ein Reff in das Großsegel und setzte es. Nach wenigen Stunden kam ich zum dritten Mal an Malpelo vorbei. Es lag grau im ersten Morgendämmern.

Die Brise wurde stärker, als die Sonne höher stieg. Am späten Vormittag band ich das letzte Reff ein und barg den Klüver. Zu Beginn des Nachmittags drehte der Wind ein wenig nördlicher. Von Süden her kam eine schwere Dünung auf, und die gegenanstehende Windsee ließ die *Pagan* bald heftig rollen und gieren. Malpelo war durch die tiefliegenden Wolken ganz verhüllt. Bei Einbruch der Dunkelheit hatte ich das Schiff ordnungsgemäß beigedreht.

Die Kätzchen lagen durchgerüttelt auf der Koje in der Kajüte und waren seekrank. Ich drückte sie eng an mich, um sie warm zu halten und sie fühlen zu lassen, daß sie einen Freund hatten, der all ihre Kümmernisse verstand.

Lange nachdem ich schlafen gegangen war, wurde ich durch Brandungsgeräusche geweckt. Ich wußte sofort, es konnte nur Malpelo sein. Diese verfluchte Insel – sollte ich denn gar nicht von ihr wegkommen? Ich spähte und lauschte im Sprühregen dieser feuchten Nacht hinaus und hörte genau achteraus – mal schwächer, mal lauter – das Brausen der auflaufenden Brandung. Ich konnte es mir nicht leisten, noch weiter zurückgetrieben zu werden, und setzte deshalb die Fock in der Hoffnung, die *Pagan* so von der unter dem Wind liegenden Küste fernzuhalten.

Nach einer weiteren Stunde wurde das Getöse immer lauter. Es war leicht festzustellen, woher es kam. Die *Pagan* wurde zwar mit dem Wind fertig, aber die Strömung saugte sie zurück. Ich reffte die Fock und setzte das doppelt gereffte Großsegel. So konnte sich mein kleines Boot für den Rest der Nacht behaupten.

Bei Tagesanbruch – fünf Tage, nachdem ich die Insel zuerst gesichtet hatte – blickte mich Malpelo wie mit boshaften Augen an! Ich war keine hundert Meter von ihr entfernt! Dabei nahm der Wind noch immer an Stärke zu. Ich kam ihr mit jeder Bö näher. Jetzt hätte ich den Motor nur zu gut gebrauchen können. Es wehte ein scharfer, gefährlicher Wind. Die Segel, die ich gesetzt hatte, nutzten mir wenig. Trotzdem wagte ich nicht, sie wegzunehmen.

Ich hatte zeitweilig den Eindruck, als ob ich eben noch heil an der Insel vorbeikommen könnte, wenn ich die Segel bergen würde und die *Pagan* treiben ließ. Die Versuchung lag nahe, abzufallen und die Insel vor dem Wind zu umrunden. In Anbetracht der aufgewühlten See befürchtete ich jedoch, dabei quer zur See geschlagen zu werden oder einen Brecher über das Achterdeck zu bekommen. Dem konnte ich mich nicht aussetzen, da das Cockpit nach dem Kampf mit dem Hai noch nicht wieder völlig repariert und wasserdicht war. Je mehr ich jedoch die zackigen Felsnadeln in Augenschein nahm, desto unheimlicher wurde es mir.

Da fegte ein kalter Wind die Wolken vom Himmel. Eine blasse Sonne beschien meine sorgengefurchte Stirn. Ich hätte dieser Aufhellung nicht bedurft, denn meine Position wurde mir ohnedies von Minute zu Minute klarer.

Mit Leichtigkeit hätte ich einen Schiffszwieback auf den nächsten Felsvorsprung werfen können. Das Brüllen der Brandung wurde geradezu ohrenbetäubend. Es ist ein Wunder, daß Malpelo noch nicht ganz von dem wütenden Meer, das mit aller Gewalt gegen seine Küste schlägt, verschlungen worden ist. Ich hoffte noch immer, daß der Wind nachlassen oder die *Pagan* sich aus eigener Kraft von den Felsen entfernen würde.

In dieser Lage blieb mir nichts anderes übrig, als mein kleines Schlauchboot zu Wasser zu lassen und es achtern am Ausleger für den Notfall festzumachen. Ich legte „Wrackgut" und „Strandgut" wieder die Schwimmkorken an und setzte sie in eine Ecke des Cockpits. Dann zerschnitt ich die Reffbändsel und zog hastig und ruckweise das hart beanspruchte Segel hoch. Es stand sofort voll, und die *Pagan* bebte. Die Lee-Reling schnitt unter Wasser, und Gischt wirbelte bis zum Decksaufbau.

Ich lief zum Ruder und legte es so, daß die *Pagan* so weit wie möglich abfiel, ohne quergeschlagen zu werden. Sie legte sich darauf noch mehr über, und das Ruder teilte heftige Stöße aus. Es kostete wirklich Schweiß, das Ruder zu halten. Riesige Wassermassen stürmten gegen die Luv-Reling und brandeten dann schäumend gegen die Felsen querab.

Ich wußte nur zu gut, daß das Segel diese Beanspruchung bestimmt nicht lange aushielt. Ein paar Minuten guter Fahrt hätten jedoch genügt, um mich von den Felsen freikommen zu lassen. Sollte das Segel sofort aus den Lieken fliegen, blieb mir nur eine Zuflucht: mein Schlauchboot. „Wrackgut" und „Strandgut" ahnten nichts von meinen schweren Sorgen. Sie saßen eng beieinander, sahen wie ein Wollknäuel aus und schauten geruhsam vor sich hin.

Fünf Minuten lang blickte ich gespannt nach Lee in der Hoffnung, trotz allem noch heil an der Insel vorbeizukommen. Da rissen die Rutscher am Vorliek, und das Segel schlug haltlos im Wind. Ich legte Lee-Ruder. Die *Pagan* drehte vor den Wind. Ich wußte, bestenfalls würde sie gerade noch an den Klippen vorbeikommen. Nahe genug daran war sie bereits. Die Brandung gischtete voll über uns zurück. Ich wurde lebhaft an Punta de Cocos erinnert. „Wrackgut" und „Strandgut" rieben sich zitternd an meinen Beinen. Dann – nach unendlich qualvollen Minuten – war es geschafft.

In der gleichen Nacht trieb ich weit nordwestlich an der Insel vorbei. Bei Morgengrauen wehte der Wind noch immer kräftig, und auch die See hatte sich nicht beruhigt. Die *Pagan* lag unter Fock und Klüver in Lee von dem drohenden Felsen beigedreht. Über ihr blaute der Himmel klarer, als ich ihn je bisher auf dem Pazifik erlebt hatte. Keine Wolke war zu sehen – nur strahlende Bläue. Den ganzen Tag über blies ein gleichbleibend heftiger Wind und ließ die schaumgekrönten Wellen über Deck spritzen. Ich saß in der ungemütlich kalten Kajüte und flickte mühselig das zerfetzte Großsegel. Es war in den Nähten aufgerissen und an den Lieken ausgefranst. Hier und da war im Stoff ein Riß, der zusammengenäht werden mußte. Ich stellte fest, daß nur die mit der Maschine genähten Nähte gerissen waren. Dagegen waren alle, die ich selbst in San José von Hand ausgebessert hatte, heil geblieben.

Während der Arbeit sann ich über mancherlei nach und sagte mir: Warum kämpfe ich eigentlich gegen diese unbeständig launischen Winde über mir und die sich ewig streitenden rothaarigen und blonden Sirenen unter meinem Kiel? Sechs Tage treibe ich nun schon auf demselben kleinen Stück der See umher. Ich sollte besser nach Panama zurückkehren, mich ausruhen, alles reparieren lassen und dann neu starten. Je mehr ich darüber nachdachte, desto vernünftiger kam mir dieser Gedanke vor. Schließlich gewannen aber doch wieder die gefährlichen, tollkühnen Instinkte in mir die Oberhand und trieben mich voran, indem sie mir vorgaukelten, ich sei doch gar nicht mehr weit von den Passatwinden entfernt. Natürlich ließ ich armer Tropf mich betören!

Am Spätnachmittag wurde ich mit der Flickerei fertig und saß verdrießlich bis zur Dämmerung vor einem Bullauge. Während der Nacht wehte der Wind noch immer mit der gleichen Stärke. Erst im Morgengrauen flaute er so weit ab, daß ich die Segel setzen und mich gegen den Wind zum vierten Mal nach Malpelo aufmachen konnte. Mittags war ich endlich dem Felsen ganz nahe gekommen.

Stundenlang segelte ich unter einem friedlichen, ruhigen Himmel und hoffte, daß dieser günstige Wind wenigstens bis zur Nacht anhalten würde. Malpelo kam mir allmählich wie eine Sphinx vor. Meine Sorgen würden erst dann aufhören, wenn es mir gelänge, endlich einmal von der Insel wegzukommen. Als ich schließlich an Malpelo vorbeisegelte, stand ich an den Wanten und sah im zunehmenden Zwielich mit Grauen auf die spitzen Felsklippen. Als der Wind um zehn Uhr noch immer günstig war, setzte ich das Ruder fest. Es war ein harter Tag gewesen.

An Backbord konnte ich am nächsten Tag am Horizont noch stundenlang einen Felsblock erkennen. Mir war ein Zentnergewicht von der Seele genommen, als ich mir sagen durfte: Diese grotesken Felsformen werde ich nicht wieder aus der Nähe zu sehen bekommen. Am Spätvormittag war endlich nur Wasser und wieder nur Wasser um mich, ein Anblick, den ich acht sorgenvolle Tage entbehrt hatte.

NAVIGATION

Während der nächsten Tage blieb der Wind gleichbleibend günstig. Der gute alte Phöbus trat vor den grauen Himmelsvorhang und übergoß das Meer mit seinem warmen Glanz. Es war ein Genuß, den ganzen Tag an Deck zu verbringen. Keine Böenfronten, keine nächtlichen Unwetter und keine Flaute! Meine Eintragungen ins Logbuch klangen geradezu romantisch. Sie priesen den blauen Himmel, die sonnigen Tage und die warmen tropischen Nächte.

In diesen wenigen geruhsamen Tagen gelang es mir, die Reparaturen am Heck zu beenden. Ich verlängerte das Cockpit, indem ich den achteren Vorratsraum entfernte. Es reichte nunmehr bis zum Ruderkoker und war so geräumig, daß ich notfalls darin schlafen konnte. Da der Motor nicht mehr zu gebrauchen war, deckte ich ihn ab und erweiterte den vorderen Teil des Cockpits bis zum Niedergang. Als ich mit allem fertig war, hatte sich das Aussehen des Achterschiffs völlig verändert. Von der Achterpiek bis zum Niedergang besaß ich nunmehr ein langes Cockpit, das reichlich Platz bot.

Der Hai hatte die Schiebetür des Niedergangs zertrümmert. Ich hatte bisher behelfsweise ein Handtuch über die Öffnung gespannt, das ich natürlich jedesmal wegnehmen mußte, wenn ich von unten kam. Auch dieser Schaden wurde repariert. Ich zimmerte mir eine kleine geteilte Schwingtür, deren beide Flügel sich nach außen öffneten. In meiner Unerfahrenheit hielt ich sie für eine große Verbesserung im Vergleich mit der früheren schweren, dicken Schiebetür.

Zwischen dem Motorenraum und der Kajüte baute ich ein wasserdichtes Schott ein. Das hatte ich bereits vor meiner Ausreise aus Panama geplant, war aber damals leider nicht dazu gekommen. Das wasserdichte Schott erhöhte die Sicherheit bei besonderer Gefahr, und ich hatte es mir deshalb schon immer gewünscht. Ein Glück, daß ich es so massiv gebaut habe, denn es rettete mir später das Leben. Alle

Arbeiten an Bord waren bereits wenige Tage nach dem Abschied von Malpelo beendet. Ich hatte jetzt endlich Zeit, mich meinen Kätzchen, dem Fischfang und der Vervollkommnung meiner Navigationskenntnisse zu widmen.

*

Ich richtete mich auf meiner Fahrt fast ausschließlich nach der Sonne. Nur gelegentlich versuchte ich es auch mit dem Mond und den Sternen und erhielt durch gleichzeitiges Messen zweier Himmelskörper mit dem Sextanten eine Abend- oder Morgendämmerungs-Ortsbestimmung. Ich fand jedoch, daß ich mir damit nutzlose Arbeit machte, und blieb deshalb für gewöhnlich bei meiner einfachen Sonnenmethode. Geringe Geschwindigkeit eignet sich ausgezeichnet für die Schiffsortbestimmung nach der Sonne. Ich brauchte daher sehr bald schon für meine täglichen Berechnungen nicht einmal eine volle Stunde. Um zwölf Uhr mittags nahm ich die sogenannte Mittagshöhe oder Meridianhöhe der Sonne. Dadurch konnte ich die geographische Breite, das heißt die nördliche oder südliche Entfernung vom Äquator, feststellen. Ich benutzte dazu den Sextanten und addierte und subtrahierte lediglich einige wenige Zahlen, um zu einer schnellen, ungefähren Berechnung zu kommen.

Nachmittags – zwischen halb vier und vier – beobachtete ich wieder die Sonne. Aus ihrer Höhe berechnete ich schnell und leicht – wie es in der „Hochsee-Navigationslehre" angegeben war – meine Standlinie, auf der der Punkt liegen mußte, an dem ich mich zur Zeit befand. Ich bestimmte den augenblicklichen Schiffsort, indem ich einfach meine geographische Breite gemäß des seit Mittag gesteuerten Kurses und der zurückgelegten Distanz schätzte und das Ergebnis entsprechend auf der Standlinie anbrachte. Das kann jeder.

Um meine Geschwindigkeit festzustellen, benutzte ich mein Rettungstau als Logleine, indem ich meine Pütz an seinem Tampen festband. Ich warf sie über Bord und startete den Sekundenzeiger meiner Stoppuhr, die ich in dem Augenblick stoppte, in dem das Tau steif kam. Dauerte es zum Beispiel zehn Sekunden, so bedeutete das, daß ich alle zehn Sekunden achtzehn Meter vorankam. Durch einfache Multiplikation und Division konnte ich dann meine stündliche Knotenzahl feststellen. Solche Berechnungen waren nur bei gleichbleibendem Wind zuverlässig. Da mir daran lag, meine Geschwindigkeit zwischen zwölf Uhr mittags und vier Uhr nachmittags möglichst genau zu bestimmen, warf ich die Pütz mehrmals über Bord und errechnete dann einen mittleren Wert.

In der Regel bestimmte ich meinen Schiffsort täglich. Nur wenn ich ganz in das Spiel meiner Kätzchen vertieft war oder gerade ein Fisch angebissen hatte, verpaßte ich zuweilen die Zeit.

*

Die tägliche Ration für meine Kätzchen pflegte ich im Laufe des Vormittags zu angeln. Ich benutzte dazu meinen großen Sportangelroller, der an einer Bambusrute befestigt war. Obwohl ich keine große Auswahl an Ködern besaß, passierte es mir nur selten, daß die Fische nicht anbeißen wollten. Mein Angelgerät bestand außer meinem Sportangelroller aus einer kleinen Anglerausrüstung, die man mir zusammen mit dem Schlauchboot verehrt hatte. Ich besaß ein Dutzend Angelhaken – vom kleinsten bis zu solchen, mit denen man selbst Delphine fangen konnte. Dazu gehörten zwei Angelleinen, eine große, weiße künstliche Fliege, mehrere Vorläufer und zwei Arten von Ködern. In Panama hatte ich mir außerdem noch dreierlei gekauft: einen großen Blinker für Haie und zwei kleinere künstliche Fliegen für Rotschnapper und Gelbfische.

In diesen fischreichen Gewässern braucht man die Fische nicht extra anzulocken. Sie bissen oft schon an, wenn der Köder nur aus einem Stück Zeug bestand.

In der Regel dauerte es keine Stunde, bis ich mit der Schleppangel irgendeinen Leckerbissen gefangen hatte. Bei Windstille brauchte ich die Angel sogar nur etwa ein dutzendmal kurz auszuwerfen. Der Hauptspaß begann, wenn sich meine temperamentvolle Mannschaft über den Fang hermachte. Ich wüßte nichts Abwechselnderes zu beobachten, als wenn sie versuchten, mit ihrem zappelnden Opfer fertig zu werden.

In dieser Beziehung habe ich die komischsten Ringkämpfe auf der *Pagan* miterlebt. Ich war Zeuge, wie meine tapferen Kätzchen ebenso unbekümmert und ungestüm einem acht Zentimeter großen fliegenden Fisch wie einem fast drei Meter langen Marlin zu Leibe rückten. Tausendmal erlebte ich, wie sie nach einem heftigen Kampf mit hocherhobenem Schwanz zum Bug schlichen. Binnen kurzem hatten sie sich erholt und pirschten wieder mit ewig gleicher Technik, die jedoch für den Beschauer nie langweilig wurde, auf Sammetpfötchen und mit wütenden Augen auf ihr Opfer los.

Am liebsten rollten sie sich bei schönem Wetter vollgepfropft am Bug hinter meinem selbstgezimmerten Anker ein. Manchmal schliefen sie auch in Lee des Kajütaufbaus. Waren die Segel aufgetucht, kletterten sie gern in die Falten der Fock oder des Großsegels. Während des ganzen Nachmittags schlichen sie immer wieder zu ihrer Beute und führten ein Leben, wie es sich gewöhnliche Haus- und Straßenkatzen wohl kaum in ihren kühnsten Träumen vorstellen. Obwohl „Wrackgut" und „Strandgut" die Schrecken der See nicht erspart blieben, möchte ich doch glauben, daß sie dennoch nicht einmal für eine ganze Tonne Mäuse auf diese Fahrt verzichtet hätten.

*

Eines Tages beobachtete ich im Kielwasser der *Pagan* einen kleinen Schwarm von etwa einem Dutzend übermütiger, listiger Delphine mit plumpen Köpfen und glattem, geschmeidigem Körper. Sie mußten mir von Malpelo aus gefolgt sein. Täglich spielten sie im Schatten des Bootes im Wasser oder schossen vorm Bug her auf der Jagd nach fliegenden Fischen und den silbrigen Schwärmen kleiner Beutetiere. Ich freute mich über ihre Gesellschaft und warf ihnen häufig Fischabfälle von meinen Fängen zu. Sie schossen darauf los, ließen sich aber durch nichts täuschen, was auch nur im entferntesten einem Angelhaken ähnlich sah. Trotzdem gelang es mir doch eines Morgens, einen etwas unerfahreneren Burschen mit einer Fliege zu übertölpeln.

Ich werde nie vergessen, wie ich ihn fing. Ich hatte bereits manches von Fischern über die Todesqualen der Delphine gehört, aber immer angenommen, daß sie stark übertrieben hätten. Als ich jedoch meinen ersten Delphin aus der Tiefe des Meeres zog, erlebte ich etwas ganz Erstaunliches. Als ich den Angelhaken entfernte, lag der Delphin zitternd und tief nach Luft schnappend an Deck. Dann geschah, was mir die Fischer bereits erzählt hatten. Seine gewöhnlich blau-grüne Farbe verwandelte sich wellengleich in ein schimmerndes Blau, wie man es zuweilen in noch grünen Kornfeldern sieht, über die der Wind hinstreicht. Danach zeigten sich alle Schattierungen von Purpur, Gold, grünlich-braun, grau-braun und silbrig-grau, bis er endlich eine auffällig silbrige Färbung mit blauen Tupfen annahm. Zum Schluß wandelte sich seine Farbe urplötzlich in die vertrauten ursprünglichen Pastelltöne zurück.

Die größte Freude des Anglers in diesen Gewässern ist, daß man fast nie die gleiche Fischart zum zweitenmal fängt. Es hängt stets etwas Neues an der Angel.

Gelegentlich fing ich eine spanische Makrele, einen Albacor, einen Thunfisch, einen Wahu sowie verschiedene andere Arten, die mir bisher unbekannt gewesen waren. Die Gewässer zwischen Panama und den Galapagos sind für den Sportangler die fischreichsten der Welt. Sie wimmeln geradezu von Fischen. Lange Ketten von Seevögeln stoßen über ihnen unermüdlich ins Wasser und sind der beste Beweis für diesen unerschöpflichen Reichtum.

An der Wasseroberfläche schwimmen ausgedehnte Schwärme kleiner, bräunlicher Quallen. Außerdem lassen sich Myriaden dollargroßer weißer Lebewesen vom Wasser treiben, und die verschiedensten Arten von Seetang sind hier zu Hause. Endlose Straßen von Fischlaich reichen von Horizont zu Horizont, breit wie die *Pagan.* Ihre Gallertmasse wird von der Strömung dahingetragen. Sie dienen anderen Fischen zur Nahrung und sind zugleich die Keimzellen neuer Fische, die später von größeren ihrer Art verschlungen werden oder selbst auf Jagd ausgehen. Ich wurde täglich Zeuge dieses ewigen Kampfes zwischen Leben und Tod. Daneben sollte man nicht die unendlich kleinen Lebewesen der Protozoen vergessen, die zu Millionen die Beute aller Arten von Fischschwärmen werden, die wie versunkene Felsenriffe unter Wasser dahintreiben. Rudel von wolfszähnigen Haien folgen ihnen neben Scharen anmutig malerischer Delphine sowie ungezählte Seevögel.

Dann und wann schoß ein Rochen heran, drehte sich um sich selbst und landete dumpf aufklatschend an Deck. Gelegentlich stieß auch ein Hai gegen meine Bordwand, worauf ich mit aufgepflanztem Messer an die Reling eilte. Scharen von Tümmlern vergnügten sich häufig vor meinem Bug, und oft sah ich die Fontäne der Wale. Einmal erblickte ich flüchtig die scharfe, schwarze Rückenflosse des gefürchteten Schwertwals, die messerartig das Wasser durchschnitt.

*

Eines Morgens riß mich ein lauter, heulender Ton aus meinen Tagträumen. Als ich vom Vorschiff Ausschau hielt, erblickte ich in einer Entfernung von etwa fünfzig Metern einen riesigen Klumpen. Es sah aus wie ein Schiff, das kieloben schwimmt. Ein großer Wal trieb müßig an der Oberfläche.

Die *Pagan* schien ihn überrascht und verblüfft zu haben. Er schwang mürrisch seinen gewaltigen Leib herum und machte scharf kehrt, wobei er heftig, ehe er untertauchte, mit seiner glitzernden Schwanzflosse aufs Wasser schlug. Die *Pagan* fuhr tapfer gegen die Welle an, die er in Bewegung gesetzt hatte. Als sie über die Stelle kam, an der er untergetaucht war, schaute ich neugierig hinab in die grüne Tiefe. Und richtig, da war er! Genau wie eine Gestalt aus *Moby*

Dick. Er schwamm in weiten Spiralen dahin und hinterließ eine lange Bahn aufgewühlten Wassers, bis er allmählich in immer tiefere Meeresgründe abtauchte.

Einmal, an einem Spätnachmittag, sichtete ich die Fontäne von drei kleineren Walen, die am Horizont ihr Spiel trieben. Wie oft hatte ich früher auf Handelsschiffen unter den Augen meiner alten, gleichmütigen Kapitäne die Wale beobachtet! Als richtiger Kapitän darf man sich anscheinend aus der Wunderwelt der Natur nichts machen und nur noch Ladung und Frachten im Kopfe haben.

Immer wieder hatte ich mir damals gewünscht, selbst am Ruder stehen zu dürfen und alles zu ergründen, was mir auf See seltsam erschien. Kein Wunder, daß ich daher jetzt geradenwegs auf die sich aufbäumenden Riesenleiber zusteuerte. Zwei davon verschwanden unmittelbar, als ich mich ihnen auf Bootslänge näherte. Der dritte, anscheinend kühnere, kümmerte sich jedoch nicht darum. Ich ahnte nicht, daß er schlief. Ich luvte auf ihn zu. Die *Pagan* warf ihren Schatten über ihn und stieß ihn dann mit dem Bug in die Seite. Die Segel erzitterten von diesem Zusammenprall. Erregt über die plötzliche Ruhestörung, schlug der Wal mit seiner großen Schwanzflosse um sich und klatschte mir einen dicken Strahl Meerwasser an Bord geradenwegs ins Gesicht. Sein Rundschädel erhob sich und spritzte eine hohe Fontäne in die Luft. Dann tauchte er unter und schickte noch eine Wasserladung ins Cockpit, so daß ich bis zu den Knien naß wurde. Beim Weiterfahren bemerkte ich achteraus, wie ein immer breiterer Strudel mein Kielwasser kreuzte. Als ich später noch anderen Walen begegnete, habe ich mich nicht mehr weiter um sie gekümmert.

Eines Morgens hing ein Prachtexemplar von Schwertfisch an meiner Angel. Ich zog ihn an Deck, nachdem ich diesen Räuber der Tiefsee zwei Stunden lang während seines Todeskampfes beobachtet hatte, wobei er alle nur erdenklichen Listen spielen ließ. Erst als ich mit Sicherheit annehmen konnte, daß er tot und ungefährlich war, sah ich ihn mir genauer an und machte eine Skizze für das Logbuch.

Von seiner knochigen, gekrümmten Schwertflosse bis zu seinem kräftigen Schwanz, dem er seine bewundernswerte Geschwindigkeit verdankt, war er ein Musterbeispiel der Stromlinienform. Auf dieser Reise habe ich keinen weiteren Schwertfisch gefangen.

Nachdem ich ihn aufgeschlitzt und mir seine Eingeweide angesehen hatte, schnitt ich für mich selbst eine gute Portion heraus und vergaß auch meine Kätzchen nicht. Einer Eingebung folgend sägte ich darauf sein Schwert, seine Rückenflosse und seinen Schwanz ab. Das

Schwert nagelte ich an das Ende des Klüverbaums, die Rückenflosse oben über die Kajüte und den ausgespannten Schwanz an den Heck-Ausleger. Das bringt Glück, sagen die alten Fahrensleute.

Nach dem Zwischenfall bei Malpelo genoß ich drei Tage lang den wolkenlosen Himmel sowie den günstigen Wind. Ich machte im Durchschnitt fünfundzwanzig Meilen pro Tag und hatte so im Logbuch nur Gutes zu berichten. Ich konnte damit ganz zufrieden sein, wenn ich daran dachte, daß ich keinen Motor mehr besaß, durch die Gegenströmungen sehr behindert war und daß der Wind beinah jede Stunde für einige Minuten völlig abflaute und ich außerdem Nacht für Nacht etwa acht Stunden beidrehte.

Ganz allmählich legte ich Stück für Stück der weiten Strecke zurück. Trotzdem fühlte ich mich gelegentlich unendlich mutlos. Mancherlei bedrückte mich: das steife, nasse Tauwerk, das unbarmherzig launische Wetter, die kleinen, lästigen Reffbändsel und vor allem, daß ich nicht schnell genug vorankam. Stand die riesige Entfernung zuweilen gar zu sehr wie ein Schreckgespenst vor mir, ging ich hinunter in die Kajüte und suchte mit den Kätzchen im Schoß Trost in den alten, längst zerlesenen Briefen, die Mary mir während unserer ach so langen Trennung geschrieben hatte. Sie verjagten meine düstere Stimmung, richteten mich wieder auf und ließen mich geduldig weiterfahren.

Außerdem verließ mich nie die zuversichtliche Hoffnung auf den Südost-Passat. „Wenn ich den erst einmal erreicht habe, wird alles besser", tröstete ich mich. Ich stellte mir darunter eine beständige, zuverlässige Raumschotsbrise vor sowie mitlaufende See. Auch die Böen und die Gegenströmungen würden dann aufhören. Mit einem Wort, ich malte mir das Segeln mit dem Passatwind in rosigsten Farben aus. Das hielt mich aufrecht.

Die dreitägige Gnadenfrist, die mir das schöne Wetter südlich von Malpelo gewährt hatte, ließ mich aufatmen. Bald genug bekam ich zum Abschied vor der Flucht in die Passatwinde noch einmal die mir bereits wohlbekannten, grimmigen Wetterlaunen dieses Gebiets zu spüren. Zwei bis drei Böen am Tag, heftige Stürme gegen Abend und völlige Windstille am frühen Morgen gehörten zu dem Üblichen.

DIE MANNSCHAFT

Am Morgen des achten Juli erschien ich wie üblich an Deck, sah zunächst prüfend in die Takelage und ließ dann meinen Blick bis zum Horizont übers Wasser schweifen. Es wehte ein frischer Wind. An der Steuerbordseite ließ mich eine seltsame Erscheinung nochmals schärfer hinsehen. Ein dichter, wolkenartiger Vorhang, wie ein gebeugter Arm geformt, reichte von der See bis hinauf zum Himmel und bewegte sich über das Wasser vorwärts. Es war eine tropische Wasserhose.

In der Handelsmarine hatte ich Dutzende davon zu sehen bekommen. Jedesmal hatte ich, über die Reling gelehnt, sehnsüchtig diese merkwürdigen Gebilde angestarrt und mir im stillen gewünscht, der Kapitän des Dampfers zu sein. Jetzt, als ich selbst der Kapitän war, tat ich, was ich mir damals vorgenommen hatte. Ich löste das Ruder und steuerte geradewegs auf die Wasserhose zu.

Auf den Handelsschiffen erzählte man sich die verschiedenartigsten Dinge über diese Naturerscheinung. Einige meinten, sie sauge das Wasser bis hoch hinauf in die Wolken. Führe man daher mit einem Schiff mitten durch, wäre es dasselbe, als ob man einen Wasserfall hinunterstürzen würde. Andere behaupteten, daß innerhalb der Wasserhose Orkanwinde wehten, und wieder andere, daß am Fuße des trichterartigen Gebildes Strudel erzeugt würden, die das Schiff in die Tiefe hinabsaugen.

Ich habe Dutzende von Wasserhosen von der Reling der Handelsdampfer aus beobachtet und bin stets zu der Überzeugung gekommen, daß sie harmlos sind. Ich habe immer behauptet, sie seien weiter nichts als ausgedehnte, rasch abflauende Wirbelwinde. Jetzt hatte ich endlich Gelegenheit, meine Ansichten zu beweisen. Ich schickte „Wrackgut“ und „Strandgut“ nach unten, verschraubte die Bullaugen und schob die Schiebekappe des Niedergangs zu.

Die *Pagan* hatte noch wegen des starken Windes in der letzten Nacht ihr Großsegel gerefft. So fuhr sie langsam auf die hochaufragende, dunkle Wand zu. Ich laschte das Ruder fest und ging aufs Vorschiff, um alles aus nächster Nähe beobachten zu können und um mich zu überzeugen, ob es nicht doch klüger sei, mein Vorhaben aufzugeben. Da wechselte die Wasserhose plötzlich ihren Standort und kam unmittelbar auf die *Pagan* zu. Ich klammerte mich am Mast fest. Da wurde die *Pagan* auch schon von einem kalten, nassen Nebel und wirbelnden Winden erfaßt. Das Deck neigte sich, und Brecher rollten darüber weg. Es ächzte in der Takelage. Plötzlich war es stockfinstere Nacht. Das Haar schlug mir ins Gesicht, und ich atmete mühsam die feuchte Luft ein. Sie durchnäßte mich bis auf die Haut. Das Schandeck der *Pagan* war unter Wasser, und das Boot arbeitete sich stampfend durch die kabbelige See.

Man konnte keinesfalls von einer durch und durch aus Wasser bestehenden Säule sprechen, die vom Meeresspiegel aus nach oben gesogen würde. Es wehten auch keine orkanartigen Winde, die Segel und Mast auf das Wasser gedrückt hätten, noch war ein Strudel vorhanden, der mich in die Tiefen des Meeres reißen wollte. Ich war vielmehr in einen hohen, dunklen Zylinder von fünfundzwanzig bis dreißig Meter Durchmesser hineingesegelt, in dem ein feuchter Wirbelwind von dreißig Knoten wehte – wenn es überhaupt soviel war.

Genau so plötzlich, wie ich in die Wasserhose hineingeraten war, gelangte ich auch wieder aus ihr hinaus in die strahlende, friedliche Atmosphäre. Die hochragende, dunkle Wand ächzender Winde entfernte sich mit Sturmeseile. Wieder ein Rätsel des Meeres weniger! Ich nahm das Reff aus dem Großsegel, setzte sämtliche Segel und ging unter Deck, um mein Abenteuer ins Logbuch einzutragen.

*

In der nächsten Nacht hatte ich beigedreht und lag vor Seeanker. Ich schlief sorglos, denn die *Pagan* war überall dicht gemacht. Auch nicht ein einziges Segel war gesetzt. Da hörte ich ein furchtbares Rollen.

Mein Vierzig-Liter-Wasserfaß hatte, ohne daß ich es gewahr geworden war, die Befestigungstaue durchgescheuert. Es fiel zu Boden, sprang über mich weg und sauste gegen die Backbordseite. Ehe ich mich noch erheben konnte, kam es schon wieder zurückgerollt und direkt auf mich zu. Ich diente ihm wiederholt als Prellbock. Es rollte und machte Sprünge, als ob es lebendig sei. Mein Körpergewicht reichte bei weitem nicht aus, es aufzuhalten. Jedesmal, wenn ich mich erhob, um mich in Sicherheit zu bringen, traf es mich an den Fußknöcheln, riß mich zu Boden und trudelte über mich weg. Ich nahm meine Matratze aus der Koje und warf sie zwischen uns. Schließlich gelang es mir, das Faß mit dem Kopfkissen, meinen Wolldecken und einer Schwimmweste gegen die Kajütwand zu drücken. Ich wunderte mich, daß ich dabei nicht einige Knochen gebrochen und ein paar Gelenke verstaucht habe und daß mein Boot keinen größeren Schaden davontrug.

Wo die Kätzchen inzwischen geblieben waren, wußte ich nicht, bis ich ihr nur zu berechtigtes Wehklagen vernahm. Ich hatte sie aus Versehen mit meinen Wolldecken zum Einkeilen des Wasserfasses benutzt. Bestimmt stand von solchen harten Dienstleistungen nichts in ihrem Kontrakt. Ich befreite sie auf Kosten eines abgeschürften Knies und Ellenbogens und laschte das Wasserfaß wieder fest.

„Wrackgut" und „Strandgut" sollten jedoch die Tücken einer Seefahrt noch ganz anders zu spüren bekommen. Eines Nachmittags genossen wir gemeinsam die Mittagssonne. Ich hatte mich bequem im Cockpit hingestreckt, während die Kätzchen auf einer kleinen Kiste, die ich später anmalen wollte, auf dem Kajütdach umhertollten. Der südwestliche Wind war schwach und unbeständig. Gelegentlich frischte er in Böen auf. Einer dieser Windstöße traf uns völlig unerwartet. Er brachte uns aus dem Gleichgewicht und wehte die Kiste vom Kajütdach hinunter und gleichzeitig die Kätzchen über Bord in die Fänge der nimmersatten See. Im ersten Augenblick wollte ich ihnen nachspringen und mich dann am Rettungstau wieder an Bord ziehen. Aber die Wahrscheinlichkeit, beide oder wenigstens nur eine zu retten, war sehr gering. Ich kennzeichnete die Unglücksstelle durch meine Schwimmweste, die ich an einem Tau über Bord warf. Dann versuchte ich so schnell es ging zu wenden. Jeder Meter, den ich mich von der Stelle entfernte, an der sie untergegangen waren, war verhängnisvoll. Schon in einer Entfernung von etwa fünfundzwanzig Metern kann man kaum erkennen, was auf der See treibt. Auf einem Schiff, zu dessen Mannschaft ich einst gehörte, fiel einmal ein Seemann über Bord. Wir warfen ihm einen Rettungsring zu und sahen, wie er ihn packte. Als das Schiff jedoch endlich gewendet hatte, war er hinter den Wellenkämmen verschwunden. Wir suchten ihn zwei Stunden lang mit scharfen Gläsern in zwei Rettungsbooten, konnten aber weder den Kameraden noch den Rettungsring entdecken.

Ich dachte an dieses Erlebnis, als ich die Pinnenarretierung durchschnitt, hart Ruder legte und die Klüverschot loswarf, halste und auf die Stelle zusteuerte, die ich mir gemerkt hatte.

Obwohl ich mich dort sehr lange hielt, konnte ich nichts entdecken und beschloß, umzukehren und im Zickzackkurs das ganze Gebiet abzufahren.

Ich wendete und ging auf Steuerbordbug, wobei ich etwas abfiel. Vom Kajütdach aus suchte ich, mit der einen Hand am Mast und in der anderen das Doppelglas, jedes Fleckchen Wasser ab. In einem günstigen Augenblick ging ich wieder auf Backbordbug und überflog mit meinen Augen jeden Wellenkamm in Luv und Lee. Nichts, gar nichts. Ich war verzweifelt. Diese armen kleinen Tunichtgute, die jetzt auf dem unfreundlichen Meer einsam herumschwammen! Trotz der bewegten See suchte ich sie mitleidig mit aller Ausdauer. Ich fuhr nochmals eine lange Strecke ab, aber das Meer wollte mir ihr Versteck nicht verraten. Es mußten schon Stunden vergangen sein. Ich warf noch einen letzten Blick auf die Wellen und kehrte dann auf meinen alten Kurs zurück. Plötzlich tauchte meine Schwimmweste an Backbord auf. Ich schöpfte neue Hoffnung, daß ich meine Kätzchen wiederfinden würde, es sei denn, sie waren tot oder hatten sich zu weit von der Schwimmweste entfernt.

Als die gelbe Schwimmweste wieder in mein Blickfeld geriet, schaukelte sie unmittelbar vor mir auf den Wellen. Leider waren jedoch keine Kätzchen in ihrer Nähe zu sehen. Ich suchte mit dem Glas alles im weiten Umkreis ab, fand aber nichts. Prüfend beobachtete ich jede See und richtete das Glas dahin und dorthin, um jeden verdächtigen Wasserspritzer zu untersuchen. Nichts als Wasser und wieder Wasser, und keine Spur von den unglücklichen Kätzchen. Erst kurz darauf verstand ich, warum ich sie übersehen hatte. Als die Schwimmweste wieder auftauchte, saßen sie wohl oben auf, hoben sich aber kaum von ihr ab. Zum Glück klagten sie so jämmerlich, wie nur ein Verlassener es tun kann.

Der Blick, den sie mir zuwarfen, als ich sie an Bord holte, war von unvorstellbarer Dankbarkeit. Drei lange Stunden auf diesem schwankenden, naßkalten Gummifloß! Kein Wunder, daß sie hilflos zitterten.

Ich nahm sie mit nach unten in die Kajüte, damit sie wieder trocken wurden und sich in den warmen, wollenen Decken erholen konnten.

Bald nach diesem Zwischenfall landete einer der großen Seevögel auf der *Pagan* – wahrscheinlich ein Tölpel. Er ließ sich auf meinem Kajütdach nieder und beäugte mich munter, als ich mich ihm freundschaftlich näherte. Doch bespie er mich mit einem Gewöll von kleinen halbverdauten Fischen und stieß nach mir mit seinem langen, stumpfen Schnabel, als ich ihn das erstemal auf die Hand nehmen wollte.

Nachdem ich seine Federn mit dem Flohpulver der Kätzchen bestreut hatte, da er sehr von Läusen geplagt zu sein schien, wurden wir schließlich die besten Freunde. Und als ich ihn gar nachts bei schlechtem Wetter mit hinunter in die warme Kajüte nahm und ihn dort auf dem Griff des Handwerkskastens sitzen ließ, schlossen wir geradezu Brüderschaft. Ich brauchte mich ihm seit dieser Zeit nur an Deck zu nähern, so stieß er auch schon als Zeichen seiner Zugehörigkeit einen Freudenschrei aus und bewegte seine weiten Schwingen auf und nieder und ließ sich zufrieden meine Liebkosungen gefallen.

Jeden Tag flog er ein paar Stunden auf Nahrungssuche, aber bald gab er den Kampf ums tägliche Brot auf, als ich ihm allmorgendlich zusammen mit „Wrackgut" und „Strandgut" ebenfalls eine Portion Fisch vorsetzte. Allerdings haßte er meine Kätzchen, die er bei einer Fischmahlzeit kennenlernte. Er hackte nach ihnen und schleifte sie am Boden hinter sich her. „Wrackgut" und „Strandgut" mußten häufig allerlei von ihm einstecken. Sobald ich den Krach und die Balgerei hörte, eilte ich besorgt an Deck und sah bestürzt, wie der Seevogel sie immer von neuem angriff, mit seinen Flügeln nach ihnen schlug und im Kreise rings um sie mit dem Schnabel in den Boden hackte.

Seitdem mußte ich sie getrennt halten. Der Name Tölpel paßte ausgezeichnet für ihn. Das Wort kam mir instinktiv auf die Lippen, als er einmal vom Großbaum auf das Kajütdach stürzte und von dort aufgescheucht täppisch herunterhüpfte, als ich ihn zum Spaß annieste.

Tölpel wurde neben den Kätzchen zu meinem ständigen Kostgänger. Da waren auch noch meine Delphine. Das Leittier des Delphinenschwarms, ein alterprobter Veteran, der Tausende von erfolgreichen Kämpfen durchgefochten hatte, bekam von mir den Namen „Gevatter Tod". Denn bei der Nahrungssuche stürmte er nicht einfach drauflos wie die anderen, sondern hielt sich ganz in der Nähe des Schiffes und lag im Schatten des Bootes auf Lauer, um mit mörderischer Eile auf die ahnungslosen Opfer loszuschießen und seine Beute ausschließlich im Umkreis von höchstens einer Bootslänge zu erlegen.

Eines Morgens erlebte ich etwas Unglaubliches an Bord. Unter Deck saß, neben meiner Koje unter dem Kartentisch, eine große, graue Ratte. Sie war zwar etwas überrascht, blieb aber ganz ruhig. An Größe übertraf sie meine Kätzchen. Die winzigen Augen, die schwarzen Achaten glichen, waren auf mich gerichtet. Ihre Schnurrbarthaare vibrierten aufgeregt. Als sie Anstalten machte, sich zu verziehen, ergriff ich das erste beste Stück, das mir zur Hand kam, und warf es nach ihr: Es war mein Wecker. Das zersplitterte Uhrglas und die einzelnen Teile des Werkes flogen überall in der Kajüte umher. Es tat mir leid, daß ich das arme Tierchen so erschreckt und bedroht hatte. „Leben und leben lassen", dachte ich. Ich konnte mir vorstellen, daß sie zusammen mit „Wrackgut", „Strandgut" und „Tölpel" eine willkommene Mannschaft bilden würde. Hier draußen auf hoher See, in der engbegrenzten Welt unseres kleinen Bootes, galten andere Maßstäbe.

Wenn man darüber nachdachte, war diese Ratte an Bord wirklich etwas recht Ungewöhnliches. Wie und wann war sie bloß hier eingedrungen? Wie war es überhaupt möglich, daß wir uns auf so engem Raum nicht schon früher begegnet waren? Bisher hatte ich keinerlei Spuren von ihr entdeckt. Wie kam es nur, daß nicht wenigstens die Kätzchen sie bemerkt hatten? Wo hatte sie wohl Nahrung und Wasser her?

Bei dem Gedanken an das letztere sprang ich wie von der Tarantel gestochen hoch. Hatte sie etwa meine Wasserbehälter angeknabbert? Ich untersuchte sofort jedes einzelne eichene Wasserfaß von oben bis unten. Ich konnte nichts Verdächtiges daran feststellen.

Dann sah ich meine Vorräte in der Kajüte nach und fand etwas Kot, den ich zuvor nicht bemerkt hatte. Die Konservenbüchsen, Glasgefäße und Flaschen konnte sie unmöglich angeknabbert haben. Als ich jedoch in die Vorpiek kroch und die Steuerbordkoje durchstöberte, lernte ich ihr heimliches Versteck, das sie so gut vor mir zu verbergen gewußt hatte, kennen.

Ich hatte in Panama Verschiedenes in einer Zitronenkiste verstaut, die ich später mit Zeug bespannte und anstrich. Die Ratte hatte sie auf der Suche nach dem darin befindlichen Käse, Salzfleisch und Backpflaumen angenagt. Was das Trinken betrifft, kann ich es mir nicht anders vorstellen, als daß sie während meiner Mahlzeiten das verschüttete Wasser oder die Dosenmilch aufgeleckt hatte.

Sehr bald hatte ich ebenfalls herausgefunden, daß die Kätzchen um ihr Vorhandensein wußten. Als ich sie mit hinunter in die Kajüte nahm, liefen sie schnurstracks in die Vorpiek und warteten geduldig und wachsam an der Öffnung, in die sie nicht hineinzukriechen vermochten. Seit den Perlas-Inseln war ich mit dem Boot viel zu beschäftigt gewesen, um dieses düstere Drama zu bemerken.

Wahrscheinlich war mein blinder Passagier damals an Bord gekommen, als ich auf San José auf Grund geriet. Ich könnte mir vorstellen, daß sie sich vom Dschungel aus an meine Vorräte gemacht hatte und ich sie dann später mit allem übrigen an Bord schaffte.

Wenn ich daran dachte, was man sich von altersher unter Seeleuten erzählt, daß Ratten nie auf ein leckes Schiff gehen, war ihre Anwesenheit geradezu eine Schmeichelei für mich. Ich zählte daher den „blinden Passagier", wie ich sie nannte, seitdem gern zur Mannschaft und hatte so in meinem pazifischen Haushalt ein Mäulchen mehr zu füttern. Jeden Abend stellte ich ihr ein wenig Essen und einen Fingerhut voll Wasser hin. Sie sollte nicht verhungern und verdursten und etwa nach Rattenart meine Wasserfässer anknabbern. In meiner Freizeit sägte und zimmerte ich für sie einen kleinen Stall, ähnlich wie einen Vogelkäfig. Als er fertig war, band ich ihn unten am Mast fest, mit der Öffnung nach vorn, damit mein mißtrauischer Passagier ungesehen ein- und ausgehen könnte. Obwohl sie sich nur selten öffentlich zeigte, verpaßte sie es doch nie, ihre Rationen pünktlich abzuholen.

Offensichtlich hielt sie sich gern in ihrer neuen Behausung auf. Ich sah die Kätzchen verschiedentlich darum herumstreichen. Sie zeigten dabei jenen typischen gespannten Blick, den ich immer wieder beobachtete, wenn ich ihnen ein Stück Fisch unter die Nase hielt.

Der kleine, runde Eingang zum „Rattenschloß" war gerade groß genug für den „blinden Passagier", während „Wrackgut" und „Strandgut" nur ein schmachtendes Auge hineinzuwerfen vermochten. Sie litten Tantalusqualen davor. Ich sehe sie noch immer im Geist vor mir, wie sie beide wild mit der Tatze versuchten, in die Öffnung einzudringen. Sie taten ihre Enttäuschung laut und vernehmlich durch klägliches Miauen kund.

Da „Wrackgut" und „Strandgut" bereits gewitzte Seefahrer waren und sich ganz und gar auf Fischnahrung eingestellt hatten, wunderte ich mich, daß sie sich so sehr über diesen Nager ereiferten. Sie pirschten sich in einer Weise an den „blinden Passagier" heran, daß jeder Rattenfänger an Land damit Ehre eingelegt hätte.

*

So vergingen die Tage . . . ein bescheidenes Geschehen reihte sich ans andere und lenkte mich von der Eintönigkeit dieser endlos langen Strecke über den Ozean ab. Auch das Kleinste war für mich von größter Wichtigkeit.

Viele fragten mich später, ob ich in diesem engen Boot, dessen Länge nicht mehr als die der üblichen Küchen und dessen Breite die eines gewöhnlichen Badezimmers betrug, nicht vor Langeweile gestorben sei. Nein – Langeweile habe ich mein Lebtag nicht gekannt, ganz gleich wo ich mich befand. Schon in meiner frühesten Kindheit war ich mir selbst überlassen, wenn es nicht gerade etwas für mich zu arbeiten gab. Ich lernte daher von klein auf, mir meine eigenen Zerstreuungen zu suchen.

An Bord der *Pagan* war stets sehr viel zu tun, selbst in den stillsten Zeiten. In der Freizeit jedoch las ich vor allem. Ich besaß eine recht vielseitige Bibliothek an Bord – alles nur Erdenkliche, vom Schmöker bis zu Darwin. Ich las alles; einmal einen Kriminalroman, dann wieder schöne Literatur, etwas Politisches oder Philiosophisches. Im Augenblick hatte ich mich in Gedichte vertieft. Meine Lieblingsbücher waren Maupassants Novellen, Carey McWilliams „Brothers under the Skin", Harald Laskis „Gedanken zu den Wandlungen unserer Zeit" und Will Durants „Das Gebäude der Philosophie".

Ich verbrachte auch viel Zeit mit Nachdenken. Oft saß ich stundenlang an Deck und starrte über das Wasser bis zum Horizont und grübelte über alles, was mir gerade in den Sinn kam.

Meine Gedanken wanderten häufig zurück in die Vergangenheit. Ich durchlebte noch einmal, was früher gewesen war. Ich war das älteste von sechs Kindern, fünf Jungen und einem Mädchen. Mein Vater war gestorben, als ich fünfzehn Jahre alt war . . . während der Zeit des wirtschaftlichen Niedergangs. Ich hatte vier Jahre lang gearbeitet, um meiner Mutter zu helfen, die Familie durchzubringen. Als ich noch ein richtiger Junge war und viel lieber zur Schule gegangen wäre, arbeitete ich in Fabriken, Spinnereien und Schokoladengeschäften.

Dann hatte sich meine Mutter wieder verheiratet, und ich bekam einen guten Stiefvater. Dadurch wurde mir die Sorge für die Familie abgenommen – ich war frei. Alles, was ich verdiente, konnte ich für mich behalten. Aber ich wollte gar nicht verdienen – ich wollte etwas lernen, um über den gewöhnlichen Fabrikarbeiter hinauszukommen. So ging ich mittellos von zu Hause weg – mit einer höchst unvollkommenen Vorbildung – und trat in ein College ein. Mir blieb keine Wahl. Wer hätte wohl mit zwanzig Jahren, nachdem er vier Jahre in den südlichen Vororten von Los Angeles Fabrikarbeiter gespielt hatte, noch einmal mit den Kleinen zusammen die Schulbank drücken mögen?

Ich erbettelte mir die Aufnahme ins Santa Barbara Staats-College. Man duldete mich. Ich borgte mir Geld vom Dekan, einem fabelhaften Menschen! Ich biß mich durch, spielte Fußball und wurde im zweiten Studienjahr Klassenobmann. Anstatt das dritte Jahr im College zu verbringen, mußte ich zur Handelsmarine. Ich wäre gern Flieger bei einem Bombengeschwader geworden, aber ich hatte durch Tbc in meiner Kindheit ein Loch im Trommelfell und war so nicht einmal garnisonsdienstfähig. Kein Truppenteil wollte mich haben, und so blieb mir nur die Handelsmarine.

Es folgte schließlich meine Hochzeit mit einer blauäugigen Australierin, das größte Ereignis meines Lebens. Und deshalb schaukelte ich nun, allen Gefahren ausgesetzt, auf einer Planke über den endlosen Pazifischen Ozean.

Die Bedienung der Segel nahm einen guten Teil meiner Zeit in Anspruch. Allerdings hing das vom Wetter ab. Der Tag begann stets damit, daß ich die Schleppangel auswarf. Dann beschäftigte ich mich mit der Navigation. Waren die Kätzchen zum Spielen aufgelegt, tummelten wir uns eine Weile gemeinsam an Deck. Auch mit „Tölpel" führte ich lange Gespräche und boxte mich redlich mit ihm. Stundenlang konnte ich „Gevatter Tod" und seine Delphinenschar beobachten, wie sie auf der Jagd nach fliegenden Fischen aus dem Wasser schnellten. Mindestens ein paar Stunden am Tag las ich.

Eine der wichtigsten Beschäftigungen war die Abfassung meines Tagebuchbriefs an Mary. Ich wollte ihn auf der Galapagos-Insel Seymoure zur Post geben. Täglich fügte ich ein paar Zeilen hinzu. Er wuchs und wuchs, je mehr sich meine Träume und meine Sehnsucht nach der Wiedervereinigung mit ihr beschäftigten.

Manchmal meinte ich, Mary sei unerreichbar weit, war es doch bald schon zwei Monate her, daß ich Panama verlassen hatte. Wenn ich weiter so langsam vorankam, würde ich ein ganzes Jahr bis Australien brauchen. Nach meiner ursprünglichen Berechnung hätte bereits der halbe Pazifische Ozean hinter mir liegen müssen. Eile tat wirklich not, damit mir die Orkanzeit nicht dazwischenkam. Die Aussicht auf die beständigen Passatwinde, die mich bequem vor sich hertreiben sollten, war sehr ermutigend. Gottlob näherte ich mich ihnen täglich wenigstens etwas. Ich freute mich über jede armselige Meile, die den Abstand zwischen ihnen und mir verkürzte.

Nach der mittägigen Sonnenhöhe des 15. Juli berechnete ich, daß ich mich auf ein Grad südlicher Breite und fünfundachtzig Grad westlicher Länge befand, also rund dreihundert Meilen von den Galapagos entfernt. Zum ersten Mal klang meine Eintragung ins Logbuch, das schon zu Zweidrittel voll war, durchaus optimistisch: „12.15 Uhr mittags. Kann endgültig westlichen Kurs anliegen. Ich spüre bereits den Südost-Passat."

Die kalte Humboldtströmung, die von Kap Parinas aus von der ins Meer hineinragenden peruanischen Küste westwärts abgelenkt wird, trieb mich voran. Der Wind war nach Süden umgesprungen. Die See hatte sich beruhigt. Diese dreifach günstigen Umstände kamen mir beinahe wie ein Wunder vor.

Nachdem ich einen Monat lang hin- und hergekreuzt war in Richtung auf ein Ziel, das genau im Wind lag, war mir diese bequeme Art des Segelns geradezu verdächtig. Nun – auf jeden Fall kam ich voran! Es war großartig. Die Galapagos-Inseln lagen zu beiden Seiten des Äquators in einer Entfernung von dreihundert Meilen vor meinem Bug. Zum ersten Mal konnte ich die Schoten fieren. Ich beobachtete das Rettungstau, das sich achtern im Schaum des Kielwassers straffte, und segelte dahin, wie es häufig in Büchern und Segler-Zeitschriften gepriesen wird.

In den nächsten Tagen gab es keine Böen, keinen Tropfen Regen, keine bedrohlichen Wolken. Das Wetter war so strahlend und heiter, daß die Kätzchen und ich nachts gemeinsam im Cockpit unter den Sternen schliefen. Selbst der faule alte „Tölpel" döste mit uns zusammen vor sich hin. Er saß wie gewöhnlich auf der festgesetzten Pinne. Da die See so friedlich und glatt war, konnte selbst er nicht hinunterfallen. Die Kajüte überließen wir gern dem „blinden Passagier" zur alleinigen Benutzung.

Die Zeit verflog nur so, bis ich zum ersten Mal Land sichtete. Ich beeilte mich, meinen Brief an Mary zu beenden. Es waren allmählich zweiundsechzig doppelseitig beschriebene Blätter geworden. Alles, was ein junger Mann auf dem Wege zu seiner Geliebten an innigen Gefühlen empfinden konnte, war in meine Worte geflossen. Ich hatte jedes Eckchen dieses endlos langen Briefes damit vollgeschrieben.

Die letzten dreihundert Meilen bis zu den Galapagos legte ich in weniger als vier Tagen zurück. Am Vormittag des 19. Juli zeigte sich die Insel Chatham als dunkler Schatten am Horizont, einen Strich an Backbord voraus. Nach tausend Meilen Seefahrt endlich wieder Land! Der erste Abschnitt dieser langen Reise war geschafft! Siebentausendfünfhundert Meilen lagen noch vor mir!

DIE ENTZAUBERTEN INSELN

An einem sonnigen Nachmittag stand ich auf meinem Kajütdach gegen den Mast gelehnt und starrte auf die Nordspitze der Insel Chatham, die am Ostrand der Galapagos liegt. Hier befindet sich die Wrackbucht, der Ankerplatz der staatlichen Verwaltungsstelle. Die Galapagos gehören zu Ecuador und sind unter dem Namen „Verzauberte Inseln“ bekannt. Ich beabsichtigte nicht, ihnen einen offiziellen Besuch abzustatten, sondern wollte geradenwegs auf Seymour lossteuern, auf der militärischen Wetterstation die *Pagan* in aller Eile überholen lassen, Frischproviant an Bord nehmen und dann schnellstens weitersegeln. Die häufigen Flauten, die Stürme, die gegeneinander ankämpfenden Meeresströmungen, der Verlust meines Motors, all das hatte meinen Fahrplan null und nichtig gemacht. Die Wetterstation war bereits aufgelöst worden, als ich jetzt endlich nach dem ersten Juli auf den Galapagos landete. Soviel ich hörte, war die Besatzung am 1. Juli abgezogen. Da es jedoch kein weiterer Zeitverlust war, beschloß ich, trotzdem nach der ehemaligen Wetterstation zu fahren und mich selbst davon zu überzeugen, ob die Truppen wirklich schon weg waren.

Der Wind kam weiterhin von Süden, war jedoch flauer geworden. Es lag mir vor allem daran, festzustellen, wie weit mich die starke Meeresströmung, die ebenfalls aus Süden kam, nach Norden versetzte. Ich peilte die Nordspitze der Insel an und fand meine Vermutung bestätigt, daß sie nach Süden auswanderte.

Ich legte die *Pagan* auf Südkurs und bereitete mich darauf vor, die Insel Seymour spät in der Nacht in der ganzen Ausdehnung vor mir liegen zu sehen. Am nächsten Morgen wollte ich dann dort landen. Noch vor Eintritt der Dämmerung kam ich an Chatham vorbei. Ich stellte fest, daß ich stark nach Norden versetzt worden war, obwohl ich den Kurs geändert hatte. Ich korrigierte daher die Stellung des Ruders und ging in die Kajüte, um zu lesen.

Ich vertrieb mir einige Stunden angenehm mit den letzten Seiten der Paradies-Szene aus Dantes „Göttlicher Komödie“. Von Zeit zu Zeit starrte ich hinaus ins Dunkle. Um neun Uhr war ich mit dieser tiefsinnigen Dichtung fertig und ging an Deck, um über die herzbewegenden Gedanken nachzusinnen. Ich bemerkte, daß sich der Wind gelegt hatte und die *Pagan* von der aufgewühlten See hin- und hergeworfen wurde. Verflucht noch mal! Flaute! Und womöglich die ganze Nacht über! Ich hatte keine Ahnung, mit welcher Geschwindigkeit die *Pagan* nordwärts trieb. Nach der Seekarte mußten es zwei oder drei Knoten sein. Das ließ sich jedoch nicht mit Sicherheit feststellen. Die Karte war von der britischen Admiralität herausgegeben worden, sie war eine hervorragende kartographische Arbeit, aber – veraltet! Leider hatte ich keine andere von den Galapagos bekommen können. Ich war die ganze Nacht über sehr beunruhigt über meine Position. Irgendwo nördlich meiner Driftrichtung waren drei kleine Inseln: Tower, Marchena und Pinta. Sie waren unfruchtbar, ohne Wasser, nackter, versteinerter Lavaboden. Ich legte beide Hände an die Ohren und lauschte, ob ich die Brandung an der Felsküste der Inseln hören konnte.

Mitten in der Nacht bewölkte sich der Himmel mehr und mehr, und die Sterne hörten auf, sich im schwärzlichen Wasser zu spiegeln. Die Dunkelheit umhüllte mich wie ein dichter Nebel, und ich begann daher, noch intensiver auf die Brandung zu lauschen. Schleppend verging eine weitere Stunde, in der ich zuweilen meinte, irgendwelche Geräusche vernommen zu haben. Schließlich machte ich die unhandlichen Riemen klar, suchte mir einen Platz im Cockpit und . . . wartete ab. Da die *Pagan* wenig Tiefgang hatte und nur einige Tonnen verdrängte, konnte man mit ihr auch durch Wriggen vorankommen und sie so bis zu einem gewissen Grad unter Kontrolle halten. Es herrschte ringsum eine unheimliche Stille. Selbst das leiseste Flüstern wäre nicht zu überhören gewesen. Ich setzte „Wrackgut“ und „Strandgut“ in ihr winziges Katzen-Rettungsboot, das ich für sie nach den Erlebnissen bei Malpelo gebaut hatte, und fügte ausreichende Nahrungsmittel hinzu, damit sie nicht verhungerten, bis sie in ihrer Kiste an Land getrieben wurden. Dann lauschte ich wieder angespannt nach Norden.

Lange Zeit darauf erhob sich aus Südwesten ein kurzer, unbeständiger Wind, der mir einige Minuten frischen Auftrieb gab. Aber noch ehe ich die Segel setzen konnte, hatte er sich schon wieder gelegt und überließ mich in der pechschwarzen Nacht tatenlos meinen Grübeleien und verführte mich zu einer Reihe wilder Schlüsse. Was bedeutete das, daß der Wind aus Südwesten kam? Wo war der Wind gewesen, als ich gelesen hatte? Im Südwesten? Ich konnte mich nicht erinnern, daß ich ein einziges Mal auf den Kompaß geschaut hatte, so vertieft war ich in mein Buch gewesen. Während der letzten drei Tage hatte ich einfach vertrauensvoll angenommen, daß der Wind aus Süden kam. War er etwa umgeschlagen? Oder war ich tatsächlich nach Nordwesten gefahren, während ich der Meinung war, nach Westen zu segeln?

Eine weitere Stunde verging. Seit Tagen hatte ich nicht so untätig herumgesessen.

Da schreckte mich eine Stunde später das unverkennbare Geräusch anrollender Brandung auf. Das Getöse kam genau aus nordwestlicher Richtung und einer Entfernung von ungefähr zwei Meilen. Ich packte den unhandlichen Riemen und sah zu, auf Ostkurs zu kommen, mitten hinein in die dunkle Nacht. Schon nach kurzem wurde jedoch das Donnern der Brandung beträchtlich lauter.

Die Luft stand fast still. Bei jedem leisen Windzug schlugen die Segel der *Pagan* von einer Seite zur anderen, ein Geräusch, das einen verrückt machen konnte. Die Blöcke knarrten, die Schoten schleppten durchs Wasser und spritzten Wasser nach allen Richtungen über Deck.

Ich dachte an Malpelo und wünschte, ich wäre wenigstens in einem ordentlichen Sturm.

Die Morgendämmerung hätte schon längst einsetzen müssen. Ich wriggte deshalb um so kräftiger. Ganz nah an Steuerbord tauchte schattenhaft ein hohes, zerklüftetes Gebilde auf, an dessen Fuß die grauschäumende Brandung auf- und niederwogte.

Ganz schwach konnte ich in der Morgendämmerung eine enge Durchfahrt erkennen, die an der Ostküste um einen hervorspringenden Felsbrocken herumführte. Ich wriggte, um von dem Felsen freizukommen, und war wie erstarrt, als ich kurz darauf – kaum zwei Bootslängen entfernt – die steile Böschung sah, gegen die das vom südlichen Wind gepeitschte Meer wuchtig anprallte. Vor mir und hinter mir erstreckte sich die Insel in voller Länge. Hohe, überhängende Kliffs, ausgewaschen von der stürmischen See, erhoben sich drohend über mir.

Von meiner Karte las ich ab, daß es die Insel Marchena war, ein unwirtliches Felseneiland. Ich ließ mich von der Meeresströmung treiben. Soweit ich es übersehen konnte, lag vor mir freies Wasser. Etwas weiter nördlich mußte Pinta liegen, es war bisher noch nicht zu sehen.

Der Karte nach war es eine kleine Insel, der man leicht ausweichen konnte. Ich brauchte mich nur um die Nordspitze von Marchena herumtreiben zu lassen und dort den Wind abzupassen.

Der Himmel über mir hatte sich grau bezogen. Ich rechnete mit aufkommendem Wind. Es herrschte jedoch immer noch Flaute, als sich die Sonne über dem Horizont erhob. Als ich kurz darauf um die niedrige Nordspitze Marchenas herumtrieb, tauchte Pinta in zwölf Meilen Entfernung vor mir auf. Es lag mehr oder weniger auf meinem Driftweg. Das Eigenartige war, daß ich das nicht genau feststellen konnte; in einem Augenblick kam es mir so vor und im nächsten schien es mir wieder fraglich zu sein. Der Klüverbaum, über den ich die Insel zu peilen versuchte, zitterte wie ein nervöser Finger hin und her.

Ich beschloß schließlich, zum Riemen zu greifen, ganz gleich, ob die Insel auf meinem Wege lag oder nicht. Die Meeresströmung trieb mich mit einer Geschwindigkeit von gut zwei Knoten auf Pinta zu.

An ihrer Südküste befindet sich unmittelbar am Strand ein tätiger Vulkan. Er erhebt sich einige dreißig Meter hoch und schickte aus seinem stumpfen Kegel eine breite Rauchfahne in den grauverhangenen Himmel. Sein Fuß lag zum Teil bereits im Wasser. Ich stellte mir vor, daß es dadurch erwärmt würde. Neben ihm erstreckte sich Steinstrand, der sich bis zu einem erstarrten Lavahügel hinzog, über dem ein weiterer Krater aufragte. Die Insel machte in jeder Hinsicht einen öden, unfruchtbaren Eindruck. Mir kam das Wort „ausgedörrt" in den Sinn, als ich an ihren unwirtlichen Felshängen emporblickte. Hier und da wuchsen ein paar krüppelige, verdorrte Bäume, kaktusartige Gewächse und etwas dürres, graubraunes Gestrüpp. Kein einladender Anblick!

Obwohl ich schon in ziemlicher Entfernung von der Insel mit dem Wriggen begonnen hatte, wünschte ich, ich hätte noch früher damit angefangen. Ich wriggte nach Westen im Glauben, so eher Erfolg zu haben, als wenn ich gegen die Strömung im Osten ankämpfen würde. Vor mir lag eine Strecke von gut acht Meilen. Ich machte daher in den ersten Stunden regelmäßige, lange Schläge. Nach meiner anfänglichen Schätzung mußte ich leicht um die Insel herumkommen können. Leider verlor ich zweifellos viel wertvolle Zeit, als ich vor Erschöpfung nur noch kurze Schläge schaffte. Beim Näherkommen entdeckte ich einige Seehunde, die im Wasser spielten. Als sie mich erblickten, hörten sie sofort auf und äugten mich mit ihren kleinen Augen an, die aus glänzenden Köpfen eben über das Wasser starrten. Sie sahen erst wie Felsbrocken und dann wie Gespenstererscheinungen aus.

Einer von ihnen kam, ahnungslos, daß ich mich in einer so gefährlichen Lage befand, ganz nahe heran, um mit mir Freundschaft zu schließen. Er schwamm wiederholt gerade unter meinem Riemen hindurch. Bestimmt wären wir gute Kameraden geworden, wenn ich mich ihm etwas mehr hätte widmen können. Nur zu gern hätte ich einen Fisch für ihn gefangen und ihn damit aus der Hand gefüttert. Sicher hätte ihm das behagt.

Plötzlich stellte ich fest, daß ich mich der Insel immer schneller näherte. Die Annäherungsgeschwindigkeit war mehr als beunruhigend. Ich befand mich auf halbem Wege zu ihr und war bereits außerhalb des Windschattens von Marchena. Die volle Meeresströmung hatte sich meiner bemächtigt und sprang mit mir um, als ob ich in einen Mühlenbach geraten sei.

Obwohl ich von dem Vulkan noch ein gutes Stück entfernt war, spürte ich doch schon seinen heißen Atem und seine ganze Feindseligkeit. Ich wriggte ohne aufzusehen, bis ich einen Krampf im Arm bekam.

Als ich endlich meinen Blick hob, um zu sehen, wie ich vorankam, gab mir der entsetzliche Anblick keinen geringen Schock. Ich war weniger als hundert Meter von der Küste entfernt. Bis zu dem rettenden Landvorsprung am Ende der Insel waren es noch mehrere hundert Meter. Ein aussichtsloser Kampf. Ich wriggte so verzweifelt, daß ich mit dem Riemen überhaupt kein Wasser mehr faßte und rücklings mit den Beinen in der Luft auf dem Cockpitboden landete. Der Riemen flog seitwärts über Bord, ohne daß ich ihn zu fassen bekommen konnte.

Es standen noch drei Ersatzriemen in der Kajüte. Mein erster Gedanke war, sie auf der Stelle zu holen. Als ich mich jedoch umschaute, sah die Lage so hoffnungslos aus, daß ich mir gar nicht erst die Mühe machte.

Im allgemeinen gehöre ich nicht zu denen, die ohne weiteres ihr Ziel aufgeben. Der Anblick, der sich mir jedoch hier bot, ließ keine Hoffnung mehr zu, mein Boot noch irgendwie retten zu können. Ich war nur noch etwa fünfundsiebzig Meter von dem löchrigen Lavafelsen entfernt. Es bestand keine Möglichkeit, hier zu ankern. Mir blieb überhaupt nichts mehr zu tun übrig. Ich mußte es aufgeben und mich wenigstens selbst retten. Ich nahm alle Kraft zusammen für das Nächstliegende. Oh, meine armen Kätzchen! Sie miauten kläglich in ihrer Schwimmkiste. Ich warf sie in mein Schlauchboot und brachte es zu Wasser, um jeden Augenblick selbst hineinklettern zu können.

Die Felsen waren kaum dreißig Meter entfernt. Die See schlug dumpf, aber noch immer mit der gleichen Gewalt dagegen.

Ich blickte mich noch einmal schnell an Deck um, ob sich noch irgend etwas tun ließe, und dachte an meine Wasser- und Nahrungsvorräte sowie an meine Kleidung.

Einer unerklärlichen Eingebung folgend, wahrscheinlich aber in dem Wunsch, den letzten Strohhalm zu ergreifen, raste ich zum Bug und ließ meinen archaischen Anker ins Wasser plumpsen. An den aufsteigenden Luftbläschen konnte ich verfolgen, wo er weggesackt war. Die Kette lief ganz aus und stand dann auf und nieder, also senkrecht im Wasser. Es waren an dieser Stelle keine unterseeischen Riffe, an denen er haken konnte. Ich wandte mich ab, um zu meinem Schlauchboot zu eilen, solange es noch Zeit war. Da zeigte sich ein dunkler Streifen auf dem Wasser, der von Backbord rasch näherkam. Ich hatte kaum noch Zeit, das Ruder zu packen, ehe eine Bö über die *Pagan* raste und heulend in die Segel fuhr, während zugleich ein schwacher Regen einsetzte.

Das Boot holte stark über und luvte an. Ich stieß einen Freudenschrei aus, als die *Pagan* dadurch von der tobenden Brandung an der Küste wegkam und die freie See erreichte. Nach knapp zwanzig Minuten schoß ich in den Wind und fierte das Großsegel. Ehe ich versuchte, ein Reff einzustecken, zog ich Schlauchboot und Anker an Bord und befreite meine betrübten Kätzchen. Sie schlichen steifbeinig nach unten und verzichteten auf den Anblick der See und ihrer gefährlichen Überraschungen. Ich massierte sie kräftig mit einem Frotteehandtuch und hüllte sie in eine Militärdecke ein. Um sie ein wenig über das ausgestandene Ungemach zu trösten, nahm ich die Angelrute mit an Deck und warf sie achtern mit einem fetten Köder aus.

Selbst „Tölpel“ kehrte wieder auf das Kajütdach zurück, nachdem er uns im Augenblick der Gefahr verlassen hatte. Wegen des einsetzenden Unwetters schubste ich ihn runter in die Kajüte.

Ich steuerte einen südwestlichen Kurs, um den übrigen gefährlichen nördlichen Inselgruppen zu entgehen. Den Plan, nach Seymour zu fahren, gab ich auf, da es südöstlich achteraus lag. Dafür steuerte ich Albemarle an, die größte und westlichste Insel der Galapagos. Ich beabsichtigte, mich diesem langgestreckten Eiland von der Leeseite aus zu nähern, um mich dort auszuruhen und wieder zu mir zu kommen. Vor allen Dingen wollte ich eine ruhige Nacht verbringen.

Der Wind wehte kräftig, und die *Pagan* verstand es ausgezeichnet, den Strom totzusegeln, denn bei unserer Fahrt nach Süden mußten wir jetzt gegen die Meeresströmung ankämpfen. In der Dämmerung sichtete ich graues Schaumgekräusel nördlich von Albemarle, das auf ein langgestrecktes Unterwasserriff deutete. Seine Zacken ragten gut eine Meile entfernt aus dem Wasser heraus. Für den Seemann gibt es nichts Schlimmeres als flache, gischtumsprühte Barriereriffe.

Als ich das Riff halbwegs hinter mich gebracht hatte, entdeckte ich die mahnenden Gerippe zweier gestrandeter Fahrzeuge. Sie waren einen halben Meter tief im Wasser festgerammt, verlassen und einsam und hilflos der See preisgegeben. Anscheinend waren ihre Besitzer fahrlässige Fischer gewesen, die zu nahe um die vorspringenden Klippen herumgefahren waren. Vielleicht waren sie aber auch durch die Meeresströmung oder eine der häufigen Flutwellen, die so charakteristisch für die Galapagos sind, auf das Riff geworfen worden. Ich hielt mich auf jeden Fall weit von dem Vorgebirge ab.

Der Anblick dieser trostlosen Wracks machte mich ganz elend. Ich hielt es deshalb für richtiger, nicht in Lee der Klippen zu ankern, sonder lieber einen Kurs längs der Nordwestküste, rund um die Westspitze, zu steuern und Tagus Cove – wahrscheinlich morgen früh – anzulaufen.

Die *Pagan* hatte allmählich sehr viele Muscheln angesetzt. Ich wünschte daher, es gäbe hier einen starken Tidenhub und einen Sandstrand wie auf den Perlas. Ich mußte sie mal eine Tide auf Strand setzen, um den Bewuchs abzukratzen und ihr einen neuen Bodenanstrich zu geben. Da die Truppen möglicherweise doch noch nicht von Seymour abgezogen waren, überlegte ich, ob ich nicht nach dort zurückkehren sollte. Als ich aber an die beiden Wracks dachte, gab ich den Plan schleunigst wieder auf. Außerdem fürchtete ich, daß ich dabei unvermeidlicherweise aufgehalten würde, wodurch die Sicherheit meiner ganzen Reise gefährdet wurde. Es war schließlich nicht unbedingt notwendig, ausgerechnet Seymour anzulaufen.

Die Insel Floreana lag etwa hundert Meilen entfernt. Ich erwog ernsthaft, mein Boot dort zu überholen. Der Karte nach mußte sie einen guten Sandstrand haben und außerdem einen Briefkasten. Auf diese Weise könnte ich gleich zwei Fliegen mit einer Klappe schlagen und dort außer den Arbeiten am Boot auch den gewichtigen Brief an Mary einstecken. Ganz abgesehen davon würde ich dort wahrscheinlich allein und ungestört sein und schneller mit allem fertig werden und so desto eher weiterfahren können.

Die Postamt-Bucht in Floreana war eine alte Poststation, wie ich in Panama erfahren hatte. Ehemalige Walfängerschiffe hatten sie auf der

Fahrt zu ihren Fangplätzen errichtet. Sie pflegten dort ihre Briefe an ihre Lieben daheim einzustecken und gleichzeitig Frischwasser, Früchte, Gemüse und die großen Landschildkröten (Galapagos) als Fleischersatz an Bord zu nehmen.

Wenn dann ein anderes Schiff auf der Heimreise Floreana anlief, nahm es aus Gefälligkeit die Post aus dem Briefkasten am Strand mit. Heutzutage steht statt des Briefkastens ein Faß dort. Jeder gelegentlich vorbeikommende Fischer und überhaupt alle Fahrzeuge, die nach Norden fahren und Floreana auf dem Wege nach der Hauptinsel berühren, nehmen die dortige Post mit und geben sie auf einem Postamt in Panama oder San Diego auf. Es ist erstaunlich, wie viele Briefe auf dieser Insel eingesteckt werden – frankiert oder unfrankiert – und daß alle ihr Ziel in absehbarer Zeit erreichen.

Nachdem ich in der Nacht gelegentlich ein Auge zugemacht und im großen und ganzen den Kurs über den Daumen gepeilt hatte, befand ich mich bei Tagesanbruch in der schmalen Meerenge zwischen der Insel Narborough und Tagus Cove. Ich segelte etwas weiter hinein und ging vor Anker. Bereits eine Stunde später verschwand ich in der Kajüte, um ein Schläfchen zu machen, das sich über den ganzen folgenden Tag und auch über die nächste Nacht ausdehnte.

DIE POSTAMT-BUCHT

Es stellte sich heraus, daß Tagus Cove einen sehr geschützten, geradezu idealen Strand besaß. Leider hatte ich allerdings nicht die Möglichkeit, mein Schiff dort zu überholen. Unbedingt notwendig war es sowieso nicht. Ich hielt es nur für ganz angebracht, da ich von dort bis Sydney durchfahren wollte.

Schließlich lag vor mir eine Reise von mehr als siebentausend Meilen über den Ozean. Es waren noch gut zwei Monate bis zum Beginn der Orkanzeit. Traten keine weiteren Zwischenfälle ein, würde ich meinen Plan bequem durchführen können. Es schien mir daher ratsam und zeitsparend, das Schiff noch einmal gründlich von Muscheln zu reinigen, besonders da die Flut hier günstig und der Hafen der Postamt-Bucht sehr geschützt war. Ich beschloß also, am nächsten Tag nach Floreana zu fahren und dort gleichzeitig den Brief an Mary dem etwas antiquierten Postsystem anzuvertrauen. Vorher wollte ich jedoch erst noch einmal mein stehendes und laufendes Gut überprüfen.

Ich ersetzte alle Fallen und brachte ein neues Want an. Ich überholte die Blöcke am Großbaum und schmierte ihre Rollen, die sich nur noch schwer drehten.

Gegen Abend war alles in Ordnung, abgesehen vom Unterwasserschiff und einigen Kleinigkeiten, die ich auf See in meinen wachfreien Stunden reparieren konnte. Mein schmucker kleiner Kutter zerrte ungeduldig am Anker vor Sehnsucht nach neuen Abenteuern.

Ich hatte mir den Tag so umsichtig eingeteilt, daß ich zwischendurch noch Zeit fand, für die Kätzchen und „Tölpel" eine Portion Fisch zu fangen. „Tölpel" hatte ich leider so verwöhnt, daß es ihm gar nicht mehr einfiel, selbst für sein Futter zu sorgen. Während wir jedoch in der kleinen Bucht vor Anker lagen, flog er zur Verdauung ein wenig zwischen den Klippen hin und her und überließ das Deck „Wrackgut" und „Strandgut".

Meine Kätzchen lagen zusammengerollt satt und friedlich träumend in den Falten des Großsegels. Dann und wann kam Leben in sie, wenn es ihnen einfiel, einmal zu ihrem Abörtchen zu schleichen, einer Sandkiste, die ich für sie aufgestellt hatte. Auf dem Rückweg statteten sie ganz wie von ungefähr ihrem Fischnapf einen Besuch ab, als wollten sie sagen: „Was kann man schon weiter tun?" Lässig und überfüttert knabberten sie ein wenig an den beiden Fischen herum.

Anschließend begaben sie sich gleich wieder zur Ruhe; sie suchten sich dafür die behaglichsten Plätzchen aus. Sie rekelten sich entweder auf dem warmen Deck oder machten es sich im Schatten des Kajütaufbaus bequem, wenn sie es nicht vorzogen, die Kühle der Vorpiek aufzusuchen. Sie waren entsetzlich verwöhnt. Der Himmel mochte wissen, wie sie sich je wieder mit dem zivilisierten Leben und den kümmerlichen Abfällen bei Tisch abfinden würden.

*

Obwohl ich mich nicht gerade auf einer Vergnügungsreise befand, genoß ich doch die einzigartige Schönheit von Tagus Cove in vollen Zügen. Gott weiß, warum es nicht zu den berühmten Sehenswürdigkeiten der Welt gehört. Die Insel ist ungefähr neunzehn Kilometer breit und hat eine steil abfallende Felsküste. Hoch oben in den Klippen nisten seltene Vögel, deren Geschrei von morgens bis abends vom Felsen widerhallt. Die Bucht war ursprünglich der Krater eines erloschenen Vulkans, dessen Randhänge nach der See zu ausgewaschen wurden.

Tagus Cove ist einsam und geheimnisvoll. Haie, Robben, Riesenrochen, Seelöwen, Stachelrochen, Segelfische, Aale und Pinguine schwimmen in dem klaren Wasser der Bucht. Jawohl! Pinguine! Ich habe selbst ein paar gesehen, was mir später von Fischern bestätigt wurde, die sie ebenfalls gesichtet hatten.

Eine weitere Eigenart dieser Insel sind die vielerlei Namen, die bis hoch hinauf auf ihre rissigen Felswände gemalt wurden. Dutzende und Aberdutzende von ihnen verraten die nie erloschene Sehnsucht nach Abenteuern, von der man fälschlich annimmt, daß sie längst ausgestorben sei. Ich kann mich sogar heute noch auf einige besinnen. Anscheinend gehört es sich für jeden, der diese Inselwelt besucht, daß er sein Autogramm an einer besonderen Stelle dieser dazu herausfordernden Felswände hinterläßt.

Ich hatte in Panama versprochen, den Namen der *Pagan* in leuchtendweißer Bootsfarbe an sichtbarer Stelle anzubringen, und war nun auf der Suche nach einem geeigneten Fleck dafür.

Am Nordrand, am äußersten Ende der Bucht, entdeckte ich ein Felsplateau, das sich von hinten ohne zu große Gefahren erklettern ließ. Ich stieg deshalb in mein Schlauchboot und ruderte hinüber. Von dem unteren Felsplateau, das sich scharfumrissen aus dem seichten Wasser erhob, glitt ein junger Seelöwe watschelnd herab, tauchte unter und beäugte mich dann. Er schien gar keine Angst zu haben, sondern kletterte dicht hinter mir wieder auf seinen Felssitz, als ich mit Farbeimer und Bürste in der Hand den Aufstieg durch einen Kamin des zerklüfteten Lavafelsens begann.

Glücklich oben, gelangte ich zu einer Felsplatte. Etwas höher über mir erstreckte sich das flache, eintönige Inselland. Überragend erhob sich in einiger Entfernung rechts von mir ein großer abgebröckelter Krater eines Vulkans, der offensichtlich erloschen war.

Als ich mich umwandte und durch die engen Kaminwände hinabblickte, sah ich mein kleines Boot an seinem Notanker schaukeln. Es kam mir wie eine Nußschale in einer Waschschüssel vor. Schmuck hob es sich von dem sanftblauen Wasser und den rauhen, vielfarbigen Felswänden ab. Plötzlich fiel etwas polternd vor meine Füße, anscheinend ein spitzes, zackiges Felsstück. Es war auf geheimnisvolle Weise in Bewegung geraten. Langsam rollte es über das Gestein und blieb mit einemmal wie tot liegen. Ein großes, schwarzes Auge starrte mich aus hocherhobenem Kopf an, und eine schartige Zunge schoß aus dem zackenbewehrten Kopf. Plötzlich wandte sich das Wesen mit der Schnelligkeit einer Katze um und spie mich aus seinem schwarzen Rachen an. Dann streckte es von neuem seine schwarze Zunge heraus. Es sah wie eine Echse oder gar wie ein Drache aus und war gut eineinhalb Meter lang. Das Rückgrat war stark gekrümmt, die Haut abstoßend faltig, die Gliedmaßen liefen fingerartig aus, und ein langer Schwanz vervollständigte das Scheusal. Ohne einen Muskel zu verziehen starrte es mich an. In meinem ganzen Leben war mir nichts Ähnliches begegnet. Mir fiel allerdings etwas ein, was ich in Panama gehört hatte. Jemand hatte mir dort erzählt, daß es auf den Galapagos eine „vorgeschichtliche“ Tierart gäbe.

Ein Mann namens Darwin war früher einmal hierhergekommen und hatte diese Wesen als „andersartig“ bezeichnet. Er mochte sich darunter vorgestellt haben, was er wollte, sie waren wirklich „andersartig“. Ich wäre nicht erstaunt gewesen, wenn dieses Wesen plötzlich Feuer gespien hätte – höchstens wäre ich noch tolpatschiger über meine eigenen Füße gestolpert. Da ich in meiner Aufregung nicht sah, wohin ich trat, fiel ich beinahe in meinen Farbeimer.

Hals über Kopf strauchelnd und rutschend kam ich die rauhe vulkanische Felswand hinunter. Beinahe wäre ich auf dem Seelöwen gelandet. Entsetzt zuckelte er ins Wasser, während ich mit allen Kräften rudernd zur *Pagan* zurückkehrte.

Außer Atem stand ich an Deck. Die Bucht hatte für mich ihren Reiz verloren. Ihre Felswände schienen mir plötzlich unheilverkündend zu sein. Wie konnte man es hier bloß allein aushalten! Selbst die Kätzchen fühlten dieses ungewisse Etwas. Sie saßen hingekuschelt da, wie kleine Wollknäuel, und ließen nervös ihre Schnurrhaare spielen.

Die Sonne war hinter Narborough versunken; Schatten breiteten sich über die Bucht. Es war so still, daß man jeden Ton hören konnte. „Zum Teufel mit dieser Bucht!" sagte ich zu den Kätzchen.

Da! Was war das? Etwas Unheimliches glitt wie ein geisterhafter Schatten in der blassen Abenddämmerung unter meinem Kiel weg. Es war die gleiche Echse oder ein ähnliches Wesen . . . Die Gliedmaßen lagen dicht am Körper, als ob es sich selbst umarmen wollte. Es bewegte sich nur mit dem langen Schwanz vorwärts und glitt mit der Gewandtheit einer Schlange durchs Wasser. Das langte mir!

Ich löste die Zeisinge der Segel, setzte sie, zog die schwere Ankerkette an Deck und legte den plumpen Holzanker oben drauf. Bei zunehmender Dunkelheit segelte ich aus den stillen Gewässern dieser unheimlichen Bucht hinaus auf das schaumgekrönte Meer. Ich suchte vor dem riesigen Vulkan auf Narborough in südlicher Richtung davonzukommen.

*

Zum Abendbrot hatte ich diesmal aufs Geratewohl eine Dose Karotten aufgemacht, die ich gleich aus der Büchse verspeiste. Ich saß dabei am Ruder und steuerte mit dem Fuß. Die *Pagan* tänzelte auf ihren Kreuzschlägen nach Süden. Nach drei Stunden schätzte ich, daß ich genügend nach Süden gutgemacht hatte, um an Narborough vorbei zu sein. Ich ließ die *Pagan* hoch am Wind nach Südwesten laufen und umschiffte so die vorgestreckte Landzunge des unteren Teils von Albemarle.

Diese massige Insel liegt wie eine sich teilende Amöbe auf dem 91. Meridian westlicher Länge. Ich beabsichtigte, in der Nacht um sie herumzukreuzen, um am nächsten Morgen den langen Törn nach Floreana mit festgesetztem Ruder zu nutzen, ein Auge voll Schlaf zu nehmen.

Bereits eine Stunde nach Sonnenaufgang lag Albemarle ein gutes

Stück hinter mir, und Floreana hob sich etwa vierzig Meilen an Steuerbord wie ein grauer Höcker aus dem Meer. Es schien schon ganz nahe zu sein und war doch noch weit entfernt. Ich hoffte, bei eintretender Dämmerung in der Postamt-Bucht vor Anker gehen zu können. Ich mußte gegen eine Meeresströmung ankämpfen und daher damit rechnen, trotz günstigen Windes den ganzen Tag am Ruder stehen zu müssen, ohne zur Ruhe zu kommen.

Am Spätnachmittag, im letzten Schein der Abendsonne, lotste ich mich selbst, von Norden her, in den stillen Hafen.

Die halbkreisförmige Bucht ist etwa eine Meile breit. Als ich mitten hineinfuhr, lagen zu meiner Linken mehrere Inselchen und vor mir ein Sandstrand mit einer häßlichen, verfallenen Bretterhütte. Etwas entfernt davon stand an einem Pfahl angebunden das bewußte weiße Faß. Hinterm Strand erstreckte sich ein Gürtel dürren, unfruchtbaren Buschwerks, durch das ein halbüberwachsener Pfad führte, der mich jedoch nicht weiter interessierte.

Ich ließ den Anker in nächster Nähe des Ufers fallen, ruderte sofort an Land und eilte zu dem verwitterten Postfaß, um meinen dicken Brief an Mary einzustecken. Mit einem Gummiband hatte ich daran eine Fünfdollarnote befestigt, was bei meinem kleinen Vermögen eine große Ausgabe bedeutete. Ich wollte jedoch, daß Mary den Brief auf jeden Fall erhielt, und glaubte, daß er so sicherer ankäme. Geld durfte dabei keine Rolle spielen. Ich blieb noch eine Weile bei dieser altehrwürdigen Posteinrichtung stehen und verfolgte in Gedanken die Reise, die mein Brief zurücklegen würde. Die Nacht brach herein. Die *Pagan* zeichnete sich nur noch als kleiner Fleck auf dem Wasser ab. Es gefiel mir hier am Strand ebensowenig wie in Tagus Cove.

Als ich zur *Pagan* zurückruderte, versank die wenig ansprechende Umgebung vor mir, und ich fühlte auch nicht, daß es empfindlich kälter geworden war. Meine Gedanken eilten über den Pazifik nach Australien. Eine leichte Schwermut hatte mich ergriffen. All das Ungewisse lastete auf mir, diese ungestillte, immer von neuem geduldig bekämpfte Sehnsucht nach meiner großen Liebe.

Ich ging frühzeitig in die Koje und beschwichtigte mein aufgeregtes Gemüt durch eine ausgedehnte Nachtruhe, getröstet in dem Bewußtsein, daß ich bereits in der nächsten Nacht auf dem geraden und schnellsten Weg nach Australien sein würde.

Gegen Mittag des folgenden Tages hatte ich den Rumpf der *Pagan* vollständig von allem Bewuchs befreit. Auf dem kleinen Strand lag sie erwartungsvoll im Glanze ihres neuen Bodenanstrichs da. Ich hatte dafür meine letzten Farben verwendet. Das auflaufende Wasser umspülte ihre Planken immer höher. Als der Kiel auf dem harten Grund unruhig hin- und herschurrte, prüfte ich meinen Warpanker und flehte still, daß er halten möge. Nach kurzer Zeit war mein Boot wieder flott und trieb langsam dem Anker zu.

Ich hakte die Stagreiter des Klüvers ans Stag, klarierte alle Fallen und begab mich an die für einen einzelnen Mann äußerst schwierige Arbeit, die *Pagan* für die Abfahrt fertig zu machen. Dann nahm ich Abschied von diesem etwas unheimlichen Ankerplatz.

DER PASSAT

In der Abenddämmerung des 23. Juli legte ich von Floreana aus ein gutes Stück in Richtung zum offenen Meer zurück. Von den nächsten Inseln, den Marquesas, war ich dreitausend Meilen entfernt.

Der Wind kam aus Süden. Die *Pagan* glitt wohlgemut über die stille Wasserfläche. Die Scharen der Vögel, die mir von den Galapagos aus gefolgt waren, machten kehrt und flogen heimwärts. Die Dunkelheit nahm mir den letzten Blick auf diesen erstarrten Lavaaschenhaufen, den ich wahrscheinlich nie wiedersehen würde.

Der Himmel schmückte sich mir zum Geleit mit unzähligen Sternen. Der abnehmende Mond erschien und gab der Nacht Sanftheit und Milde. Das Meer war dank einer frischen Brise leicht bewegt. Der Gedanke, daß ich bald in den Passat gelangen würde, gab dieser Nacht etwas Einmaliges. Nun war ich endlich wirklich auf dem Weg zu Mary. Der vor mir liegende Ozean war als friedlich bekannt. Obwohl die Strömung im Augenblick nach Nordwesten setzte, würde sich das schon bald ändern, und dann würde ich von ihr wunschgemäß und kostenlos nach Westen mitgenommen werden und durchschnittlich dreißig Meilen am Tag vorankommen. Ich erhoffte von dem Passat eine Geschwindigkeit durchs Wasser von neunzig bis hundert Meilen am Tag, das wären zusammen durchschnittlich hundertunddreißig Meilen in vierundzwanzig Stunden – ausgezeichnete Aussichten für mein Wettsegeln über den Ozean!

Ich kann mich auf meiner ganzen Reise kaum auf eine Nacht besinnen, in der ich in noch gehobenerer Stimmung war. Der Brief an Mary war auf dem Weg zu ihr. Der Schiffsboden war frei von Bewuchs und glitt leicht und spielend durchs Wasser. Am frühen Nachmittag hatte ich eine große Seeschildkröte gefangen und so genug Fleisch für die nächsten drei Tage. Mein Dörrfleisch, das nach indianischer Weise an der Sonne getrocknet worden war, würde bis zu den Marquesas reichen. Das Wetter war herrlich. Was wollte ich mir also noch außer der Wiedervereinigung mit meiner Frau wünschen?

Leider war mein Glück nur von kurzer Dauer. Ich hatte übersehen, daß ich vor allem erst einmal den Passatwind ausfindig machen mußte. Im östlichen Pazifik weht er nicht immer so weit nördlich, daß er den Äquator erreicht. Nördlich und südlich des Äquators liegt eine windstille Zone, der Kalmengürtel, die sogenannten Mallungen.

Es ist keineswegs leicht, sich durch die Mallungen zum Passat durchzuquälen. Wenn einmal ein paar Stunden eine leichte Brise weht, träumte man sich nur zu häufig schon am Ziel. Aber plötzlich legt sich der Wind, die See wird spiegelglatt, die Segel schlagen unaufhörlich, und die Nerven werden allmählich empfindlich wie rohes Fleisch. Die melancholischen Geräusche der Segel, Blöcke und Fallen, aus denen der Wind gewichen ist, können einen zur Verzweiflung bringen. Die Strömung versetzte mich bei jeder Windstille nach Norden.

Traf ich jedoch gelegentlich auf eine frische Brise, die meine Segel füllte, so meinte ich unweigerlich, den Passat gefunden zu haben. Aber leider war es immer dasselbe: Der Wind legte sich bereits nach kurzer Zeit. Es traf mich doppelt hart, daß mich der Passat im Stich ließ, da ich soviel von ihm erwartet hatte.

Meine Absicht war gewesen, mich mit westlichem Kurs in der Höhe des Äquators zu halten, um die starke westliche Strömung in seiner Nähe auszunutzen. Schon fünfundsiebzig Meilen südlich davon verringert sich diese zusätzliche Antriebskraft um etwa einige Knoten. Trotzdem ist es ratsam, weiter nach Süden auszuweichen und teilweise auf die Strömung zu verzichten, anstatt hier in dieser ewigen Windstille auf dem grausam die Hitze zurückstrahlenden Meer zu versauern. Ich wartete daher auf den nächsten Wind. Er kam zögernd und war auch nicht sehr beständig – im Gegenteil. Nur schubweise geriet ich mit zumeist schlaffen Segeln nach Südwesten.

Jeder Windstoß brachte mich etwas weiter nach Süden. Leider trieb mich meistens die darauffolgende Flaute wieder nach Norden zurück. Die Kalmen spielten mit mir wie die Katze mit der Maus. Stundenlang trieb ich haltlos umher. Ich konnte das eintönige Schlagen des Segels und das Rasseln der Blöcke und Schoten einfach nicht mehr ertragen und hatte deshalb alles niedergeholt. In einer solchen Lage kann man weder lesen noch schlafen, noch einen vernünftigen Gedanken fassen. Ich konnte einzig und allein Stunde um Stunde mit zusammengekniffenen Augen Ausschau halten, ob sich nicht irgendwo auf dem spiegelglatten Wasser etwas Wind zeigen würde.

Beim leisesten Hauch setzte ich eilig jeden Lappen, den der Mast nur tragen konnte. Unverdrossen suchte ich weiter nach dem so zurückhaltenden Passat.

Am Nachmittag des 27. Juli, vier Tage nach dem Verlassen der Galapagos, erreichte die Gereiztheit an Bord ihren Höhepunkt, als „Tölpel“ vom Kajütdach aus in östlicher Richtung in den Himmel stieß. Wochenlang hatte er unlustig auf der *Pagan* herumgehockt. Sein Flug jetzt hatte dagegen etwas so Energisches und Zielbewußtes, daß es sich kaum nur um einen Erkundungsflug handeln konnte. Ich verfolgte ihn, bis er nur noch als glänzender Punkt am hellen Himmel zu erkennen war und schließlich am Horizont verschwand. An diesem Abend klang meine Eintragung ins Logbuch sehr traurig.

Drei weitere Tage vergingen voller Enttäuschungen. Dann und wann hielt mich eine trügerische Brise zum besten. Ich saß stumpfsinnig an Deck, kaute an einem Streifen getrocknetem Schildkrötenfleisch und spielte Patience. Da traf mich urplötzlich mit geballter Kraft ein Windstoß aus Südost. Ich konnte zum erstenmal die Schoten fieren. Es war ein herrlicher Anblick, wie die *Pagan* raumschots dahinrauschte.

Frohbewegt berichtete ich an diesem Abend in meinem Logbuch von diesem bedeutsamen Ereignis – die erste positive Eintragung seit einer ganzen Woche!

Nach meinen mittägigen Beobachtungen am 4. August – die Galapagos lagen zwölf Tage hinter mir – war ich bereits von den „entzauberten Inseln“ tausendundzehn Meilen entfernt, eine größere Strecke, als ich in den dreißig Tagen zwischen den Perlas und den Galapagos zurückgelegt hatte. Es folgten nun zweitausend Meilen, wie sie sich ein Segler nicht angenehmer wünschen kann und wie ich sie wohl kaum je wieder erleben werde. Die *Pagan* segelte tagelang ganz ohne mein Zutun dahin. Ich hätte mich gar nicht an Deck zu zeigen brauchen. Es war genauso, wie es sich die Sonntagssegler auf den Verandas der Yacht-Clubs vorstellen.

Bei Sonnenaufgang pflegte ich täglich die nächtliche Beute an fliegenden Fischen einzusammeln. Wenn der Bug nachts das Wasser durchpflügte, scheuchte er sie gleich Wachteln aus den schäumenden Wellen auf, so daß sie häufig wie blind gegen die Segel klatschten und an Deck umkamen. Jeden Morgen hatte sich wenigstens einer gefangen. War die Ausbeute größer, ließ ich mir ebenfalls eine frische Fischmahlzeit munden, während sie sonst in die hungrigen Mäulchen von „Wrackgut“ und „Strandgut“ wanderte.

Fliegender Fisch ist etwas Köstliches. Die vielen Gräten störten mich nicht am Genuß des zarten, wohlschmeckenden Fleisches. Es schmeckte mir am besten, wenn ich den Fisch in Salzwasser kochte und ihn dann mit Ketchup und Salzkeksen verzehrte. Auch in Speck gebraten war er ein Leckerbissen. Oft fing sich allerdings über Nacht nur ein einziger Fisch, und ich bedauerte dann ein wenig, meine hungrigen Kätzchen an Bord zu haben.

Hier auf offener See blieb mir weit mehr Zeit als auf der Strecke zwischen den Perlas und den Galapagos. Es war täglich eine Sache von wenigen Minuten, dafür zu sorgen, daß mein schmucker kleiner Kutter genau seinen Westkurs einhielt. Die *Pagan* schoß spurtreu dahin mit ausbalancierten Segeln und festgelaschtem Ruder. Sie lief eine erfreuliche Geschwindigkeit. Jeden Morgen und jeden Abend ging ich gemächlich einmal vom Bug zum Heck und schaute prüfend nach oben, ob in meiner kleinen ozeanischen Welt etwas den Frieden und das Vorankommen störe. Gewöhnlich war alles in bester Ordnung, und damit war mein Tagwerk getan.

Die einzige wirkliche Arbeit auf dieser Fahrt bestand darin, aufzupassen, daß der Schamfilschutz auf den Wanten in Ordnung war. Ich wußte wohl, daß man Kabelgarn dazu benutzt, um Schamfilschutz daraus herzustellen, aber als Neuling hatte ich natürlich keine Ahnung, wie so etwas gemacht wird, und konnte auch trotz allen Nachdenkens nicht darauf kommen. Ich zerriß daher meine beiden Bettücher in fußbreite Streifen und wickelte sie um die Wanten und brachte oben, unten und in der Mitte mit Hilfe von Segelgarn ein Polster an. Dazu kletterte ich in den Mast und ließ die Polster an den stählernen Wanten bis zu der Stelle hinuntergleiten, an der das Segel scheuerte. Hier befestigte ich sie mit Segelgarn an den Wanten selbst. Das hat sich gut bewährt, denn meine Segel waren bis zuletzt genauso tadellos wie beim Einsetzen des Passats.

Das Wetter war großartig: die Tage sonnig, die Luft angenehm frisch und die Nächte kühl durch die kalte Meeresströmung unter meinem Boot. Diese Kühle ließ mich nachts wunderbar auf Deck schlafen. Ich trug nur meine Hosen und hüllte mich in eine einfache Decke.

Als Toilette benutzte ich das Ausleger-Dreieck. Ich hatte dafür am Heck ein Brett mit einem genügend großen Loch bereitliegen. Brauchte ich es, so legte ich es über die Schenkel des Auslegers und setzte mich einfach darauf.

Am Tage kam ich nur an Deck, um astronomische Beobachtungen vorzunehmen, in der Sonne zu baden, die Delphine bei ihrer Jagd zu verfolgen oder um mit den Kätzchen zu spielen. Seitdem uns „Tölpel“ verlassen hatte, stand ihnen wieder das ganze Deck zur Verfügung. Sie wurden nie müde, stundenlang auf dem mit Segeltuch bespannten Deck herumzutollen, wobei ich ihren Einfällen und lustigen Sprüngen vom Kajütdach aus zusah.

Wenn „Wrackgut" und „Strandgut" oben an Deck waren, nutzte ich häufig die Zeit unten in der Kajüte und freundete mich mit dem „blinden Passagier" an. Er war sehr zurückhaltend, was schließlich kein Wunder war, da die Kätzchen fast ständig um seinen Aufenthaltsort herumstrichen. Es war schon so weit gekommen, daß ich ihm Futter und Wasser in seinen kleinen Käfig hineinstellen mußte, da es häufig für ihn zu unsicher war, sich bis an seine bisherige Futterstelle heranzupirschen.

Ich versuchte alles, um ihn daran zu gewöhnen, mir aus der Hand zu fressen. Solange jedoch die Kätzchen an Bord waren, war dies vergebliche Liebesmühe. Er hatte kein Vertrauen. Das arme Kerlchen war ganz scheu und verwirrt geworden und zog es vor, sein Leben in größter Einsamkeit zu fristen.

Außer den paar Stunden an Deck verbrachte ich die übrige Zeit mit allem möglichen, was mir jeweils gerade in den Sinn kam. Hatte ich keine Lust zu lesen, fügte ich zum hunderstenmal meine alten Legespiele zusammen. Damit es schwieriger wurde, mischte ich sie alle gut durcheinander. Es kam mir wie ein Traum vor, daß ein friedlicher Tag den anderen ablöste und das Schiff seine hohe Geschwindigkeit ständig beibehielt.

Im allgemeinen verbrachte ich meinen Tag folgendermaßen: Gewöhnlich erwachte ich in den ersten Morgenstunden und kontrollierte dann sofort den Kurs am Kompaß. Darauf sah ich nach dem Ruder und den Segeln und stellte fest, ob sich während der Nacht ein fliegender Fisch an Deck gefangen hatte. Waren es wie gewöhnlich zwei, so bekamen die Kätzchen einen am Morgen und einen am Nachmittag. Waren es dagegen mehr, briet oder garte ich mir selbst auch einen zum Frühstück.

Grundsätzlich bestand meine Morgenmahlzeit aus Nährmitteln wie Haferflocken oder Maizena, die ich mit Zucker und Milchpulver kochte. Für gewöhnlich aß ich im Cockpit unter dem freien, tropischen Himmel.

Am Vormittag las ich oder beschäftigte mich mit meinen Kätzchen oder versuchte, mich mit meinem „blinden Passagier" anzufreunden, oder beobachtete vom Bug aus, wie die Fische gegenseitig Jagd aufeinander machten.

Die Mittagsmahlzeit war denkbar einfach. Ich strich irgend etwas aus meiner Vorratsliste aus und holte dann eine Dose aus dem ehemaligen Eisschrank. Da die Schilder von den Dosen abgegangen waren, machte es mir großen Spaß, mich zum Mittagessen immer wieder von neuem überraschen zu lassen.

Nach Tisch schlief ich ein wenig. Am Nachmittag nahm ich dann die Sonnenhöhe und zeichnete meine Position auf der Seekarte ein. Gegen Abend saß ich gewöhnlich auf dem Kajütdach und hielt in weitem Kreise Ausschau nach einem Segler oder der Rauchfahne eines Dampfers. Ich verfolgte auch gern den Flug der einsamen Seevögel, die ein Leben lang über die Wasserwüsten des Pazifik dahingleiten.

Zum Abend gab es wieder etwas Warmes. Ich briet mir eine Scheibe Speck oder Schinken und machte mir dazu eine Büchse heiß. Anschließend trank ich Tee oder Kaffee, um den trockenen Schiffszwieback hinunterzuspülen. Häufig kochte ich ein Eintopfgericht aus allerlei Resten mit etwas Pökelfleisch oder Fisch.

Nachdem ich vor Einbruch der Dunkelheit noch einmal die Segel und das Ruder kontrolliert hatte, legte ich mich auf meine Koje in der Kajüte und las beim trüben Licht der über mir schwingenden Sturmlaterne etwa eine Stunde, bis ich müde wurde. Dann löschte ich das Licht und zog die Decke über den Kopf. Auszuziehen brauchte ich mich nicht, da ich in den Tropen nackt herumlief.

Eines Tages wurde ich jedoch jäh aus meiner friedlich geordneten Welt gerissen. Als ich wie gewöhnlich alles an Bord überprüfte, stellte ich fest, daß sich das Wasserstag am Vorsteven gelöst hatte und die Kette frei vom Ende des Klüverbaums durchs Wasser schleppte. Das war wieder einmal eine Arbeit, von der ein Neuling keine Ahnung hat, die aber trotzdem dringend erledigt werden mußte. Ich besah mir den Schaden genauer und versuchte auf meine stümperhafte Art die Sache zu reparieren. Ich ließ mich aufs Wasser hinab und zappelte hin und her und versuchte den Schaden dadurch zu beheben, daß ich die Verbindung zwischen Stag und Vorsteven wieder herstellte. Die vom Passat gepeitschten Wellen schaukelten mich dabei von der einen Seite des Bugs auf die andere. Nachdem ich mich zwei Stunden lang vergeblich abgezappelt und ordentlich geflucht hatte, wenn das Wasser über mir zusammenschlug, beschloß ich, den Versuch vorläufig aufzugeben.

Aber natürlich konnte ich es nicht so einfach dabei bewenden lassen, denn das Wasserstag gab dem Klüverbaum Halt, an dem wiederum das Klüverstag befestigt war. Ich konnte es unmöglich darauf ankommen lassen, hier draußen in dieser einsamen Wasserwüste meinen Mast zu verlieren. Es half nichts – ich mußte wieder ran an die

Arbeit. Mistschaufeln wäre bestimmt eine weit angenehmere Beschäftigung gewesen. Aber die Not spornt an; sie veranlaßte mich zu einem luftigen Ritt, bei dem ich unter dem Klüverbaum hing und mich an den Steven anklammerte. Das schlimmste war, daß ich immer wieder unter Wasser getaucht wurde. Endlich gelang es mir, den Schäkelbolzen durch den Ring im Steven zu stecken und festzudrehen, worauf ich mich wieder an Bord ziehen konnte.

Darauf folgten weitere Tage friedlichen Dahinsegelns. Während Wind und Wasser fast immer gleichblieben, eilte die *Pagan* vor dem Südost-Passat her. Vor ihr tummelten sich lange Züge fliegender Fische, sie trieben an Back- und Steuerbord vorbei und wiegten sich einzeln und in Scharen auf den Kämmen der Wellen. Der Fischreichtum war erstaunlich. Alle hundert Meter tauchten Tag für Tag neue Schwärme glitzernd in der Sonne auf und verschwanden achteraus in den verschiedensten Richtungen.

„Gevatter Tod" und ein kleiner Delphingefährte schwammen gemeinsam vorm Bug herum und brachen urplötzlich in die ahnungslosen Fischschwärme ein. Sie waren von morgens bis abends auf der Lauer. Ich hatte sie schon zweitausend Meilen bei ihrer Pirsch und Jagd beobachtet. Auch bei den Geschöpfen des Meeres war es immer wieder das alte Lied: jagen und gejagt werden.

Ich habe stundenlang an Deck gesessen und diesem eindrucksvollen Schauspiel zugesehen. Nachdem der Delphin einen etwas abseits schwimmenden Fisch von dem übrigen Schwarm abgesondert hat, verfolgt er ihn mindestens fünfhundert Meter, ehe er ihn aufgibt. Versucht der fliegende Fisch in seiner Todesangst durch die Luft zu entkommen, bleibt sein gewandter Feind trotzdem ständig hinter oder unter ihm. Bei dieser spannenden, blitzschnellen Jagd bedeutet das geringste Langsamerwerden oder gar Stocken für den fliegenden Fisch unweigerlich den Tod. Von Zeit zu Zeit schnellt sich der Delphin etwa fünf Meter aus dem Wasser, um sein Opfer besser beobachten zu können.

Sobald er es erspäht hat, schießt er ins Wasser zurück, arbeitet sich unter ihm mit ein paar kräftigen Stößen heran und behält es immer im Auge, nur darauf lauernd, daß der fliegende Fisch ebenfalls wieder ins Wasser eintaucht. In diesem Augenblick setzt der grausige Kampf ein. Die Zähne packen zu, die Rückenflosse richtet sich auf und das Wasser wird aufgepeitscht, bis der Delphin als Sieger davonschwimmt.

Ich habe diesen Kampf viele hundertmal aus nächster Nähe beobachtet. Einmal war ich sogar Zeuge, wie ein fliegender Fisch von

„Gevatter Tod“ kunstgerecht halbiert wurde. Er braucht dazu nur eine Sekunde, ja es geschah so pfeilgeschwind, daß der arme Bursche, noch ehe er sich der Gefahr auch nur bewußt werden konnte, bereits von einem zweiten Delphin verspeist war.

Ein anderes Mal sah ich, wie sich ein großer Tintenfisch aus dem Wasser schnellte und dann etwa dreißig Meter auf die *Pagan* zuschwamm. Dabei erspähte er seinen grimmigen Feind dicht hinter sich und warf sich voller Entsetzen nochmals fünf Meter hoch in die Luft. Der Delphin wandte sich auf der Stelle um und stieß sich mit aller Kraft ebenfalls aus dem Wasser. Sie trafen sich mitten in der Luft: der Delphin beim Emporschnellen und der Tintenfisch, als er wieder ins Wasser zurücksauste. Der Zusammenprall wäre beinahe zuviel für den Delphin gewesen. So aber wurde der traurige Rest des Tintenfischs etwa vier Meter weit geschleudert und beim Aufklatschen aufs Wasser von einem zweiten Delphin verschluckt.

Ein besonderes Erlebnis hatte ich einmal mit einem ungewöhnlich großen fliegenden Fisch, der, seiner Größe nach zu urteilen, bestimmt schon häufig dem Tod ins Auge geschaut hatte. Ich beobachtete, wie er sich vorm Bug aus einer Welle emporschnellte und haarscharf einen Halbkreis schlug, so daß ihm höchstens ein sehr gewiegter Feind folgen konnte. Mitten in der Luft machte er eine Wendung und ließ sich in eine heranrollende Welle fallen. Aber nicht nur ein Delphin war hinter ihm her, sondern gleich vier. Seite an Seite jagten sie dem begehrten Opfer nach. Nachdem der fliegende Fisch im Wasser gelandet war, stürzten sich die Delphine auf ihn. Rücken- und Schwanzflossen wirbelten durcheinander. Mit ihren spitzen Zähnen schnappten sie zu und zerfetzten, was ihnen in den Weg kam, so daß sie in ihrer Aufregung anscheinend zuletzt selbst nicht wußten, wer von ihnen die Beute erwischt hatte.

„Gevatter Tod“ und seine Genossen sorgten einmal unfreiwillig dafür, daß mein Tisch reich gedeckt wurde. Eines Tages schoß er ganz nahe vorm Bug mitten in einen Schwarm fliegender Fische. Die Fische wurden dadurch buchstäblich verrückt. Einige von ihnen schnellten sich schnurgerade in die Luft und fielen genau so wieder hinab ins Wasser. Andere quälten sich in ihrer Angst an der Oberfläche des Wassers entlang, ohne daß ihnen die Flucht gelang. Ein kleiner Schwarm jedoch – im ganzen zwölf – schoß hoch aus dem Wasser und verfing sich in den Segeln der *Pagan*.

Eines Tages stieß „Gevatter Tod“ unerwartet mit einem kleinen fliegenden Fisch zusammen. Nachdem sie sich Auge in Auge gemessen hatten, begann die Jagd auf Leben und Tod. Ich konnte vom Kajütdach aus in dem durchsichtig klaren Wasser alles mit ansehen. Der kleine Fisch breitete seine flügelförmigen Brustflossen aus und hob sich in Richtung auf *Pagans* Seitenwand aus dem Wasser. Der unerbittliche alte Räuber war immer hinter ihm her, sprang ihm nach in die Luft, erwischte ihn und brachte ihn aus dem Gleichgewicht, so daß er ins Meer zurückfiel. Darauf folgte ein erbitterter Nahkampf, bei dem es dem Opfer irgendwie gelang, sich nochmals in die Luft zu schnellen. „Gevatter Tod" ließ sich dadurch nicht beirren und blieb dicht hinter ihm. Plötzlich mußte der fliegende Fisch bemerkt haben, daß er senkrecht auf die Seite der *Pagan* lossteuerte. Er hielt einen Augenblick inne; unter ihm war der unerbittliche Verfolger, vor ihm das harte, trockene Deck der *Pagan*. Er hätte sich zurück ins Wasser fallen lassen und nochmals versuchen können, in die Luft zu entkommen, aber er tat es nicht. Er wußte, was dabei herauskommen würde. Ich bin überzeugt, daß er sich absichtlich den Kopf an der Kajütwand zerschmetterte und darauf zuckend an Deck fiel.

Es verging kein Tag, ohne daß sich in meiner nächsten Nähe derartige tödliche Zusammenstöße ereigneten.

Wenn mein Gaumen dringend nach einer Abwechslung verlangte, versuchte ich immer wieder, mit der Harpune Jagd auf die Delphine zu machen. Während der ganzen Zeit gelang es mir jedoch nur drei zu fangen. Die Delphine besitzen außerordentliche Energie und feinsten Spürsinn. Kaum nähert sich ihnen der Harpunenspeer, so sind sie auch schon auf und davon. Ich bin „Gevatter Tod" mindestens zehnmal mit meinem Speer zu Leibe gegangen. Der einzige Erfolg war, daß sein altehrwürdiger Leib eine weitere Narbe zeigte, ohne daß dadurch seine Vorliebe für die *Pagan* im geringsten Einbuße erlitt. Er folgte mir bis zu dem Korallenriff, an dem ich beinahe ertrunken wäre.

Die erbeuteten Delphine schnitt ich in Streifen und trocknete sie an Leinen, die ich zwischen der Kajüte und dem Leitwagen gespannt hatte. Dieses Fischfleisch war genau wie das Schildkrötenfleisch von unbegrenzter Haltbarkeit, wenn es häufig genug nachgedörrt wurde. Ich aß abwechselnd von dem einen und von dem anderen, wodurch sich meine Vorräte an Schildkrötenfleisch schnell verringerten.

Während dieser Zeit – ich war noch etwa eine Woche von den Marquesas entfernt – verfiel ich oft in Träumereien . . . über die Vergangenheit . . . . die Zukunft . . . die Gegenwart. Es war eine Reaktion auf die Eintönigkeit dieser unendlichen Wasserwüste, aus der ich mit meinen Gedanken zu entfliehen suchte. Ich konnte mich stundenlang in die Vergangenheit zurückversetzen und alles noch einmal nacherleben, vor allem aber in die kurze, glückliche Zeit mit Mary, von der Verlobung bis zur Hochzeit. Andererseits dachte ich auch oft an die unglücklichen Umstände, die zu unserer Trennung geführt hatten, die nun durch meine Überquerung des Ozeans ein Ende finden sollte.

Ich saß auf dem Kajütdach, genoß müßig Sonne und Wind, lauschte dem Plätschern der Bugwelle und folgte mit den Augen ihrem Gekräusel. In dieser Stellung ließ es sich gut über allerlei nachsinnen. Die Gedanken kamen von ganz allein. Wichtig war dabei nicht, was ich dachte, sondern daß ich überhaupt nachdachte.

Am Morgen des 18. August befand ich mich nach meiner Schätzung nur noch drei Tage von den Marquesas entfernt. Mein neunzig Seiten dickes Logbuch war fast voll. Seit meiner Abreise aus Panama waren fünfundachtzig Tage verstrichen. Heute in fünf Tagen hatte ich ursprünglich schon in Sydney sein wollen. Mary erwartete mich dort. Hoffentlich hatte sie meinen Brief erhalten, den ich auf den Galapagos eingesteckt hatte. Ich hatte ihr darin die Verzögerung in meinem Fahrplan mitgeteilt und ihr das neue Datum für meine Ankunft in Australien angegeben.

Mein Mittagsbesteck am 20. August ergab, daß ich mich neun Grad fünf Minuten südlicher Breite und hundertachtunddreißig Grad fünfzig Minuten westlicher Länge befand. Die Marquesas waren ganz in der Nähe. Ich stieg immer wieder in den Mast und suchte den Horizont nach etwas ab, das grauer als die Wolken und stiller als die bewegte See war. Bei Einbruch der Dunkelheit hatte ich noch immer kein Land gesichtet, obwohl bereits eine Menge Landvögel das Schiff umkreisten: Tölpel, Lummen, Fregattvögel und Seeschwalben. Ich nahm mit Sicherheit an, daß südlich von mir in geringer Entfernung die üppige tropische Insel von Hiva Oa liegen müsse, von der ich schon in Panama gehört hatte. Außerdem müßte irgendwo in der Nähe, wahrscheinlich an Steuerbord voraus, eben unter dem Horizont, Ua Huka sein und westlich davon Nuku Hiva.

In dieser Nacht erschien ich immer wieder an Deck, um an Steuerbord den blassen Horizont nach Land abzusuchen und zu lauschen, ob noch nicht das dumpfe Dröhnen der Brandung auf den Korallenriffen zu hören sei. Aber ich sah nichts, hörte nichts und wußte nur, daß es vorhanden sein mußte.

Bei Tagesanbruch befand ich mich südlich einer Insel. Nach neunundzwanzig Tagen endlich wieder Land!

DER TEUFELSROCHEN

Die flache, grüne Insel nahe an Steuerbord war Nuku Hiva. Achteraus tauchte wie ein großer Dom Ua Huka auf, während Ua Pou gerade noch querab an Backbord in der Ferne sichtbar war. Nuku Hiva ist die Hauptinsel und der Einklarierungshafen für die unter französischer Verwaltung stehenden Marquesas. Ich befand mich ungefähr zwei Meilen südlich von Sail Rock, der an der Südostspitze der Insel liegt. Die See, gepeitscht von den jahreszeitlich bedingten Passatwinden, brandete unaufhörlich gegen den Fels, dem Wind und Meer keine Ruhe ließen. Hinter ihm lag, mit ihm in eins verschwimmend, Kap Martin.

An der Südküste von Nuku Hiva befinden sich drei ausgezeichnete Häfen, die Comptroller-Bucht, die Taio Hae-Bucht und die Tai Oa-Bucht. Ich fuhr gemächlich in sicherer Entfernung an der Küste entlang und sah mich überall prüfend nach einem Ankerplatz um. Die Seekarte der Inseln lag auf dem Schoß vor mir ausgebreitet. Ich war drauf und dran, in einen der Häfen hineinzufahren.

Taio Hae liegt mit seinen schattigen Tälern von der See aus grün und einladend da. Man denkt an kühles, frisches Linnen, wenn man sie betrachtet. Leider war ich jedoch nicht auf einer Vergnügungsreise und besaß auch kein Visum oder die nötigen Hafenpapiere. In meiner Kasse waren zudem nur noch zwanzig Dollar. Damit hätte ich wahrscheinlich gerade noch in den Hafen hineinfahren können, ohne genug Geld zu besitzen, wieder aus ihm herauszukommen.

Für mich war das wichtigste, daß ich keine Zeit mehr verlor. In kaum sechs Wochen setzten bei Tasmanien die Wirbelstürme ein. Ich mußte unbedingt vorher in Sydney sein. Das war gar nicht so einfach, denn ich hatte immerhin noch viertausend Meilen vor mir. Die *Pagan* war mit allem versehen: Ich hatte reichlich Lebensmittel an Bord und außerdem noch für drei Monate Wasser.

Die Stimmung unter den Passagieren, der Mannschaft und der Begleitung war ausgezeichnet, besonders seitdem wir uns dem 145. Längengrad näherten, bei dem wir die Hälfte unserer Reise nach Sydney hinter uns hatten. „Wrackgut" und „Strandgut" bekam das Leben an Bord vorzüglich. Der „blinde Passagier" war wohlauf, obwohl ich ihn nur selten zu sehen bekam. „Gevatter Tod" und seiner Meute schien es nichts auszumachen, bei einer durchschnittlichen Geschwindigkeit von fünf Knoten dreitausend Meilen hintereinander zurückzulegen. Allerdings hatte er auf dieser Reise bereits drei seiner Gefährten verloren. Alle miteinander waren darin mit mir einig: weitersegeln! So fuhr ich langsam um das Südende dieser weltberühmten Insel herum, die in manchem Roman und im Leben großer Abenteurer der Südsee eine bedeutende Rolle spielt.

*

Noch am selben Tag wünschte ich, ich wäre doch in einer dieser stillen Buchten vor Anker gegangen. Das Großsegelfall brach plötzlich; es war an der Umlenkrolle durchgescheuert. Es gibt für den Seemann kaum eine unangenehmere Reparatur, denn er muß bis zum Masttopp klettern und dort das Fall in den Block einziehen. Während der ganzen Reise hatte ich mit Sorge an eine solche Möglichkeit gedacht. Vorsichtshalber erneuerte ich deshalb vor der Ausreise von den Galapagos alle Fallen in der Hoffnung, daß sie bis Sydney halten würden.

Es ist natürlich etwas ganz anderes, ob man diese Reparatur auf dem ruhigen Wasser einer Bucht ausführt oder auf der unaufhörlich bewegten See im Südostpassat.

Ich mußte sehr bald feststellen, daß ich nackt, wie ich war, nicht nach oben kam. Ich glitt daher den schwankenden Mast wieder hinunter, was allerdings nicht ohne Abschürfungen abging. Dann zog ich mir Hose und Hemd an und machte mich von neuem an die beschwerliche Kletterpartie.

So frei am Mast zu hängen, ist eine große Kraftanstrengung. Ich keuchte schon, ehe ich überhaupt die untere Saling erreicht hatte. Der eine Arm und beide Beine waren fest um den Mast geklammert. Kaum war es mir gelungen, das neue Fall in den Block einzuscheren, als ich fühlte, daß ich mich kaum länger festhalten konnte.

Ich versuchte, auf das neun Meter unter mir liegende Deck hinunterzurutschen. Als ich das eine Bein aus dem sicheren Halt am Mast löste, schwang ich weit vom Mast weg und kam aus dem Gleichgewicht. Dadurch verlor auch mein anderes Bein seinen festen Halt. Ich schlug gegen Want und Mast und vermochte mich weder weiterhin festzuhalten, noch mich auf das Deck hinunterzulassen, wenn ich nicht wie ein Stein herabfallen wollte.

Die *Pagan* lag klein wie ein Kanu unter mir. Ihre Vorsegel blähten sich im Wind. Jede heranrollende Welle, die unter ihr wegflutete, ließ sie bis zur Reling überholen. Ich bekam abwechselnd die eine und dann die andere Seite des Decks zu sehen.

Ich ließ los und stieß mich nach Kräften mit dem Fuß ab. Es ging mir wie dem kleinen Jungen, wenn er vom Baum fällt: Ich hatte mich in keiner Weise in der Gewalt und zappelte mit Armen und Beinen. Ohne recht zu wissen, wie mir geschah, landete ich im Wasser.

Ich bekam noch gerade die Schlepptrosse zu fassen, zog mich an Deck und packte mich auf das Kajütdach, um erst einmal zu verschnaufen. Aber die *Pagan* lief wieder unter vollen Segeln und ließ die Marquesas endlich hinter sich.

Am frühen Nachmittag waren die Inseln allerdings immer noch in Sicht. Ich ruhte mich nach den Erlebnissen im Mast erst einmal aus, da mir noch alles weh tat. Die *Pagan* kam gut voran. Der Nachmittag verging wie jeder andere. Ich saß mit den friedlich schnurrenden Kätzchen im Schoß im Cockpit. Etwas achteraus, etwa hundert Meter entfernt, kräuselte sich auffälligerweise immer wieder die Meeresoberfläche.

Um es besser beobachten zu können, stand ich auf. Ich nahm an, daß es sich um einen Schwarm von Tümmlern handelte. Das aufspritzende Wasser und die Wasserstrudel kamen immer näher ans Schiff heran. Da hob sich gerade unter meinen Augen ein Riesenrochen aus der Tiefe und schwamm ruhig unter dem Kiel der *Pagan* weg. Es sah so aus, als hätte er das Boot gar nicht bemerkt. Kaum war er unter ihm hindurchgeschwommen, wendete er auch schon und kam zurück. Dabei näherte er sich der Bordwand so weit, daß mich seine herausquellenden schwarzen Augen unmittelbar anstierten. Sein Körper war leicht gekrümmt und sehr massig. Sein Maul wirkte wie ein schwarzes Loch, an dessen beiden Seiten armartige Auswüchse waren, mit denen er vermutlich seine Opfer in den Rachen strudelte. Der wohl über eine Tonne schwere Rochen bewegte sich mühelos mit den weitgespannten fleischigen Flügelflossen voran, wodurch das Kräuseln der Wasseroberfläche entstand. Gleich einem Schlepp schwang hinter ihm sein kurzer, dünner Schwanz.

Der Teufelsrochen ist über alles erhaben, was um ihn herum passiert. Im Vertrauen auf seine Stärke ist er selbstbewußt und eingebildet wie ein Pfau und sogar anmaßender als ein Hai.

Als er am Schiff entlangschwamm, überlegte ich, ob ich den Kampf mit ihm aufnehmen solle. Ich wagte es. Natürlich würde ich diesmal aufpassen, daß ich die Oberhand behielt. Nach den Erfahrungen mit dem Hai bei den Perlas fühlte ich mich kräftig genug, es selbst mit seiner Stärke und Zentnerschwere aufzunehmen. Es kam vor allem darauf an, daß er den Angelhaken verschluckte und sich daran zu Tode zappelte. Wenn es erst soweit war, wollte ich ihn ans Schiff heranziehen und ihn mir genau besehen. Davon hatte ich schon früher auf den Handelsschiffen geträumt.

Für seine Größe brauchte ich eine kräftige Angelschnur. Die Schlepptrosse würde sich dafür vorzüglich eignen. Ich zog sie an Bord und befestigte daran einen sechs Meter langen Stahldraht. Ich ließ dabei den riesigen Fisch nicht aus den Augen und beeilte mich, so gut ich konnte. Er schwamm kühn unter meinem Kiel weg und blieb dann achtern an Backbord einige Zeit auf derselben Stelle. An dem Tampen des Drahts befestigte ich meine beiden starken Haihaken und hing ein großes Stück von dem am Morgen gefangenen Blaufisch als Köder daran.

Als er gemächlich herbeischwamm, hielt ich dem Monstrum den Leckerbissen gerade vor den Bauch. Er streckte sich einen Augenblick zu seiner ganzen Größe aus, um ihn in Augenschein zu nehmen. Dann stürzte er mit einem gewaltigen Schlag seiner fledermausähnlichen Flossen darauf los. Im gleichen Augenblick und mit der gleichen Bewegung, mit der er nach dem Köder geschnappt hatte, tauchte er unter. Ich sah die Angelleine mit ihm verschwinden und mit solcher Gewalt steifkommen, daß das Heck etwa sechs Zentimeter tiefer eintauchte.

Als ich beobachtete, wie das Heck erzitterte und die Angelleine einem ungeheuren Zug ausgesetzt war, entschloß ich mich, sie mit meinem Messer zu kappen, sobald der Zug zu gefährlich würde. Ich hatte gehofft, er würde sich am Angelhaken um so eher zu Tode zappeln, wenn die *Pagan* mit ihrem vollen Gewicht am anderen Ende der kurzen Angelschnur in entgegengesetzte Richtung zog. Mir lag viel daran, ihn zu überwältigen und ans Heck zu ziehen, um ihm den Kieferknochen als Trophäe für Mary herauszuhacken.

Da gab die Angelleine einen Augenblick nach, straffte sich aber gleich wieder ruckartig an der Backbordseite, so daß die *Pagan* drei Strich vom Kurs abfiel. Ich flog der Länge nach ins Cockpit. Mein Boot war gewaltsam zum Stillstand gebracht worden. Es kam nicht mehr voran, sondern mühte sich bloß wirkungslos ab. Das Heck war so weit herumgekommen, daß das Großsegel überzugehen drohte. Ich sprang sofort auf und wollte die Angelleine durchschneiden.

Die *Pagan* ruckte machtlos hin und her. Als ich das Cockpit verließ, dachte ich: Wie wird es wohl enden? Da wurde ich auch schon kopfüber auf die Achterpiek geschleudert, als ob mir ein Maultier einen Schlag zwischen die Schultern versetzt hätte. *Pagans* Deck erzitterte, als sie ruckartig aus dem Kurs gerissen wurde. Entsetzen ergriff mich, und ein kalter Schauder lief mir den Rücken hinunter. Ich tastete nach meinem Messer. Holz splitterte.

Ich blickte auf, um festzustellen, ob etwa der Leitwagen an Steuerbord losgerissen worden sei. Er war mit schweren Schraubbolzen an Deck und auch an der Reling befestigt. Trotzdem lockerte er sich, als ob er nur durch Heftzwecken gehalten würde. Er zeigte, völlig verbogen, in einem grotesken Winkel nach oben. Es wurde noch schlimmer, als mehr Zug auf die Angelleine kam und er sich dadurch auch von der Backbordreling löste.

Irgend etwas sauste über meinen Kopf. Die *Pagan* erzitterte gewaltig, als das Großsegel überging. Sie war um 180° aus dem Kurs gedreht worden.

Ich schaute aufs Wasser und erblickte den Rochen achtern an Steuerbord. Er schwamm an der Oberfläche und peitschte wütend das Meer. Scharf schnitt er mit den Spitzen seiner flügelartigen Seitenflossen durchs Wasser und schlug wie ein verwundeter Vogel um sich. Die *Pagan* tanzte auf den Wellen wie ein Ruderboot bei grober See. Ich ritzte die Trosse mit der Klinge meines Messers. Sie riß und schlug mir mit dem losen Ende entgegen.

An der Stelle, an der der Rochen in die unergründlichen Tiefen getaucht war, sah man nur noch einen kleinen Strudel. Die *Pagan* gewann schnell wieder an Fahrt.

Ich holte sofort das Großsegel nieder und machte mich daran, den verbogenen Leitwagen und die zersplitterte Reling wieder in Ordnung zu bringen.

Was für ein Tag! Sobald ich mit den Reparaturen fertig war, setzte ich erleichtert das Großsegel und begab mich in meine Koje. Zu den Eintragungen ins Logbuch war ich viel zu müde.

Am Nachmittag des nächsten Tages brachten „Wrackgut“ und „Strandgut“ Frohsinn und Leben in mein eintöniges Dasein. Diesmal hatte sich ausnahmsweise kein fliegender Fisch an Deck gefangen. Auch mit der Schleppangel hatte ich kein Glück gehabt. Der Zufall hatte mir zum Frühstück eine Dose Spinat und zum Mittagessen Ananassaft mit einer Büchse Maiskörner beschert. Für die Katzen war das bestimmt kein befriedigender Ersatz für den begehrten Fisch.

Es wurde ein Uhr, und ich hatte noch immer nichts für sie gefangen. Ich saß an Deck und überlegte, was in dieser schwierigen Lage zu tun sei. Eine alte Seemannsregel sagt, daß man unbedingt einmal am Tag eine ordentliche Mahlzeit zu sich nehmen soll. Außerdem fühlte ich mich den Kätzchen gegenüber moralisch dazu verpflichtet, ganz abgesehen davon, daß meine Mannschaft sowieso schon kurz vorm Meutern war. Ich hörte sie knurren und sich mißmutig herumbalgen wie noch nie. Ich sah daher in den Niedergang, woher der Lärm kam.

Dort rückten „Wrackgut" und „Strandgut" mit tödlicher Verbissenheit unserem blinden Passagier mit Krallen und Zähnen zu Leibe. Das Opfer wehrte sich mit Fußtritten und wollte ausweichen. Meine löwenmütigen jungen Kämpfer suchten jedoch mit ihren scharfen Krallen und Reißzähnen die arme Ratte in die Enge zu treiben und sich in sie zu verbeißen. Ich packte daher meine beiden wütenden Hungerleider am Schwanz und trennte sie von ihrem erhofften Festbraten. Der „blinde Passagier" eilte erlöst, wenn auch wund und mit zerfetztem Fell, seinem Zufluchtsort zu.

„Wrackgut" und „Strandgut" waren sehr empört, daß ich ihnen die saftige Mahlzeit mißgönnte, und schlichen in die Vorpiek, um dort ihre Suche nach etwas Schmackhaftem fortzusetzen.

Natürlich konnte ich ihnen ihre Enttäuschung durchaus nachfühlen und hätte sie nur zu gern entschädigt. Ich suchte daher unter meinen etikettenlosen Konservenvorräten, ob sich nicht doch eine Büchse Fisch darunter befände. Äußerlich merkte man jedoch weder den Dosen im Spind noch denen im Eisschrank – im ganzen zwanzig Stück – an, ob Fisch darin war.

Nach meiner Liste mußten sechsundachtzig Lebensmittelkonserven unter der Steuerbordkoje verstaut sein. Von meinen ursprünglich zweihundertachtundvierzig Dosen hatte ich bereits hundertneununddreißig verbraucht. Als ich jedoch meine Vorräte musterte, standen mir die Haare zu Berge. Irgend etwas stimmte nicht; das merkte ich sofort.

Daß es in dem engen Raum unter der Koje feucht war, wußte ich, aber ich hatte nie geglaubt, daß die Feuchtigkeit in so kurzer Zeit in die Dosen eindringen könne. Als ich mir die hochgegangenen, lecken Dosen näher ansah, fand ich, daß sich Gase in ihnen entwickelt hatten und sie in Gärung übergegangen waren. Von dem ganzen Vorrat war keine einzige mehr genießbar. Es war alles verdorben. Ich war schon halb und halb bereit, umzudrehen und zu versuchen, gegen die See und gegen die Meeresströmung zu den Marquesas zurückzukehren.

In Eile überprüfte ich meine übrigen Vorräte. Die Hälfte davon hatte ich bereits verzehrt. Schinken, Speck, Salzfleisch, Zucker, Maismehl, Pfirsiche, Backpflaumen und Käse waren aufgebraucht. Von den anderen Hauptnahrungsmitteln wie Haferflocken, Reis, Margarine, Maisgrütze, Mehl, Marmelade und Honig waren die Vorratsflaschen je nachdem noch ein Viertel bis drei Viertel gefüllt. Außerdem zählte ich hundertundfünfzig Schiffszwiebacke, ein Quart Apfelringe, eine Gallone mit Ketchup, ein Quart Erdnußbutter, reichlich Tee und Kaffee sowie dreiundzwanzig Dosen Lebensmittel. Die Überprüfung meines Wasservorrats ergab, daß ich knappe zweihundertunddreißig Liter an Bord hatte.

Da der Hauptteil meiner Lebensmittel in Konservenbüchsen bestand, traf mich der Verlust in dem feuchten Vorratsraum unter der Koje sehr hart. Ich errechnete jedoch, daß ich wenigstens auf dem Papier aus den vorhandenen Vorräten noch hundertundsieben Mahlzeiten bereiten konnte. Meiner Meinung nach mußte ich die Reise bis Sydney bei scharfem Segeln in vierzig Tagen schaffen. Außerdem blieb mir sowieso nichts anderes übrig, da die Orkanzeit in einem Monat begann. Auf jeden Fall mußte ich die Lebensmittel rationieren und konnte mir nur noch zwei bescheidene Mahlzeiten leisten. Andernfalls müßte ich zu den Marquesas zurückkehren und in Kauf nehmen, dort bis zur Beendigung der Orkanzeit warten zu müssen. Da eine Rückkehr jedoch zeitlich nicht in Frage kam, beschloß ich, ohne Unterbrechung nach Sydney durchzusegeln.

In einigen Tagen müßte ich die Karolinen-Insel erreicht haben, ein einsames vulkanisches Korallenatoll. In der leichtsinnigen Annahme, daß somit alles in Ordnung sei, steuerte ich mit Hochdruck auf diese kleine Insel zu. Ich wollte dort als zusätzliche Nahrung ausreichend Kokosnüsse einsammeln.

Ungefähr um diese Zeit bemerkte ich, daß sich das Wetter leicht veränderte. Ich machte mir keine Gedanken darüber, da es zunächst auf meine Geschwindigkeit keinen Einfluß hatte – trotzdem gefielen mir die immer deutlicheren Anzeichen des Umschwungs keineswegs. Sie trieben mich zu noch größerer Eile an. Ich holte aus meinem Boot das Letzte heraus, um so schnell wie möglich nach Sydney zu kommen.

*

Über mir kreisten tropische Vögel mit spitzen, geteilten Schwänzen, voraus tummelten sich Schwärme fliegender Fische, und im Kielwasser schwammen große Haie – alles deutete auf Land. Am Morgen des 29. August tauchte voraus – genau da, wo es zu erwarten war – Land auf.

Als die Sonne aufging, sah ich, daß die Karolinen-Insel in einer Entfernung von sieben Meilen vor mir lag. Ich änderte daraufhin den Kurs ein wenig nördlich von der Südinsel. Steuerbord voraus konnte ich eine Anzahl niedriger Hügel ausmachen, die stark von der See ausgewaschen waren.

Nach dem Segelhandbuch ist die Südinsel der wichtigste Punkt der kleinen Inselwelt. Es sollen dort einige wenige Eingeborene leben. An Land könne man Frischwasser erhalten. Von den Gewässern um die Insel heißt es, daß sie sehr fischreich seien. Eine amerikanische Studienkommission hat die Insel 1883 zur Beobachtung der Sonnenfinsternis besucht.

Ich segelte hoch am Wind darauf los, um auf kürzestem Weg zu einem Ankerplatz zu gelangen. Ich wollte vor Einbruch der Dunkelheit noch möglichst viel erledigen, damit ich rasch weiterfahren konnte. Ich steuerte auf die Südwestspitze der seltsam geformten Insel zu. Nachdem ich meine Marinearbeitskleidung angezogen hatte, streifte ich zum ersten Mal seit den Perlas wieder Socken und Schuhe über. Dann kämmte ich aus Bart und Haar das Salz heraus und ergriff das Ruder.

Der aktive Vulkan, der wie ein vorbeifahrender Dampfer rauchte, war nicht in meinem Segelhandbuch vermerkt. Ich paßte auf, daß ich den Rauch genau voraus behielt. Meinen selbstgefertigten Anker ließ ich außerhalb des von Korallenriffen umsäumten Hafens fallen. Die *Pagan* lag dicht unter Land ruhig vor ihrem Anker.

Ich bemerkte, daß jenseits des Korallenriffs und der stillen Lagune die Küste mit Kokospalmen bepflanzt war. Dahinter stand die dunkle, grüne Wand des Dschungels.

Bald darauf sah ich in der Nähe des wahrscheinlich nur kleinen Landeplatzes ein Segel auftauchen. Es glitt über die geschützte Bucht, passierte in tollen Sprüngen die tosende Brandung des Riffs und kam an mich heran, während die Mannschaft lachend zu mir herübergrüßte. Ich winkte ihnen möglichst freundlich zu und ermutigte sie, ihr Auslegerboot mit den Enden der Fallen zu vertäuen.

Am Ruder stand ein alter Mann, begleitet von einer Matrone, zwei jungen Männern, einer jungen Frau und zwei verwegen aussehenden Knaben sowie einem Mädchen. Ihre Hautfarbe war dunkel, sie waren aber mehr von dem polynesischen Typ: schlank, braunhäutig, mit langem, glattem Haar, wie die Kaukasier, und nicht so gedrungen wie die

Eingeborenen, die ich während des Krieges weiter westlich von den Karolinen kennenlernte.

Sie wußten nicht recht, wie sie mir begegnen sollten, und verhielten sich trotz ihres freundlichen Grinsens zunächst abwartend. Ich forderte sie daher so freundlich wie möglich auf, an Bord zu kommen und auf der Kajüte und der Reling Platz zu nehmen.

Nachdem sie an Deck geklettert waren, begrüßte ich jeden einzelnen meiner barfüßigen Besucher mit einem herzlichen, zwanglosen Nicken und Händedruck. Die Männer hatten um die Hüften lose anliegende Lava-Lavas geschlungen, die bis zum Knie reichten. Die beiden kleinen Jungen waren nackt. Die Frauen trugen von der Brust an ebenfalls Lava-Lavas. Ihre Kleidung war abgetragen, ausgefranst und löchrig. Ich hatte das Gefühl, daß sie sie nur für diesen besonderen Anlaß angelegt hatten. Ihre Gesichter verrieten, daß sie in völliger Abgeschiedenheit lebten.

Der alte Mann stellte sich sofort als der Häuptling vor. Er zeigte mit seiner knochigen Hand auf mein Boot und lächelte bewundernd. Sein Französisch erinnerte nur wenig an das, welches ich während des Krieges in Algier und Quebec gehört hatte. Wir einigten uns jedoch sehr bald auf Bêche-de-Mer-Englisch, die Lingua Franca der Südsee. Dieses Kauderwelsch besteht vor allem aus Kernwörtern wie: Boot, Meer, Frau, Mann, du, ich, kommen, gehen, Australien, Amerika und so weiter. Der Häuptling stellte mir auch seine Frau, seine Söhne und seine Enkelkinder vor.

Die Kleinen standen etwas ängstlich beiseite. Ich war der erste Weiße, den sie kennenlernten. Mein üppiger blonder Bart, den ich mir seit Panama hatte wachsen lassen und der jetzt schon sieben bis acht Zentimeter lang war, schien ihnen Furcht einzuflößen. Mein Haar reichte mir bereits bis zu den Schultern und hing über Augen und Ohren. Ich versuchte, ihnen durch mein Verhalten zu beweisen, daß ich nicht anders als andere Männer sei, sondern nur das Glück hatte, als Weißer geboren zu werden und ein wenig teil an der Zivilisation zu haben.

Der Häuptling warf einen Blick unter Deck. Als er niemand dort erblickte, erkundigte er sich nach meiner Mannschaft. Es war nicht leicht, ihm zu erklären, warum ich allein reiste. Trotzdem gelang es mir, mich ihnen ungefähr verständlich zu machen. Besonders die Männer waren sehr beeindruckt, obwohl sie bestimmt nicht glaubten, daß ich diese Fahrt allein Mary zu Liebe unternommen hatte.

In der Jugend hatten der Häuptling und seine Frau in Papeete, der

Hauptstadt von Tahiti, gelebt. Seinen Worten nach waren er und die Seinen seit Kriegsausbruch völlig von der Welt abgeschnitten. Als ich ihnen erzählte, daß der Krieg zu Ende sei, nickten sie alle angenehm überrascht und sahen erfreut aus. Ich bin jedoch sicher, daß sie keine Ahnung hatten, wer eigentlich die kriegführenden Parteien gewesen waren.

Sie stellten sich ganz auf meine Gefühlsäußerungen ein und reagierten auf alles genauso wie ich. Belustigte mich etwas, so fühlten sie sich mit erheitert; hörte ich mit ernster Miene zu, was der Häuptling sagte, so wurden sie ebenfalls nachdenklich.

Die jüngeren Männer, die ungefähr in meinem Alter sein mochten, interessierten sich sehr für die *Pagan*. Sie waren schlank und nicht sehr muskulös. Ihre Unterkiefer waren breit und ihre Brust leicht lokkig behaart. Beifällig fingerten sie an den Wantenspannern und den Manila-Fallen herum. Ich holte meinen Sextanten, meinen Kompaß und meine Taschenuhr herbei. Von der Uhr waren sie besonders begeistert, sie stellten sich alle im engen Kreis um mich herum und staunten Oh! und Ah!, als ich den Uhrdeckel abnahm und ihnen das Werk zeigte.

Nachdem ich ihr Vertrauen erworben hatte, waren sie vergnügt und aufgeschlossen, und selbst die Kinder waren mir sehr zugetan. Es herrschte eitel Glück und Freude, und ich vergaß, daß ich so knapp an Lebensmitteln war, und holte neun meiner unetikettierten Dosen herbei. Als ich die Deckel mit dem verrosteten Büchsenöffner abschnitt, zeigten sie alle großes Erstaunen, und der alte Häuptling erklärte stolz, daß er vor langer, langer Zeit schon einmal eine Konservendose probiert habe.

Mit Behagen holten wir mit den Fingern den leckeren Imbiß heraus und verzehrten ihn. Ich aß den Spinat, da ich fürchtete, daß er nicht ganz nach ihrem Geschmack sei. Sie vertilgten dagegen hörbar schmatzend Maiskörner und Bohnen, Pfirsiche und Karotten, Rüben und Apfelsoße sowie Tomatensuppe und Spargel. Sie langten ungeniert mit ihren Fingern in die verschiedenen Dosen hinein. Beim Essen erklärte ich ihnen, was es für eine Bewandtnis mit meinem archaischen Anker habe, den einer der Männer in dem seichten, kristallklaren Wasser entdeckt hatte. Es war gar nicht einfach, den Zusammenhang zwischen meinem modern eingerichteten Fahrzeug und dem unzulänglichen Anker zu verdeutlichen.

In diesem Augenblick kam es beinahe zu einer Panik. Die beiden Jungen nahmen zitternd und schreiend aus dem Cockpit Reißaus und schwangen sich über die Reling ins Auslegerkanu. Das kleine Mädchen und die junge Frau sprangen über unsere Beine, stolperten aufs Vordeck und schrien aufgeregt. Da schlichen „Wrackgut“ und „Strandgut“ aus dem Niedergang gemächlich ins Cockpit und blinzelten verschlafen die vielen ungewohnten Menschen an.

Von den älteren Leuten wußte nur der Häuptling, daß sie harmlos waren; die anderen hatten noch nie eine Katze gesehen. Trotzdem wurde meine tapfere Mannschaft bald liebevoll in den Arm genommen und mit Zärtlichkeiten überschüttet wie noch nie zuvor.

Ich lud alle ein, mit unter Deck zu kommen, damit sie sich ein genaues Bild von meinem Boot machen könnten. Auf einem acht Meter langen Kutter füllen neun Leute leicht die ganze Kajüte. Aber ich freute mich, endlich wieder Stimmen in meiner Behausung zu hören, nachdem ich mich so lange Zeit dort nur mit mir selbst unterhalten hatte. Es genügte mir, still dazusitzen und zuzuhören, was sie Lobendes über Ausstattung, Bullaugen, Werkzeuge, Schiffslaterne, Matratze, Bibliothek und Petroleumkocher zu sagen hatten. Ich holte den Kocher herunter, trimmte ihn, zündete ihn an und ließ sie seine stolze Flamme bewundern und tat auch im übrigen alles, damit die Unterhaltung in Fluß blieb.

Als sich die junge Frau für meine Milchkannen begeisterte, schenkte ich ihr eine leere, was sie sehr erfreute. Einer der Jungen war vom Deck aus auf das Auslegerkanu geklettert und kam mit einem riesigen schwarzen Fisch zurück, den er vor sich hinwarf. Der Häuptling lächelte und erklärte wohlwollend, daß es davon am Strand noch mehr gäbe. Ich beschloß daher, mit all dem Zeug aufzuräumen, das die ganze Zeit überflüssig in meiner Kajüte herumgelegen hatte. Ich musterte zunächst meinen Kleiderspind und schenkte jedem Mann und jedem der beiden Jungen eine kurze Khaki-Militärhose und ein Hemd. Dann sah ich meinen Werkzeugkasten nach entbehrlichen Dingen durch. So wanderten schließlich drei leere Jeepkanister in das Auslegerboot. Darauf holte ich unter der Koje alles Holz hervor, das ich nicht benötigte, und ließ es die Jungen an Deck schaffen. Sie durften außerdem die Hälfte meiner Angelhaken und Fliegen mitnehmen.

Da bemerkte ich, daß die Frauen enttäuscht waren, daß ich nicht auch für sie kleine Geschenke bereit hatte. Ich angelte in meinem Seesack herum und zog mehrere Tischdecken hervor, die meine Großmutter für Mary gehäkelt hatte. Ich wies die Damen darauf hin, daß man daraus entzückende Kleider machen könne. Zum gleichen Zweck schenkte ich ihnen meine Signalflaggen, die ich sowieso nie gebraucht hatte. Außerdem verehrte ich ihnen vier meiner Segelnadeln und eine Rolle Garn. Auch aus dem Kosmetikkasten für Mary nahm ich etwas für sie heraus, obwohl sie als praktische Hausfrauen die sechs Deckelgefäße, die ich ihnen schenkte, weit höher schätzten.

Die Kleinen erhielten meine Magazine, Witzbücher und Legespiele.

Sie fanden meine Art, reinen Tisch zu machen, sehr großzügig und wurden noch zutraulicher und herzlicher und erzählten mir bereitwillig von ihrem Leben auf der Insel.

Als Trinkwasser benutzten sie das Regenwasser, das vom Dach ihrer Hütten herunterlief, oder sie stauten das Wasser der kleinen Rinnsale auf, die vom Kraterrand herunterkamen. Ihre Hauptnahrung bestand aus Taro, Mango und Brotfrüchten aus dem Hinterland der Insel. Sie hielten sich außerdem Schweine und Hühner und fingen in der Bucht allerlei Meerestiere. Ich konnte mir ihr beschränktes Leben auf diesem kleinen Fleckchen Erde, das rings von der eintönigen See umgeben war, gut vorstellen.

Wenn die Umstände günstiger gewesen wären, hätte ich ihre Einladung angenommen und wäre mit ihnen an Land gegangen. Nur zu gern hätte ich mich trotz meiner Eile, weiterzukommen, einen Tag in ihrem winzigen Dorf ausgeruht. So aber war mir der schlecht haltende Anker in dem rasch flacher werdenden Wasser zu unsicher. Die *Pagan* war zudem allen Wetteränderungen zu willkürlich ausgesetzt. Ich versuchte, dies den guten Leuten klarzumachen. Einer der schlanken, schweigsamen jungen Männer war bereit, an Bord zu bleiben und auf alles aufzupassen. Das kam natürlich nicht in Frage. Es wäre das gleiche gewesen, als wenn man von mir verlangt hätte, ich solle plötzlich mit diesem schwierig zu manövrierenden Auslegerboot der Eingeborenen fertig werden. Der Nachmittag verging; die Sonne stand schon tief am Horizont. Ich teilte dem Häuptling mit, daß ich bald losfahren müsse. Da schoß das Auslegerboot auf seinen Befehl hin unter Führung des einen jungen Mannes und der beiden Knaben über das Korallenriff quer durch die Bucht an den Strand. Nach kurzer Zeit kehrte es zurück und lud etwas Wasser, Papayas, Brotfrüchte, Taro, ungefähr fünfzig grüne Kokosnüsse, zwei Ferkel und zwei Hühner ab. Ich war überwältigt von dieser großzügigen Gabe, da diese Insulaner nur schwer so viel entbehren konnten. Meine Geschenke, auf die ich gut verzichten konnte, sahen dagegen geradezu armselig aus.

Die Hühner sperrte ich zunächst unter meiner Koje ein, während ich die quiekenden Schweinchen in der Kajüte frei herumlaufen ließ. Sie sprangen sofort über alles hinweg. Großzügig warf ich beim

Abschied den Insulanern im letzten Augenblick noch etwas von meinem Tauwerk, einige Töpfe und Pfannen, eine Packung Nägel und Schrauben, eine amerikanische Flagge und ein Paar Schuhe in ihr Auslegerboot. Obwohl sie nur zu erfreut darüber waren, zeigten sie dennoch nicht wie im Anfang spontanes Entzücken und Begeisterung. Besonders die Kinder sahen mich sehnsüchtig an, als ich meine Vorbereitungen zur Abfahrt traf. Als „Wrackgut“ und „Strandgut“ sie, mit den Pfötchen auf der Reling, unschuldig mit großen Augen anblickten, zerschmolzen sie geradezu vor Sehnsucht und Begehrlichkeit. Schlagartig verstand ich sie. Der Gedanke war mir sehr schmerzlich. Ich konnte mir einfach die *Pagan* nicht ohne die Kätzchen vorstellen. Sie gehörten nicht nur zum Boot, sondern auch zu meinem Leben überhaupt. Dennoch – diese Leute besaßen so bitter wenig. Ich legte daher die Kätzchen in die Arme des kleinen Mädchens im Auslegerboot. Ich fühlte, wie grausam es wäre, diesen einsamen Menschen die Katzengesellschaft und deren Nachkommenschaft vorzuenthalten.

Die Zeit zur Abfahrt war gekommen. Ich muß gestehen, daß mir nicht leicht ums Herz war. Ich wußte, wie bald ich „Wrackguts“ und „Strandguts“ Miauen, ihr fröhliches Herumtollen und ihre kleinen Zärtlichkeiten vermissen würde. Wie grausam, daß ich leider den Kampf mit der See wieder aufnehmen mußte, obwohl ich mich hier auf dieser schattigen, einsamen Insel so gut erholt hätte.

Der Ernst des Abschieds lastete auf mir. Die Sonne war schon halb in das Meer getaucht. Ich schüttelte ringsherum jedem die Hand und strich über die Köpfe der Jungen, die mir so ans Herz gewachsen waren. Der alte Mann ließ meine Hand gar nicht wieder los. Seine schlaffen Gesichtsmuskeln zitterten, als er mir in letzter Minute noch gute Ratschläge über das Wetter, die Meeresströmungen und die westlich liegenden Inseln gab. Die jungen Leute sahen nachdenklich vor sich hin. Bestimmt hätten sie mich gebeten, mitfahren zu dürfen, wenn sie nicht zu gehemmt gewesen wären. „Wrackgut“ und „Strandgut“ hatten im Auslegerboot einen Fisch entdeckt und bemerkten so gar nicht, daß ich mich zur Abfahrt rüstete. Die letzten Insulaner ließen sich an den Wanten vom Deck hinab und stiegen in ihr gabenbeladenes Fahrzeug. Ich brach den Anker aus. Das Großsegel stieg knatternd am Mast empor. In wenigen Minuten war ich auf offener See. Das Auslegerboot lag noch an der gleichen Stelle. Die Insulaner standen darin und winkten. Dann verschlang sie die Dunkelheit und entzog sie meinem Blick. Ihre letzten Worte waren wegen der wachsenden Entfernung nicht mehr zu vernehmen.

Als ich am nächsten Morgen erwachte, herrschte Windstille – die erste nach dem Abschied von den Galapagos vor mehr als vier Wochen. Kurz nach Tagesanbruch befand ich mich in einem Regenschauer, das der plötzlich aufgesprungene Wind vor sich hertrieb. Ich meinte erst, es wäre nur eine Reihe von Böen, bis ich gegen Mittag in einem aus Süden kommenden Sturm unter Sturmsegeln beidrehen mußte. Ein bißchen viel für einen einzigen Tag!

Ich blieb in meiner Koje und knabberte an einer Schweinskeule. Ich hatte noch am Abend zuvor eines meiner Ferkel geschlachtet.

In dieser Nacht brach der Lümmel des Großbaums. Ich mußte daher hinaus in den Sturm, um den Großbaum mit Draht am Mast zu befestigen. Gegen Mitternacht sprang der Wind auf Südost um und wurde flauer. Ich setzte alle Segel und konnte ungefähr Südwest-Kurs anliegen.

Nach meinem Abschied von der Karolinen-Insel erlebte ich, ganz ähnlich wie auf meiner Fahrt zu den Galapagos, eine Reihe von Schlechtwettertagen. Am frühen Morgen hatte ich beständig gegen Böen anzukämpfen. Gelegentlich setzte Flaute ein. Der Wind sprang häufig um und war bald stärker, bald schwächer. Die Wolkenbänke hingen drückender, feuchter und tiefer denn je über dem Wasser.

Ich wurde durch dieses Wetter ganz niedergeschlagen, hatte ich doch gehofft, gerade diese Strecke mit größter Geschwindigkeit zurückzulegen, anstatt täglich neu aufgehalten zu werden. Außerdem war es so einsam ohne die Kätzchen. Es fehlte mir, daß sie nicht wie sonst bei schlechtem Wetter in meinen Schoß kuschelten oder in der übrigen Zeit munter herumsprangen. Der fliegende Fisch schmeckte mir lange nicht mehr so gut wie damals, als die Kätzchen noch meine Mahlzeiten teilten.

Ich versuchte, die Hühner zu dressieren, aber sie wollten nicht, und deshalb aß ich sie auf. Das eine noch übriggebliebene Ferkel quiekte jedesmal ängstlich, wenn ich mich ihm freundlich näherte, und so wanderte es ebenfalls in den Kochtopf. Jetzt waren nur noch der blinde Passagier und ich an Bord. Er zeigte auch weiterhin seine Nucken und Tücken. „Gevatter Tod" und seine Kumpane hielten sich wie bisher in meiner Nähe auf. Sie kannten nichts anderes als töten und fressen. Dem Leben an Bord fehlte das erregend Abwechselnde aus den Tagen von „Tölpel", „Wrackgut" und „Strandgut".

Dank der Vorräte, die ich auf den Karolinen an Bord genommen hatte, sah ich dem letzten Monat meiner Reise ganz zuversichtlich entgegen. Selbst fünf Tage nach meiner Abreise von der gastlichen Insel hatte ich noch immer eine Schweinskeule zum Knabbern und nährte mich außerdem überreichlich von Obst und Gemüse. Ich versuchte, von diesen leichtverderblichen Lebensmitteln auf Vorrat zu essen, ehe es wieder hieß, nur mit zwei Rationen am Tage auszukommen. Ein Glück, daß ich mir damals keinerlei Beschränkungen auferlegte, denn das entscheidendste und entsetzlichste Erlebnis dieser Reise stand mir unmittelbar bevor.

Der nächste Tag war ein Dienstag; es war der 5. September 1946 – ich werde diesen Tag nie vergessen. Er begann wie jeder andere Tag in diesem Gebiet. Ich wachte bei Tagesanbruch auf und stellte eine leichte südliche Brise fest. In der näheren Umgebung standen vier Regenflagen. Ich saß am Ruder und versuchte, zwischen ihnen hindurchzusteuern. Eine Stunde nach Sonnenaufgang war ich von diesen schrägen, mit Feuchtigkeit geladenen Vorhängen freigekommen und fuhr in den klaren Himmel hinein. Ich erwartete jede Minute, daß die Suvorov-Inseln auftauchen würden. Aufhalten wollte ich mich dort nicht, nur dicht an ihnen vorbeifahren, um zu kontrollieren, ob ich mit meiner Navigation richtig gelegen hatte. Ich stieg ein- oder zweimal in den Mast und schaute in die Richtung, in der sich die Korallenriffgruppe am Horizont abzeichnen sollte.

Um neun Uhr verlor der Wind seine Kraft, und ich dümpelte bald ohne Fahrt. Die Luft war unerträglich schwül. Kurz darauf kam wieder ein leiser Zug auf, und zwar ausgerechnet aus Norden. Mißtrauisch versuchte ich Gründe für diese seltsame Erscheinung zu finden. Meine Schlußfolgerung, daß irgendwo im Norden ein Wind wehen müßte, befriedigte mich keineswegs. Da fiel mir das Wetter der vergangenen Woche ein. Ich warf einen Blick auf die Seekarten, die Segel-Handbücher und die Sturmangaben. Was ein nördlicher Wind in diesen Gewässern bedeutete, wurde mir schlagartig klar, aber ich mochte es mir nur ungern eingestehen.

Gegen Mittag rollte – immer noch aus Norden – eine hohe, glasige Dünung heran. Sie traf *Pagan* breitseits. In der Kombüse klimperte und klapperte das Küchengeschirr. Der Großbaum ruckte an der Stelle, an der er provisorisch befestigt war, hin und her. Die Blöcke knarrten und rasselten. Der Himmel hatte sich in einen undurchdringlichen grauen Mantel gehüllt. Das Ächzen der Verbände der *Pagan* stand in aufreizendem Gegensatz zu der äußeren Stille und Eintönigkeit. Gegen drei Uhr nachmittags war es noch dunkler geworden und – wie es schien – noch stiller. Die schwere Dünung nahm zu. Die Wellen wurden gewaltiger und folgten schneller aufeinander.

Die Segel der *Pagan* waren mit Ausnahme der Fock alle abgeschlagen. Ich sicherte den Großbaum mit einer doppelten Lasching in der Schere, bändselte die Fallen fest und machte klar Deck. Dann verschalkte ich alle Bullaugen und verriegelte die Luken. Unter Deck war alles in Ordnung: Das Geschirr war verstaut und festgekeilt; die Spinde waren vollgepackt und sicher verschlossen. Auf meiner Koje lag eine Schwimmweste. Vom Rande der Koje baumelte eine Reihe kurzer Enden, um mich notfalls selbst festzubinden.

Dann setzte ich mich auf das Kajütdach . . . und wartete und suchte beständig den Horizont, das Meer und den Himmel ab.

DER ORKAN

Ein leichter Luftzug, der plötzlich aus Norden zu verspüren war, füllte die Fock. Die Feuchtigkeit des Windes wies auf Regen hin. Eine schwere Wolke setzte sich in Bewegung und stellte sich kurz darauf als Regenbö heraus. Sie näherte sich und umfing mich mit Wind und Regen. Trotz der Nässe blieb ich an Deck. Mir war die Wetterentwicklung unheimlich.

Ich hätte gern an einem Barometer nachgeprüft, was sich da zusammenbraute. Den Anzeichen nach vermutete ich, daß ein Orkan im Anzug war. Ich wußte jedoch nicht mit Bestimmtheit, mit welcher Geschwindigkeit und aus welcher Richtung er kommen würde.

Das Gebiet nördlich der Cook-Inseln, in dem ich mich befand, ist wegen seiner zyklonischen Störungen berüchtigt. Sollte mich hier ein Orkan überraschen, konnte ich nichts weiter tun als mit gefalteten Händen dasitzen und warten. In einer Hinsicht war ich ganz froh, daß ich kein Barometer besaß, denn fiel das Glas, so würde das nur meine eigenen besorgniserregenden Beobachtungen bestätigen. Ohne ein solches Instrument konnte ich mir jedoch vormachen, daß die wenn auch unverkennbaren Symptome gar nicht so schlimm seien, und bis zuletzt hoffen, daß meine Furcht unbegründet sei.

Mir waren die Hände gebunden. Ich konnte nichts tun, um den Gefahren der aus Norden kommenden Dünung zu entgehen. Es hatte bei diesem Wetter auch keinen Zweck, wieder Segel zu setzen. Ich wollte mich auf keinen Fall von dem Orkan mit stehenden Segeln überraschen lassen.

Nur zu bald geriet ich in eine Folge widerwärtiger Böen, in tiefhängende Wolken und stürmische See. Trotzdem ließ sich auch nach Stunden noch nichts Endgültiges vom Himmel ablesen. Die Lage zwang mich weiterhin zu untätigem Abwarten.

Mit allen fünf Sinnen versuchte ich zu erfühlen, was mir bevorstand. Die geringste Veränderung des Windes gab mir zu denken.

Alles, was ich je über Orkane und ihre Begleiterscheinungen gehört hatte – es war wenig genug – kam mir jetzt in den Sinn.

*

Der Orkan hat viel Ähnlichkeit mit einem Wirbelwind, der an einem schwülen Sommertag die Straßen entlangfegt. Er ist nur unendlich viel stärker. In einem verhältnismäßig kleinen Zentrum herrscht ein niedriger Luftdruck und absolute Windstille. In seinem äußeren Bereich zeigt sich dagegen ein hoher Luftdruck. Fällt daher das Barometer, weiß man, daß man sich dem Auge oder Zentrum des Orkans nähert. Von der Peripherie her wehen tangential außerordentlich stürmische Winde in Richtung seines Zentrums, die sich gewaltig steigern, je mehr sie sich ihm nähern. Die furchtbaren Winde erstrecken sich einschließlich des windstillen Kerns kaum über mehr als dreihundert Meilen. Die Dauer eines Orkans hängt von seiner Zuggeschwindigkeit ab, die zwischen fünf Meilen und dreißig Meilen in der Stunde beträgt.

Eine Eigenart des Orkans besteht darin, daß der Wind in den südlichen Breiten im Sinne des Uhrzeigers zum Zentrum hin und in den nördlichen entgegengesetzt weht. Der Teil des Orkans, der dem Äquator am nächsten ist, ist im allgemeinen der harmlosere, während derjenige, der von ihm am weitesten entfernt ist, besondere Gefahren in sich birgt, da seine zyklonischen Bahnen von ihm wegstreben und alles mit sich fortfegen, was ihnen im Wege ist. Man muß sich besonders vor dem Zentrum des Orkans hüten.

*

Die letzte Bö, die vor Dunkelwerden über mich hinwegraste, schien meine schlimmsten Befürchtungen zu bestätigen. Der Regen schüttete nur so aus den zerfetzten, tiefhängenden Wolken, und ein orkanartiger Wind kam auf, der die See derart aufpeitschte, daß sie von allen Seiten auf mein Boot einstürmte. Es bestand kein Zweifel mehr, daß ich mich in einem Orkan befand. Ich nahm meinen Anker unter Deck und laschte ihn an den Mast. Dann überprüfte ich alles noch einmal, um zu sehen, ob ich sämtliche Vorkehrungen gegen den Sturm getroffen hatte. Ich band das Schlauchboot vom Mast los und vertäute es am Heck . . . für den Fall eines Falles.

Graue Wolkenfetzen zogen in Windeseile, kaum höher als mein Mast, über mich weg und entluden sturzbachartig ihre Wassermassen über mich. Sie trafen mich wie Nadelstiche. Der Wind aus Norden hatte sich eingeweht. Diese Tatsache beruhigte mich sehr. Schon eine Stunde hatte er seine Richtung beibehalten. Ich setzte das Sturmsegel, holte es dicht und stopfte die Fock unter Deck. Als letztes sicherte ich das Ruder mit doppelten Laschings. Darauf setzte ich mich aufs Kajütdach, klammerte mich mit beiden Armen am Mast fest und sah angespannt dem Kommenden entgegen.

Um mich verbreitete sich nächtliches Dunkel, und nur die weiß aufleuchtenden, gewaltigen Wellen verrieten, daß diese Dunkelheit allein durch Sturm und Regen hervorgerufen wurde. Ich ging nach unten, legte mich in die Koje, starrte an die Decke und wartete.

Ungefähr eine Stunde später fing die *Pagan* an, nervös auf den Wellen zu tanzen. Sie hob sich nicht mit den anrollenden Wogen, sondern fuhr jäh in sie hinein. Anstatt vor den mächtigen Seen kurz überzuholen und sich dann schnell wieder aufzurichten, rutschte sie mit einem Ruck seitlich weg, wobei sie sich häufig derartig auf die Seite legte, daß es mich aus der Koje warf. Ich mußte mich mit den Leinen sichern. Offensichtlich befand ich mich mitten in den stürmischen Winden, die am äußersten Rand den heranbrausenden Orkan ankünden.

Nach einiger Zeit wurden die Schläge, die das Boot bisher nur gelegentlich getroffen hatten, immer kräftiger und häufiger und ließen es erzittern. Ich sah auf die Uhr – es war kurz vor acht. Nachher habe ich mich dann nicht mehr um die Zeit gekümmert. Ich war viel zu aufgeregt, und die ganze Erschütterung war zu gewaltig.

Ich öffnete das Schott zum Niedergang und wagte einen Blick hinaus in das Furioso der Nacht. Gischtende Seen rollten zischend unter meinem Boot hinweg und wälzten sich donnernd in die unendliche Dunkelheit. Der Wind jagte hartnäckig hinter ihnen her. Die *Pagan* lag nahezu ohne Fahrt da; einmal auf einem Wellenberg, einmal in einem Wellental. Sie schlingerte stark.

Von einem bequemen Abreiten der Seen war keine Rede mehr. Die *Pagan* lag etwa 60° am Wind. Er wehte noch immer aus Norden. Die Backbordreling schnitt unter, und zu Luv spritzte es vom Bug hoch in die Takelage. Das Vorschiff setzte schwer in die Seen ein. Es regnete stärker denn je. Man konnte kaum aus den Augen sehen.

Da der Wind so beharrlich aus derselben Richtung kam, konnte ich mit Sicherheit annehmen, daß die Zugbahn des Orkans gerade auf mich zuführte. Ich konnte daraus dreierlei Schlüsse ziehen. Erstens: woher die verfluchten Winde des gefährlichen Halbkreises wehten. Zweitens: wo sich das windstille Gebiet im Zentrum des Orkans befand, in dem riesige Wogen auf engbegrenztem Raum aus einem

Dutzend Richtungen aufeinanderprallten. Drittens: wo es am wenigsten gefährlich war, nämlich dort, wo das „Schwanzende" des Orkans lag, in dem man eine gewisse Kontrolle über das Schiff behalten würde.

Nachdem ich mich davon überzeugt hatte, daß an Deck alles in Ordnung war, zog ich mich wieder nach unten zurück und schloß die Schiebetür. Ich stemmte mich gegen die niedrige Decke und leuchtete den stickigen Raum mit der Taschenlampe ab. Zum ersten Mal schnallte ich mich in meiner Koje fest und erwartete hilflos das Kommende.

Zwei Stunden später wurde die *Pagan* zum Fangball scharfer Windstöße und gewaltig anprallender Seen. Es war wie bei einem plötzlichen Erdbeben. Bestimmt kam ich jetzt in den Bereich der ersten Orkanwinde.

Etwas später – die Zeit kann ich nicht mehr angeben – legte sich mein Boot stark auf die Seite und gierte dabei stark. Ich löste die Knoten über Brust und Beinen und wagte einen Blick hinaus auf die tobenden Elemente. Das Sturmsegel war in Fetzen davongeflogen.

Ich mußte daher wieder an Deck. Ich machte meinen primitiven Treibanker klar, den ich auf der Strecke von den Galapagos angefertigt hatte, und fuhr ihn an einer dreißig Meter langen Leine aus. Die *Pagan* törnte befriedigend auf, obwohl schwere Seen krachend über ihr Schandeck schlugen.

Dann lag ich wieder festgeschnallt in meiner Koje und lauschte auf jedes Poltern und Ächzen, das den hohlen Klang der dröhnenden See übertönte. Ich hörte das aufgequirlte Wasser über Deck branden. Je schlimmer die Böen wurden, desto angespannter spitzte ich die Ohren. Mein Boot war mir allmählich so vertraut geworden, daß mir auch die kleinste Abweichung von den normalen Geräuschen auffiel. Nachdem ich über zwei Monate auf die unbedeutendste Lebensäußerung der *Pagan* geachtet hatte, wußte ich sofort, was jedes Geräusch bedeutete und woher es kam.

Als ich in dieser Nacht in meiner Koje lag und auf alle Geräusche meines kleinen, schwer bedrängten Kutters achtete, konnte ich es kaum glauben, daß die Planken, die mich schützend umgaben, schon so viele Jahre das Wasser durchpflügt hatten. Die *Pagan* war trotz ihres Alters in gutem baulichem Zustand.

Gegen zwei Uhr morgens vernahm ich, wie krachend ein Want brach. Ich öffnete die Schiebetür und sah hinaus. Gewaltige, windgepeitschte Wellen brandeten an Back- und Steuerbord. Schwer arbeitend lag die *Pagan* in der See. Ihr Mast beschrieb einen immer größeren Bogen: Unter den kräftigen Windstößen legte sie sich in einem so ungewöhnlichen Winkel auf die Seite, daß der Mast beinah die Wellenkämme berührte.

Kaum war die *Pagan* die Rückseite eines Wellenbergs hinabgeschliddert, so stieß sie auch schon wieder mit dem Bug in den nächsten, wobei das Vorschiff völlig unter Wasser geriet und unter der Tonnenlast der grünen Wassermassen erbebte. Dann reckte sie ihren Bug in die Luft, und Sturzbäche ergossen sich kaskadenartig über Deck und flossen über das Heck wieder ab.

In der Windabdeckung der Wellentäler richtete sich die *Pagan* jäh auf. Näherte sie sich jedoch wieder dem Kamm einer heranrollenden Welle, mußte sie von neuem die volle Kraft des Sturmes aushalten und holte stark über. Ich konnte mich genau so wenig aufrechthalten wie sie, wenn sie donnernd einer der windgepeitschten Brecher traf, die unablässig über sie hereinbrachen. In diesen Augenblicken benahm sich die *Pagan* am haltlosesten. Ihr Bug schoß steil aus dem Wasser, als ob eine Ladung Dynamit darunter losgegangen sei. Sie gierte wild, bis kräftige Seen sie wieder hinunterdrückten, so daß sie sich schwerfällig in der See wälzte und ihre Lee-Reling den Blicken entschwand. Darauf schüttelte sie die Wasserladung wieder ab und fuhr schwankend in den nächsten großen Wellenberg hinein.

Das gebrochene Want – das Unterwant an der Steuerbordseite – schlug wie eine Peitschenschnur. Wie lange würde der Mast das noch mitmachen?

Der Wind riß mir meine enganliegende Wollmütze vom Kopf und wehte sie in die jagenden Wolken. Im Handumdrehen war ich bis zu den Schultern durchnäßt.

Ich starrte in die abgründige See, und es kam mir zum Bewußtsein, daß meine Schwimmweste unter solchen Umständen völlig sinnlos war. Ich legte sie deshalb ab.

Ehe ich an Deck ging, hatte ich ein dickes Tau um den Leib gebunden, das ich am Handlauf des Kajütaufbaus befestigte. Ich legte mich flach an Deck. Wie mit tastenden Fingern entdeckte der Wind die losen Falten meines Hemds, blähte es vorn auf, riß die Knöpfe ab und schlitzte es im Rücken und an den Seiten auf. Es hing in Fetzen um mich herum. Ich mußte mich gewaltig anstrengen, um flach auf dem Deck liegen zu bleiben. Ich wagte bei diesem Wind weder zu kriechen noch zu sitzen. Wenn ich auch nur einen Augenblick in die Windrichtung sehen wollte, blendete mich sofort die Gischt.

Ich hatte über der Reling vom Bug über die Wanten zum Heck ein Strecktau geschoren. Zwei weitere Strecktaue führten vom Vorpoller an beiden Seiten des Kajütaufbaus zum Ruder. In diese beiden Taue hatte ich alle fünfzig Zentimeter einen Achtknoten geschlagen, an denen ich mich jedesmal festhielt, wenn eine schwere See wirbelnd über Deck wusch.

Ich holte mich an der Leine immer ein paar Zentimeter weiter vor und klammerte mich mit Händen und Füßen daran. Sobald die Wasserstrudel von Deck abliefen und ich mich einen Augenblick freier zu bewegen wagte, machte ich mich von dem Handlauf los und rutschte einen Achtknoten weiter nach vorn. Notgedrungen kam ich nur langsam vorwärts. Auf diese Weise arbeitete ich mich bis zu den Steuerbordwanten vor, um den Bruch zu untersuchen.

Der Mast wurde nur noch durch das Toppwant gehalten, das nicht mehr so steif durchgesetzt war, wie es sein sollte, da sich der Spanner gelockert hatte. Die Belastung war gewaltig. Das konnte unmöglich noch lange gut gehen.

Mit der Hand drehte ich den Spanner, so gut ich konnte, wieder fest. Das eine Want allein konnte es nicht schaffen. Es blieb mir nur eins, um den Mast zu retten: Ich mußte das Fockstag vom Bugbeschlag losmachen und es als Ersatzwant zu den Rüsteisen hinübernehmen.

Als die nächste schwere See über mich weggegangen war, beeilte ich mich, meine Sicherheitsleine zu lösen und sie ein paar Zentimeter weiter festzumachen, um mich auf diese Weise bis zum Bug vorzuarbeiten. Ich bewegte mich langsam und vorsichtig über das ungeschützte Vordeck. Mehr als einmal hätten mich die grünen Wassermassen mit weggespült, wenn ich nicht am Strecktau Halt gefunden hätte. Endlich hatte ich es geschafft. Die Seen grollten enttäuscht, denn sie hatten es auf mich bei meiner Arbeit abgesehen. Ich löste so schnell ich konnte das Vorstag, hielt es eisern fest und kroch damit zu den Wanten zurück.

Ich lag auf dem sturmgepeitschten Deck auf dem Rücken und arbeitete nur mit Händen und Unterarmen. Ich ließ mir Zeit und überlegte sorgfältig jeden Handgriff, ehe ich ihn ausführte. Als ich mit allem fertig war, war die *Pagan* wieder mit vollständigen Wanten ausgerüstet, und mein Herz fühlte sich erleichtert. Das Deck machte dank des sicher befestigten Mastes keinen so trostlosen Eindruck mehr, obwohl es häufiger unter als über dem Wasser war. Nach getaner Arbeit beging ich den großen Fehler aufzustehen, um zu sehen, ob alles wirklich in Ordnung sei. Ein brodelnder Wasserschwall brachte mich von den Beinen und drückte mich gegen den Kajütaufbau und in die Wanten und fegte mich dann über die Reling in die kochende See.

Glücklicherweise hatte ich die Sicherheitsleine noch um den Leib. Die Gewalt der See wirbelte mich kopfüber und zerrte und riß an mir. Die Reling der *Pagan* tauchte unter Wasser. Ich griff in dem strudelnden Schaum hilflos um mich und schloß den Mund fest gegen das eindringende Wasser. Ich befand mich ganz nahe am Schiffsrumpf und schlug einmal über und einmal unter Wasser unbarmherzig dagegen. Da stürzte eine schwere See auf die *Pagan*. Sie kam so steil an, daß sich die *Pagan* nicht über sie wegheben konnte, während der Wasserschwall über mich fast senkrecht wegging. Die *Pagan* hatte sich gerade schwer auf die Seite gelegt, da wurde ich plötzlich von meiner Leine aus dem Wasser gerissen; ich hätte auf dem Rumpf entlanggehen können, wenn es überhaupt möglich gewesen wäre, im Winde aufrecht zu stehen. Ich sah über mir den sich kräuselnden Rand der über mich hereinbrechenden See.

Mein winziges Fahrzeug – zwischen Wind und See gefangen – wurde durch den Aufprall des Brechers auf sein Deck vollkommen unter Wasser gedrückt. Ich war froh, daß ich mich jetzt nicht auf dem ungeschützten Vordeck befand, als diese Tonnen Wassers mit gewaltiger Kraft gegen die Stirnwand des Kajütaufbaus prallten.

Ich mußte reichlich Salzwasser schlucken, als das Schiff mit unwiderstehlicher Gewalt vor der mitleidslosen See hergetrieben wurde. Ich hatte keinerlei Macht über meine Glieder. Die *Pagan* rutschte seitwärts weg und wurde quer zur See geschlagen. Es sah aus, als ob sie jede Minute vollschlagen und sinken wollte.

Ich hatte so hart gekämpft, daß ich schon nach kurzem keine Kraft mehr besaß. Lungen und Magen platzten bald vor Salzwasser, mir wurde schwindelig. Ich gab auf. Ich wußte, ich konnte nicht länger Widerstand leisten, und vor allem – ich wollte es auch nicht mehr. Ich sah die *Pagan* ganz in meiner Nähe, aber ich konnte mich nicht heranziehen. Da ließ ich mich treiben, als ob ich zum Meer gehöre, ich meinte das Locken der Sirenen zu vernehmen.

Der weiße Rumpf der *Pagan* war nur eine Handbreit von mir entfernt. Er erhob sich vor mir wie eine hohe Wand. Wenn ich sie doch berühren und an ihr hochklettern könnte! Ich schloß die Augen und überlegte, was nun wohl folgen würde. Eine besonders schwere See brandete breitseits auf die *Pagan* zu. Ich wurde von ihr an die Reling getrieben und schlug hart dagegen. Das Deck neigte sich mir entgegen. Irgendwie wurde ich darauf an Bord gespült und flog bis an den Kajütaufbau. Die *Pagan* wurde aus dem Wellental emporgehoben und duckte sich vorm Wind.

Es wurde mir sofort bewußt, daß ich wieder an Deck und in Sicherheit war. Ich erinnere mich, daß ich das reichlich geschluckte Seewasser wieder herausbrach und mich mühsam an den harten, nassen Knoten des Strecktaus entlangzog. Das nächste, an das ich mich noch entsinne, war, daß ich den Niedergang hinunterstürzte und irgendwie die Tür hinter mir schloß und dann wie ein Häufchen Elend auf den Kajütboden fiel. Ich fühlte mich zu schwach und erschöpft, um mir noch über irgend etwas Gedanken zu machen. Viele Stunden lang rollte ich auf dem Kajütboden hin und her und schlug gegen die Kojen, wenn die *Pagan* weit überholte. Endlich gelang es mir, in meine Koje zu kriechen und mich darin festzuzurren.

DER MAST GEHT ÜBER BORD

Als ich wieder zu mir kam, war es Tag.

Ich wachte nicht auf, weil ich ausgeschlafen hatte oder weil mir das Tageslicht in die Augen drang. Nicht einmal achtundvierzig Stunden Schlaf hätten mir genügt, und selbst ein Scheinwerfer hätte mich nicht aus meinem bleiernen Schlaf aufrütteln können. Ich wachte auf, weil die *Pagan* sich plötzlich so eigenartig verhielt. Das Schlingern und Stampfen wurde schlimmer denn je. Sie holte nach beiden Seiten über, daß sie jedesmal fast platt auf dem Wasser lag. Man mußte sich wundern, daß ihr Kiel bei dem schweren Stampfen nicht mit einem Ruck wegbrach.

Ich dachte erst, das Boot kenterte durch. Da jedoch alles über mir annähernd dort blieb, wo es von Rechts wegen hingehörte, versuchte ich, eine andere Erklärung zu finden.

Am meisten überraschte mich, daß man gar nichts mehr von dem üblichen Heulen des Sturms in der Takelage hörte. Es war außer dem Glucksen des Wassers in der Bilge, dem Knarren und Schlagen an Deck und dem Rauschen der See kaum noch etwas anderes zu vernehmen.

Dieses bedrückende Zusammenspiel von Stille und Aufruhr beängstigte mich. Ich band mich los und wankte zum Niedergang und mußte mir Mühe geben, nicht gegen das Schott zu fallen. Ich öffnete es etwa eine Handbreit und steckte meinen Kopf hinaus, um zu sehen, was draußen los war. Vor mir breitete sich eine weite Schaumfläche aus, aus der sich steile Wasserkegel erhoben, ohne daß der geringste Luftzug zu verspüren war. Keine Spur von hohen Brechern, nur Wasserberge, die in die Höhe schossen und dann wieder flach in sich zusammenfielen.

Ich wußte sofort, daß ich in das windstille Zentrum des Orkans geraten war, in den inneren Kreis, in dem niedrigster Luftdruck herrscht und um den herum die Winde wirbeln. In diesem teuflischen Zentrum prallten die anrollenden Seen aus den verschiedensten Richtungen zusammen.

Ich finde keine bessere Erklärung dafür, als daß man sich vorstellt, man stehe auf einer Klippe, umgeben von zahllosen Felszacken, die auf ein Zeichen hin flüssig werden und ineinanderfließen.

So weit ich blicken konnte, schossen meterhoch von der Meeresoberfläche große Wasserpyramiden auf. Hier und dort rollten gewaltige Querseen mitten dazwischen, zerstäubten, bildeten sich neu und stürzten wiederum in sich zusammen. Das Deck wurde ständig überflutet. Der Treibanker war nutzlos. Die *Pagan* tanzte nach allen Himmelsrichtungen auf dem Wasser.

Ich wurde seekrank. Dieses entsetzliche Hinauf- und Hinunterschießen des Bootes und die kochende See drehten mir den Magen um. Ich hatte nicht die Kraft, mich noch länger oben aufrechtzuhalten.

Ich stolperte zurück in die Koje und band mich wieder fest. Natürlich wußte ich, daß ich eigentlich aufstehen und die Bilge leerpumpen und das eingeschlagene Bullauge dicht machen müßte, aber mir war zu elend zumute, um auch nur einen Handschlag zu tun. Ich brachte es nicht einmal fertig, mich gegen die ruckartigen Bewegungen des Bootes anzustemmen, sondern hing in den Tauen, mit denen ich mich festgebunden hatte, und trudelte kraftlos hin und her.

Schwindel quälte mich den ganzen Morgen, während mein schönes Fahrzeug aus den Fugen zu gehen drohte. Ich tat kein Auge zu, nicht einen einzigen Augenblick, sondern lag und lauschte auf den Lärm draußen. Vor Sorge war ich übernervös. Was würde mit meinem Boot in diesem unablässigen gewaltsamen Kampf auf Leben und Tod geschehen?

Am frühen Nachmittag hatte uns das Zentrum des Orkans passiert. In der Takelage heulte wieder der Wind. Er kam jetzt von Süden. Brecher wuschen über Deck, und das Wasser schwappte durch das zerbrochene Bullauge herein. Es durchnäßte und erfrischte mich zugleich, so daß ich mich nicht mehr so seekrank fühlte.

Ich lag noch immer festgebunden in meiner Koje. Die Seekrankheit hatte sich etwas gebessert, nachdem sich das Boot wieder gleichmäßiger bewegte. Da durch das eingeschlagene Bullauge ständig Wasser ins Boot lief, stand ich auf und verstopfte die Öffnung mit einer Unterhose. Dabei fiel mir ein, daß ich eigentlich auch gleich an Deck gehen könne, um die provisorische Befestigung des Großbaums am Mast zu kappen und ihn an Deck zu nehmen. Der Großbaum flog am Ende der Dirk hin und her und würde am Ende womöglich in Stücke gehen. Ferner mußte die Bilge lenzgepumpt werden. Als ich mich jedoch daran erinnerte, wie ich kurz zuvor an Deck gerade noch mit dem

Leben davongekommen war, sagte ich mir vernünftigerweise, daß die Gefahr für Großbaum und Bilge weit geringer sei als das Risiko für mein Leben. Ich blieb deshalb lieber in der Sicherheit meiner durchnäßten Koje und zurrte mich noch fester und wartete, wartete und lauschte.

Es kostet das Letzte an Nerven, wenn man sich auf einem kleinen Boot durch einen Orkan quälen muß. Vor allem fühlt man sich diesen unberechenbaren Naturgewalten gegenüber ganz und gar macht- und hilflos. Der Orkan ist der unbestrittene Meister. Selbst ist man nur ein elendes Nichts – ein Stück Korken in einem grenzenlosen Meer.

Es gibt nur eine einzige Möglichkeit, auf einem kleinen Boot den Orkan heil zu überstehen: Man muß sich in der Koje flach auf dem Rücken festlaschen, Bullaugen und Luken verschalken und alles übrige festzurren. Aber wie niederdrückend ist es, ausgestreckt auf der Matratze liegen zu müssen, während man sich fieberhaft fragt, was wohl auf dem Schiff vor sich geht! Die ganze Zeit befürchtet man, daß irgendwo ein Leck entsteht oder etwas repariert werden müsse. Natürlich ist es eine übermenschliche Aufgabe, das ganze Schiff ständig zu kontrollieren. Der Gedanke, alles an Deck überwachen zu wollen, ist einfach grotesk, vollkommen grotesk. Daher verbrachte ich diese endlosen Stunden durchgerüttelt in meiner Koje und . . . wartete, wartete und versuchte mir das Schicksal der *Pagan* auszumalen.

Gerade weil die *Pagan* schon so alt war und ihre beschädigten Plankengänge noch nicht erneuert werden konnten, lauschte ich um so besorgter auf alles, was um mich vorging. Sie war sicherlich schon zu alt, um einen Orkan überstehen zu können. Diese Befürchtung ließ mich nicht mehr los. Auch mein Schlauchboot machte mir große Sorge.

Seit Beginn des Orkans schleppte es achteraus. Als ich zuletzt an Deck war, sah ich kurz, wie es in quirlendem Schaum schwerfällig hin- und hergeworfen wurde. Aber das war schon lange Zeit her – damals während der Windstille, als ich seekrank war. Hoffentlich war es überhaupt noch da! Sonst war ich verloren, wenn es zum Schlimmsten kommen sollte! Ich wollte spontan an Deck gehen und nachsehen, aber dann schien es mir doch nicht des Einsatzes wert zu sein. Im äußersten Notfall müßte ich mich sowieso mit den Tatsachen abfinden. Sollte es dann nicht mehr da sein, war es eben aus!

Ich weiß nicht, wie viele Stunden ich festgebunden in der Koje auf ein Zeichen wartete, daß der Sturm endlich nachließ. Es wurde Nacht darüber, und die endlosen Stunden des Wartens wollten nicht vergehen. Der Orkan tobte bereits über vierundzwanzig Stunden – bald würden es dreißig sein. Ununterbrochen die gleichen heftigen Erschütterungen des Bootes, das gleiche Heulen des Windes, das gleiche Brüllen der brechenden Seen, ständig das Gurgeln des Wassers in der vollen Bilge und das Klappern der Dinge, die sich von ihren angestammten Plätzen gelöst hatten.

In den frühen Morgenstunden des 7. September – zwei Tage nach dem Sturm – traf mich der härteste Schlag. Zum ersten Mal wurde mir bewußt, daß etwas abhanden gekommen sein müsse, als die *Pagan* quer zur See geschlagen wurde und nicht in den Wind kommen wollte. Schwere Seen wuchteten gegen die Schiffsseite und wuschen rauschend quer übers Deck hinweg. Vor jedem Brecher schlidderte sie nach Lee wie ein Betrunkener, ächzte laut in allen Verbänden und holte mehr als gewöhnlich über. Unmöglich konnte mein Boot diese Überbeanspruchung lange Zeit durchstehen.

Ich band mich los und wagte einen Blick nach draußen. Es war noch das gleiche Chaos wie zuvor: Die See war voll weißer Kämme, von denen sich lange Schaumstreifen lösten; schwere Brecher rollten über Deck und ganze Ladungen von Gischt spritzten mir um die Ohren. Die *Pagan* gierte wild und war ein Spielball des Windes und der durcheinanderlaufenden See.

Ich wußte ohne hinzusehen, daß der Treibanker verlorengegangen war. Offenbar war die Trosse am Wasserstag durchgescheuert. Ich überlegte, ob ich keinen Ersatz dafür hätte. Mein Boot mußte irgendwie dazu gebracht werden, mit der Nase wieder in den Wind zu kommen. Das war nur mit einem Treibanker möglich. Solange die *Pagan* derartig unheimlich rollte und stampfte, ließ sich beim besten Willen kein neuer anfertigen, und – was noch schlimmer war – es blieb nicht einmal mehr die Zeit dazu. Noch eine Stunde, und die *Pagan* würde wahrscheinlich auseinanderbrechen. Wie zur Bestätigung meiner Ansicht tat ein daherdonnernder Brecher mit einer weißen Gischtmähne das seinige, er rollte die *Pagan* platt auf die Seite. Jetzt hieß es handeln!

Mein primitiver Anker lag in der Kajüte. Wenn ich ihn über Bord würfe und ihn eine Kettenlänge auslaufen ließe, sollte er wohl genug Widerstand im Wasser bilden, um die *Pagan* mit dem Bug im Wind zu halten. Es lohnte sich, es zu wagen. Ich versuchte, ihn tastend im Dunkeln zu finden. Als ich ihn zu fassen bekam, umwickelte ich ihn mit dem Klüver und verschnürte ihn mit der Schot. An den Ankerarmen befestigte ich meine Schwimmweste, damit der Anker nicht untersinken konnte. Dann mühte ich mich, ihn vom Niedergang aus außenbords zu werfen.

Der Entschluß, hinaus an Deck zu gehen, war mir sehr schwergefallen. Aber es mußte sein. Irgendwie hatte ich den Anker bis ins Cockpit geschleppt und hockte nun zusammengekauert neben ihm. Bei dem Wind lagen wir hart über. Schließlich wagte ich es und warf ihn über Bord. Ich beobachtete – mit den Augen eben über dem Cockpit-Süll –, wie er im Wasser trieb. Ich mußte jetzt die Leine am Bug festmachen. Eine bange Minute lang wartete ich, bis ich mich auf das ungeschützte Deck wagte. Auf allen vieren kroch ich nach vorne. Ich mußte sehr vorsichtig sein. Das Steuerbordschanzkleid war von der See weggeschlagen worden. Ich hätte mich daher nirgendwo festhalten können, wenn ich über Bord gespült worden wäre. Zwar hatte ich meine Sicherheitsleine stets an irgendeinem festen Schiffsteil belegt. Außerdem klammerte ich mich an das mit Knoten versehene Strecktau, das über Deck gespannt war, aber die Gefahr war dennoch sehr groß.

Ich hatte Angst, daß mich schwere Seen hochheben würden, wenn sie über das Schandeck rollten, und mich der Orkan in die Finger bekäme und über Bord stoßen würde. Ich gelangte jedoch sicher bis zum Vorsteven und machte dort meine eigene Sicherheitsleine am Poller fest. Ich verband den Tampen der Ankerleine schnell mittels eines Palsteks mit dem aus dem Kettenkasten hervorgezogenen Ende der Ankerkette. Mit aller gebotenen Vorsicht kroch ich darauf in meine Kajüte zurück. Die *Pagan* gierte stark. Wenn der Anker langsamer durch das Wasser trieb als das Boot, würde er den Bug im Wind halten können. Ich hoffte sehr, daß die *Pagan* bald darauf reagierte.

Aber gerade in diesem Augenblick traf sie der schlimmste Schlag – eine Bö raste geradewegs auf sie zu. Riesige Wasserberge gingen unbarmherzig bis zur Höhe der Bullaugen quer über sie weg. Sie legte sich ganz auf die Seite und ächzte so laut, daß es sogar den Sturm übertönte. Ich floh in äußerster Angst nach unten.

Ein neuer schwerer Brecher traf sie schlimmer als alle bisherigen. Einen Augenblick lang wurde die Bordwand für mich zum Fußboden. Das Krachen und Klirren des losgerissenen Geschirrs erfüllte die dunkle, enge Kajüte. Ehe sich meine kleine Welt wieder erholen konnte, erzitterte sie bereits unter einem erneuten Anprall. Einen Augenblick später kam der nächste. Diesmal ergoß sich die See von Steuerbord über das Achterschiff. Das Boot hatte durch die Gewalt der Seen eine halbe Drehung gemacht. Meine Nerven wurden durch das Krachen von splitterndem Holz auf die Folter gespannt. Ich erstarrte vor Angst. Der Mast! Ich fühlte an dem Verhalten des schwer getroffenen Bootes, daß er gebrochen sein mußte.

Ich wußte nur zu genau, was es bedeutete, wenn der zehn Meter hohe Mast gebrochen war. Hilflos stolperte ich an den Niedergang. Etwas Schweres hämmerte auf das Deck. Die *Pagan* war wieder von einer schweren See getroffen worden. In diesem Augenblick sprangen mit unglaublicher Geschwindigkeit die kleinen Schwingtüren auf, und eine graue Wand tat sich vor mir auf. Sturzartig schossen dunkle Wassermassen auf mich zu. Im Nu wurde ich kopfüber-kopfunter, wie mit einem Schmiedehammer, durch die ganze Kajüte gewaschen. Als ich wieder zu mir kam, befand ich mich unter dem Vordeck, bis zur Hüfte im quirlenden Wasser und völlig im Dunkeln.

Vor mir war der unter Deck befindliche Teil des Mastes. Auf seiner einen Seite lagen meine Matratze und meine Wolldecken, die die plötzlich eindringende Flut dagegen gespült hatte, auf der anderen die dort aufgestapelten Segel. Ein Dreiundsechzig-Liter-Wasserfaß war mir gegen den Bauch gerollt, nachdem es sich aus seiner Zurring gelöst hatte. Es hatte mich völlig eingekeilt. Es war mir unmöglich, es wegzustoßen. Das auf- und abwogende, knietiefe Wasser trieb es entweder gegen den Mast oder gegen meine Brust. Praktisch lag es mir in beiden Fällen im Schoß. Sobald die *Pagan* stampfte und den Bug tief wegsteckte, schoß der Wasserschwall mir entgegen, warf mich zu Boden und überflutete mich.

Als ein neuer Brecher über das Heck fegte, drang noch mehr Wasser über den Niedergang ein. Es stieg mir schon bis zur Brust und schwappte unheimlich schnell in dem engen Kajütraum hin und her. Es schlug mich immer häufiger zu Boden; mir blieb in den Zwischenzeiten kaum eine Atempause, um mich wieder aufzurichten.

Ich kam mir wie in einem nassen Grab vor; es war grauenhaft. Draußen war die freie See, in der man ertrinken konnte; ich aber mußte im engen, dunklen Innern meines kleinen Bootes den nassen Tod finden. Ich kämpfte darum, wenigstens an Deck zu gelangen, erschien es mir doch besser, von den Seen davongetragen zu werden, als hier – Hunderte von Meilen von der sicheren Küste entfernt – unter den Balken des Kajütdachs elendiglich umzukommen.

Glücklicherweise änderte das Faß seine Lage, und es gelang mir endlich hervorzukriechen und mir aus der Vorpiek einen Weg zu erkämpfen. In meiner Kajüte herrschte das Chaos. Ich stand bis über die Oberschenkel im Wasser. Dreiviertel der Ausrüstung hatte sich losgerissen. Die Spindtüren standen offen. Ihr Inhalt schwamm im Salzwasser. Die Spinde selbst wurden durch das hin- und herschwappende Wasser bedroht, so daß nicht viel daran fehlte, daß sie sich aus ihren Befestigungen lösten.

Ich bahnte mir einen Weg durch dieses chaotische Durcheinander und kletterte in das bis zum Rand unter Wasser stehende Cockpit. Das Cockpit-Süll war weggerissen worden. Wenn man sich duckte, bot die Plicht noch einigermaßen Windschutz. Durch den Schleppwiderstand des Ankers wurde die *Pagan* ganz gut gegen die See gehalten. Ich fühlte es an der Art, wie sie sich vorn hob und senkte.

Der Mast war gebrochen; daran ließ sich nichts mehr ändern. Ich sah, wie er sich zerborsten vom dunklen Himmel abhob, ich fühlte, wie er beinahe die Planken herausriß, mit denen die Rüsteisen der Wanten verbolzt waren, und ich konnte hören, wie er auf das Vordeck schlug. Jedes Stampfen, jedes Rollen bedrohte mein Boot lebensgefährlich. Ich konnte von dem überfluteten Cockpit aus alles beobachten und sah auch, daß mir nichts anderes übrigblieb, als die Wanten zu kappen und den Mast über Bord zu werfen.

Mit einer kleinen Axt arbeitete ich mich auf dem Bauch nach vorne. Auf dem Rücken liegend hieb ich auf die einmal losen und dann wieder steifkommenden Wanten ein. Schließlich hatte ich eine durchgeschlagen; sie schnellte mit einem singenden Ton ins Dunkle. Darauf machte ich mich an die zweite. Wegen der ruckweisen Belastung durch den wild hin- und herschlagenden Mast wäre sie über kurz oder lang ohnehin gerissen. Sie sprang ganz plötzlich ab. Der hohe, schwere Mast fiel nach Lee und klatschte aufs Wasser.

Mein kleines Fahrzeug lag ohne Mast viel besser auf dem Wasser und hatte auch nicht mehr so unter dem Wind zu leiden. Es schlug nicht länger in die Seen, sondern hob sich mit ihnen. Ich kroch an die Kajütwand gedrückt zurück ins Cockpit.

Meine Kajüte glich einem Tümpel. Das Boot war dem Sinken gefährlich nahe. Das Wasser stand mir bis zur Hüfte. Die *Pagan* wurde nur durch das wasserdichte Schott davor bewahrt, nicht mit dem Bug oder Heck voran wegzusacken, wenn das Wasser bei jedem Senken und Heben des Bugs vor- und zurückflutete. Ich mußte sie lenzpumpen, ehe noch mehr Wasser eindrang.

Aber wie sollte ich an die Pumpe herankommen? Sie befand sich hinter der Kajüte und war am Kajütaufbau befestigt. Die Gefahr war mir zu groß, mich dort aufzuhalten. Trotz alledem mußte das Wasser aus dem Schiff.

Es gab nur noch einen Ausweg: die Pütz. Ich ließ mich hinunter in das hüfthohe, quirlende Wasser und fischte so lange darin herum, bis ich sie erwischt hatte. Dann begann ich mit dem mühseligen Ausschöpfen. Dabei stemmte ich mich gegen die Decksbalken oder klammerte mich krampfhaft an die Niedergangstreppe. Ich schöpfte so lange, bis mir schwindelig wurde, und selbst dann gab es kein Aufhören.

Mit wachsender Erschöpfung wurde ich von neuem seekrank. Erst nach stundenlangem Wasserschöpfen wurden die Bodenbretter wieder sichtbar. Zwischendurch dichtete ich die Bullaugen ab, durch die Ströme von Wasser eindrangen, und versuchte etwas von den durchnäßten Ausrüstungsgegenständen in eine trockene Ecke zu retten.

Gerade als ich meine durchnäßte Matratze in die Koje geschafft hatte und mich todmüde darauf fallen lassen wollte, hob sich der Kajütboden in beängstigender Weise, da die *Pagan* von einer Wassermauer wie toll herumgewirbelt wurde. Sie wurde aus dem Kurs geworfen und lag schließlich mit dem Heck zu den anrollenden Seen. Gegen die Deckenbalken gestemmt beobachtete ich, wie das Wasser erneut auf etwa fünfundzwanzig Zentimeter über dem Kajütfußboden anstieg. Das war bei meiner Erschöpfung ein niederschmetternder Anblick, denn es bedeutete eine weitere qualvolle Stunde Wasserschöpfen.

Da bedrängte die *Pagan* schon wieder ein neuer Brecher, durch den noch mehr Wasser durch den Niedergang hereinrauschte. Ich rettete mich in das bis zum Überfließen volle Cockpit, das wenigstens etwas Windschutz bot. Von dort wäre ich beinahe wieder in die Kajüte zurückgeschwemmt worden, als sich ein dritter Wasserschwall über das Heck ergoß. Darauf wurde die *Pagan* quer zur See geschlagen und schien allmählich in den Wind zurückzudrehen.

Da ich unten in der Kajüte beim Wasserschöpfen sicherer war, als wenn ich draußen im Cockpit saß, ließ ich mich wieder in den überschwemmten Raum hinab und fischte nach meiner Pütz. Unermüdlich füllte ich sie Stunde um Stunde und goß das Wasser über Bord. Ich arbeitete mechanisch, ohne recht zu wissen, was ich tat. Ich schöpfte nur und schöpfte, blindlings und abgestumpft. Es war mir alles gleichgültig. Ich warf wahllos über Bord, was mir gerade in die Hand kam: meine Matratze, meine Wolldecken, mein Werkzeug, das Geschirr, die Konservendosen, die Kokosnüsse, meine Kleidung, die Wasserfässer, die Segel – alles ging über Bord, was mich beim Wasserschöpfen störte.

Hüfttief im Wasser stehend kämpfte ich um mein Leben. Vielleicht konnte ich es retten, wenn ich mein Boot leichter machte. Ich erwartete jeden Augenblick, daß die *Pagan* mit dem Heck voran untergehen würde. Ich tat mein möglichstes, um sie leichter zu machen, ehe vielleicht neue Seen über sie weggehen würden. Ich schüttete alles über Bord, was in meine Pütz hineingeriet, und schöpfte, bis ich fast nicht einmal den leeren Eimer mehr heben konnte.

Als es mir endlich unmöglich war, noch irgendeinen Gedanken zu fassen oder irgendwelchen Hoffnungen nachzuhängen – immerhin hatte ich schon zwei Tage weder geschlafen, noch etwas gegessen oder getrunken –, ließ ich mich erschöpft auf die nackten Bretter meiner Koje fallen und schlief unmittelbar so, wie ich lag, ein. Ich hatte keine Kraft mehr, mich anzuleinen.

Ich war sterbensmüde und ganz erstarrt und elend. Ich legte mein Schicksal in *Pagans* Hände. Es drang nichts mehr bis zu meinem Bewußtsein vor. Als ich wieder erwachte, wußte ich nicht einmal, wann der Orkan aufgehört hatte – es mochte eine Stunde her sein, vielleicht auch einen halben, ja sogar einen ganzen Tag. Ich vermag es nicht zu sagen. Ich weiß nur, daß ich mich aufrichtete und daß es merkwürdig still war und die *Pagan* viel weniger rollte als schon seit Tagen. Sie hob und senkte sich auf einer leichten Dünung. Draußen war es grauverhangen, aber ruhig.

NOTSEGEL

Nachdem ich noch während des Orkans auf den Brettern meiner Koje zusammengesunken war, waren vierundzwanzig Stunden vergangen. Ich war nur einmal während der Nacht ein paar Stunden auf, um einen halben Meter Wasser aus der Kajüte zu schöpfen. Was mich geweckt hatte, weiß ich nicht, denn ich hatte keine Ahnung, daß mein Boot ein Leck hatte. Ich nahm vielmehr an, daß das Wasser in der Kajüte, während ich schlief, von draußen hereingewaschen worden war. Draußen war jedoch alles still. Es gab keine hohen Wellen mehr, die über Bord fegen konnten. Leider war ich zu müde, viel zu müde, um imstande zu sein, darüber nachzudenken. Ich sank sofort auf meine harten, nassen Kojenbretter zurück, bis das steigende Wasser mich wiederum aus tiefem Schlaf riß.

Es tagte schon, und ich war etwas ausgeruht. Zum ersten Mal seit dem Sturm ging ich wieder an Deck, um die Bilge lenzzupumpen und nach meinem Boot zu sehen.

Die *Pagan* lag in einer Totenflaute. Unter ihr wogte als Ausläufer des Sturms eine lange Dünung. Der Himmel war blau und friedlich.

Sorgenvoll stand ich da und schaute mich um.

Das Boot war ein Mahnmal des Chaos. Wenn ein Schiff den Mast verliert, sieht es nackt und kahl aus, aber wenn es außerdem wie die *Pagan* völlig zerschmettert und zerschlagen ist, dann ist es für den Seemann ein erschütternder Anblick. Ich ging zum Bug und blickte über das narbenbedeckte, kleine Geisterschiff. Es knarrte und ratterte nicht mehr in der Takelage und im Mast, denn Takelage und Mast standen nicht mehr, sondern lagen längsseits im Wasser.

Das Bugspriet war verschwunden; es war am Vorsteven gebrochen. Vom Schanzkleid war kaum etwas übriggeblieben – nur Splitter und Stümpfe. Die Decksbespannung hatte sich in Fetzen losgerissen. Am unheimlichsten sah der geborstene Maststumpf aus. Er war nur noch etwa dreißig Zentimeter hoch. Von den Bullaugen war nur eins heil geblieben, alle übrigen hatte ich mit dem verschiedenartigsten Zeug abgedichtet.

Achtern war das Cockpit-Süll verschwunden. Von den Türflügeln des Niedergangs war nichts mehr zu sehen. Die Pinne war gebrochen. Der Großbaum hatte, als er am Ende der Dirk hin- und hergeschleudert wurde, den Ausleger weggerissen. Am sichtbarsten war der Schaden, den der Orkan angerichtet hatte, an dem wirren Durcheinander der Takelage, die im klaren Wasser schwamm. Sie hing an Backbord herunter und hatte sich um den Mast, den zerbrochenen Baum, das Bugspriet und die Splitter des Auslegers gewunden.

Trotz alledem hatte die *Pagan* Sturm und Bedrängnis überstanden. Ich war stolz darauf und versuchte die Ausmaße des Schadens, wenn auch ohne rechte Überzeugung, zu beschönigen.

Mein kleines Schlauchboot schwamm noch immer achtern hinterher. Es war zum Teil voll Wasser. Ich stellte später fest, daß aus der einen Kammer die Luft heraus war, wahrscheinlich eine Folge der wiederholten Zusammenstöße mit dem Großbaum.

Das Schiffsinnere glich einem Augiasstall. Alle möglichen Ausrüstungsgegenstände, die ich zuvor in sicheren Ecken verstaut hatte, in denen sie nur die feindliche See aufstöbern konnte, lagen wirr durcheinander. Es war ein grauenhafter Anblick. Selbst eine ganze Kolonne von Reinemachefrauen hätte davor kapituliert. Werkzeuge, Kleidungsstücke, Ölkannen, lose Enden, weggerissene Teile der Inneneinrichtung, Bettzeug, Schuhe, zersplittertes Holz – alles lag ineinander verfilzt da, wo es der Kampf mit dem Orkan zurückgelassen hatte.

Meine Hauptsorge war, die *Pagan* so schnell wie möglich wieder unter Segel zu bekommen. Ehe ich mich jedoch an die Arbeit machte, mußte ich erst einmal für meinen hungrigen Magen sorgen. Ich hatte drei Tage und drei Nächte nichts gegessen und war mordshungrig. In all dem Durcheinander fand ich eine kleine Büchse Tomaten und eine Kokosnuß, die ich mit dem Beil aufschlug. Nachdem ich alles aufgegessen hatte, sah ich mich nach Wasser um.

Ich mußte sehr bald entsetzt feststellen, daß die Spundzapfen aus meinen Wasserfässern herausgesprungen waren, so daß das Wasser entweder ausgeflossen oder verunreinigt worden war. An Steuerbord war unter den Decksbalken ein kleines Wasserfaß für besondere Notfälle festgelascht – es enthielt achtzehn Liter. Mehr Wasser hatte ich nicht mehr an Bord. „Reichlich“, dachte ich und nahm einen tiefen Schluck. Damit würde ich bis Samoa auskommen, wenn ich aus dem Sumpf meiner Kabine zusätzlich Kokosnüsse und andere saftige Früchte herausfischen würde.

Ich ging an Deck und machte mich verzweifelt an die Arbeit, die

Pagan mit Notmasten und Notbesegelung zu versehen. Das schien mir im Augenblick das wichtigste zu sein. Wenn die *Pagan* erst einmal wieder Segel gesetzt hatte und vorm Wind lief, war Zeit genug, um unten aufzuräumen und nachzusehen, was noch an Lebensmitteln, Wasser und so weiter vorhanden war. Jetzt interessierte mich vor allem, daß ich mich nach meiner letzten Positionsberechnung vor dem Sturm irgendwo auf der einsamen Strecke zwischen den Cook-Inseln und Samoa befunden hatte. Es würde nicht schwer sein, den Standort genau festzustellen, wenn ich erst meine Navigationsinstrumente gefunden und meine Beobachtung gemacht hatte. Ehe noch die Sonne hoch am Himmel stand, hatte ich den Mast an Bord gezogen und ihn schräg über dem Vordeck festgelascht. Ich wollte ihn so bis Samoa mitnehmen, wo er wieder aufgerichtet werden sollte, ehe ich die Reise fortsetzen würde.

Ich konnte natürlich diesen schweren, zehn Meter langen Mast nicht allein wieder aufstellen. Ich erwog daher, drei Meter abzusägen und ihn dann verkürzt aufzurichten. Ich wußte jedoch, daß ich leider selbst dann noch nicht ohne fremde Hilfe damit fertig werden würde. Ich blickte mich überall um und strengte meine Phantasie an, um unter dem wildverstreuten Holz einen passenden Ersatz für ihn zu finden.

Die größere Hälfte des Baums könnte dafür in Frage kommen. Ich fischte ihn heraus und schnitt ihn für einen verkürzten Großmast zurecht. Er war nicht lang, höchstens fünf Meter noch. Aber ich hatte nichts anderes. Ich plante – der Gedanke war mir beim Herumlaufen an Deck gekommen –, die *Pagan* als Yawl, das heißt als einen Anderthalbmaster, zu riggen. Wäre sie als Yawl geriggt, hätte sie eine gute Segelfläche und wäre leicht zu manövrieren. Es fehlte mir außerdem etwas, woran ich ein Vorsegel hätte setzen können. Ich nahm daher den Rest des alten Bugspriets weg und setzte dann die größere Hälfte davon wieder ein, allerdings ohne Wasserstag. Für das neue stehende Gut benutzte ich die alten Wanten, die ich verkürzt hatte. Ich sägte vor dem Stumpf des abgebrochenen Masts ein Loch ins Deck und glättete die Vorderseite des Stumpfs mit der Axt. Genauso verfuhr ich mit der Rückseite des Notmasts und verband beide mit zwei starken Bolzen und einer kräftigen Lasching. Dann verkeilte ich den neuen Mast fest in dem Loch im Deck. Mit den geretteten Wantenspannern setzte ich das stehende Gut steif. Auf diese Weise erhielt ich aus dem beschädigten Baum einen vier Meter hohen Mast, der ein drei Meter hohes Notsegel tragen konnte. Bis zum Mittag war ich mit allem fertig.

Jetzt erst entdeckte ich, daß die *Pagan* leck war. Die Bilge hatte sich seit dem frühen Morgen wieder gefüllt. Das bewies selbst einem Grünschnabel, daß ein Leck vorhanden sein mußte. Ich suchte eine ganze Stunde danach. Schließlich kam ich zu der Überzeugung, daß das Leck irgendwo unter der Zementfüllung der Bilge sein müsse, und zwar an einer Stelle, zu der ich keinen Zugang hatte. Es blieb mir daher nichts übrig, als die Bilge stündlich zu lenzen und zu hoffen, daß das Leck nicht noch größer würde.

Während des ganzen Nachmittags schnitt ich aus meinem zerfetzten Großsegel kleine Segel zurecht und nähte sie zusammen. Für den Großmast fertigte ich ein drei Meter hohes und am Fußliek zwei Meter langes Trysegel an. Es wurde mittels eines Blocks am früheren Großbaumbeschlag gesetzt und das Fall am Fockleitwagen belegt. Als Rutscher dienten um den Mast gespleißte Enden von einzölligem Tauwerk. Ich nähte jeden Ring am Vorliek fest. Dieses Segel hatte ein loses Fußliek und wurde an einem Bootsriemen ausgeholt, den ich als Notgroßbaum zurechtschnitt.

Von Zeit zu Zeit pumpte ich etwa fünfundfünfzig Liter Wasser aus der Bilge, das stündlich nachlief. Dabei suchte ich den ganzen Horizont nach einem Schiff ab. Ich fürchtete, daß mir dieses stündliche Pumpen auf die Dauer sehr schwer fallen würde. Da ich jedoch unter der Voraussetzung, daß mich der Orkan nicht zu sehr versetzt hatte, nach meiner ungefähren Berechnung nur noch vierhundert Meilen von Samoa entfernt war, hoffte ich, es einigermaßen durchhalten zu können.

Notfock und -klüver waren sehr viel kleiner als das Großsegel. Sie sahen wie Kissenbezüge aus. Die Fockschot belegte ich an Püttings und den Klüver am Vorschiffspoller. Bei eintretender Dunkelheit hatte ich drei Segel oben. Gelegentlich zeigten sich einige Blasen im Kielwasser. Ich laschte die zerbrochene Pinne und ging auf Westkurs, den ich nach den Sternen festlegte. Mein Kompaß hatte sich bisher noch nicht wieder eingefunden. Ich machte mir jedoch keine Sorge darum, da ich wußte, er mußte irgendwo in dem allgemeinen Durcheinander sein. Im Augenblick war es das wichtigste, daß die Segel gesetzt waren und wir vorankamen.

Es wurde dunkel. Ich pumpte die Bilge mit hundert schnellen Schlägen leer. Nachdem ich in dem heillosen Durcheinander in der Kajüte alles durchgestöbert hatte, fand ich schließlich eine Büchse Erbsen. Es war meine erste Mahlzeit seit Morgengrauen, da ich bisher zu beschäftigt gewesen war.

Nach dem Essen ging ich wieder an Deck. Es war inzwischen Nacht geworden. Ich saß stundenlang auf dem Kajütdach und hielt Ausschau in die vier Himmelsrichtungen. Damit ich notfalls ein Signal geben könnte, hielt ich die Taschenlampe ständig in der Hand. Erst zu später Stunde warf ich mich auf meinen „Strohsack“, das heißt auf die nackten, harten Bretter meiner Koje. Ich schlief, in die einzige Wolldecke eingewickelt, die ich damals in meiner Aufregung nicht über Bord geworfen hatte, und hoffte, daß ich auf diesem Notlager bis Samoa aushalten würde.

Kaum graute der Tag, war ich auch schon wieder an Deck und schnitt meinen letzten Riemen zu einer Art Treibermast zurecht. Als Baum diente ein Dweilstiel. Er mußte an dem zersplitterten Rest des Auslegers aufgestellt werden, damit ich die Schot des neuen Segels belegen konnte. Als stehendes Gut verwandte ich Tau.

Gegen Mittag war die Treiberschot belegt, und der Treiber begann zu arbeiten. Die *Pagan* war aus einem Kutter zu einer Yawl geworden und quälte sich vor dem Wind mit einer Geschwindigkeit von etwa einem Knoten voran. Ich ließ sie vorläufig „Volldampf voraus“ auf ihrem westlichen Kurs nach Samoa laufen. Meine nächste Aufgabe war es, die Kajüte aufzuräumen und nachzusehen, wieviel Lebensmittel und Wasser ich noch besaß. Ich suchte zunächst nach meinen Navigationsinstrumenten, um meinen Schiffsort ungefähr feststellen zu können.

Noch ehe ich am Nachmittag mit dem Aufräumen fertig war, waren mir die letzten Illusionen genommen worden. Ich war so erschüttert darüber, daß ich nachts stundenlang wach lag. Meine sämtlichen Navigationsinstrumente waren verlorengegangen, selbst der Kompaß war verschwunden. Außerdem besaß ich praktisch keine Lebensmittel mehr und nur noch achtzehn Liter Frischwasser in dem kleinen Fäßchen, das für den äußersten Notfall bestimmt war. Dazu kam ein Liter Wasser, den ich für die Batterie beiseitegestellt hatte.

Ich hatte die paar armseligen Lebensmittel, die sich angefunden hatten, nebeneinander auf meine Koje gelegt: eine Flasche Ketchup, zwei Lebensmittelkonserven ohne Etiketten und eine Kokosnuß. Das war der ganze Inhalt meiner Speisekammer!

Ich erinnerte mich wohl, daß ich in meiner Aufregung während des Orkans viele Dinge, darunter auch Lebensmittel, über Bord geworfen hatte, um das Schiff möglichst schnell leichter zu machen. Ich war mir aber natürlich nicht bewußt geworden, daß ich damals so vollständig unter meinen Eßvorräten aufgeräumt hatte. Mir war leider nicht der

Gedanke gekommen, daß meine Gläser und Flaschen, die meine Hauptnahrungsmittel enthielten, kaputt gegangen sein könnten und sich ihr Inhalt mit Seewasser vermischt hatte. Meine Verzweiflung war so groß, daß ich mir im Augenblick gar nicht die möglichen und wahrscheinlichen Folgen meines unsinnigen Vorgehens auszumalen wagte.

Neben meinen kümmerlichen Lebensmittelvorräten lag mein Sextant, oder richtiger das, was noch von ihm übriggeblieben war. Früher war es ein hochwertiges Präzisionsinstrument gewesen, während man es jetzt nur noch als verbogenes Altmaterial ansprechen konnte. Der große Spiegel war vollständig abgebrochen. Das Teleskop war nicht mehr vorhanden. Die Alhidade war in einem haarsträubenden Winkel verbogen und so verklemmt, daß sie sich nicht mehr bewegen ließ. Auch der Gradbogen war so zerbeult, daß gar nicht mehr daran zu denken war, ihn mit den vorhandenen Werkzeugen wieder in Ordnung zu bringen.

Dicht daneben lagen die Reste meines Kompasses. Das Glas war kaputt, und die wertvolle Flüssigkeit ausgeflossen. Alle inneren Teile waren in dem Durcheinander in der Kajüte verlorengegangen.

Obwohl ich den ganzen Tag danach suchte, fand ich keine Seekarte wieder, keine Segelanweisungen, keine Leuchtfeuerverzeichnisse, ja nicht einmal mein Logbuch, das ich während der ganzen Reise so sorgfältig gehütet hatte. Diese Dinge hatten immer in dem Kartenfach neben meiner Koje gelegen. Als sich die Kajüte mit Wasser füllte, waren sie mit weggespült worden.

Während des Aufräumens stellte ich fest, daß das Boot im Innern stark beschädigt war. Die Eisbox, die Schränke, die Kombüseneinrichtung, der Ausguß, das Kartengestell, die Niedergangstreppe und die Fußbodenbretter waren losgerissen. Es lag sehr viel zersplittertes Holz umher. Die Gewalt des hin- und herschwappenden Wassers hatte die gesamte fest eingebaute Inneneinrichtung mit Ausnahme meiner Koje zertrümmert. Nur wenig war heil geblieben. Hoch oben an der Stirnwand des Kajütaufbaues war ein kleiner, länglicher Wandschrank eingebaut. Er war allein von allem trocken geblieben. Ich hatte darin zwanzig Schachteln Zigaretten aufbewahrt, die ich Marys Vater schenken wollte, und außerdem Streichhölzer und meine Navigationstaschenuhr. Die Zigaretten nützten mir nichts, da ich niemals geraucht habe. Steuerbords, in der Nähe dieses kleinen Wandschrankes, am wasserdichten Schott, gerade unter den Bullaugen, hing noch mein Büchergestell; die Buchseiten waren schmutzig und verklebt und die Einbände verdorben.

Angst und Besorgnis ergriff mich. Ich versuchte, mir Rat suchend, alle seemännischen Verhaltensmaßregeln für Schiffbrüchige, die ohne Nahrung auf See herumtreiben, ins Gedächtnis zu rufen. Während des Krieges war ich einmal gezwungen gewesen, kurze Zeit im Rettungsboot zuzubringen. Aber das ließ sich gar nicht mit meiner heutigen Lage vergleichen. Damals war ich nicht allein, sondern zusammen mit zwanzig anderen. Außerdem hatten wir die vom Gesetz vorgeschriebenen Lebensmittel- und Wasserrationen mit, die vom Skipper an uns ausgegeben wurden. Auch unsere Offiziere befanden sich unter uns. Ihre vielen goldenen Ärmelstreifen hätten es mit jedem Teufel aufgenommen, was bestimmt beruhigend auf uns wirkte. Vor allem wußten wir, daß wir auf jeden Fall gerettet würden. Armee und Marine suchten uns. Wir waren daher durchaus guter Dinge, neckten die Haie und bedauerten, daß wir sie nicht füttern konnten.

In dieser Nacht stellte ich einen genauen Verpflegungsplan auf, den ich bis ins letzte befolgen wollte. Lebensmittel und Wasservorräte mußten sorgfältig rationiert werden. Ich war für einen halben Liter Wasser pro Tag und ein paar Krümel von meinen kümmerlichen Lebensmitteln, damit der Hunger nicht gar so sehr in mir nagte. Da Samoa ganz nahe war, konnte es wohl nicht allzu schlimm werden. Ich mußte mit zwei Wochen äußerster Einschränkung rechnen, dann aber würde ich im sicheren Hafen sein und mein Boot mit allen Schikanen für den Rest der Reise wieder seetüchtig machen. Wir schrieben den 9. September – fünf Tage nach Beginn des Orkans.

Ich war mehr oder minder schiffbrüchig – das ließ sich nicht abstreiten. Vor fünf Tagen hatte ich mich – soweit ich mich noch erinnerte – auf 13° 21′ südlicher Breite und 162° 40′ westlicher Länge befunden. Ich war damals nur einen Kanonenschuß von den Suvarov-Inseln entfernt gewesen, flachen, beinahe gänzlich unfruchtbaren und unbewohnten Korallenriffen. Nach langwierigen Berechnungen kam ich zu der Ansicht, daß ich mich zur Zeit südwestlich der Suvarovs befinden müsse. Leider war ich andererseits nicht so nahe, daß sich die Mühe gelohnt hätte, das Wagnis auf sich zu nehmen, sie unter Zeitverlust ausfindig zu machen. „Besser, sie links liegen lassen“, dachte ich, „und sicher gehen, indem ich weiter nach Westen auf Samoa zusteuere.“

Die Entfernung bis Samoa mußte schätzungsweise vierhundert Seemeilen betragen, vorsichtshalber nahm ich sogar vierhundertundfünfzig an. In Wirklichkeit waren es vierhundertundachtzig. Ich glaubte, daß ich mit der Notbesegelung fünfundzwanzig Meilen pro

Tag schaffen würde. Soweit ich mich erinnern konnte, war auf der Wind- und Strömungskarte meine westliche Stromversetzung mit 0–20 Meilen pro Tag angegeben. Vorsichtigerweise rechnete ich nur mit fünf zusätzlichen Meilen, die ich dank der Meeresströmung gewinnen würde. Ich kam damit auf dreißig Meilen pro Tag.

Es war eine einfache Rechenaufgabe. Sie ergab, daß ich vermutlich in sechzehn bis achtzehn Tagen in Samoa sein würde, wenn ich mich überhaupt auf der richtigen Breite befand. Sollte das nicht der Fall sein, würde ich gar nicht erst nach Samoa kommen, sondern in westliche, insellose Gewässer gelangen. Wenn ich Samoa verpaßte, würden die Fidschis die nächsten größeren Inseln sein. Sie lagen etwa sechshundert Meilen südwestlich davon. Es gab nur eins: Ich durfte Samoa nicht verfehlen. Ich mußte alles daransetzen, um dorthin zu gelangen. Angesichts meiner kümmerlichen Wasser- und Lebensmittelvorräte und meiner geringen Geschwindigkeit konnte ich es nicht wagen, einfach daran vorbeizusegeln.

Ich nahm mir vor, mit aller Umsicht zu steuern und genau auf auftauchendes Land oder Schiffe zu achten und vor allem mit jedem Tropfen Wasser und jedem Krümel Eßbaren äußerst sparsam umzugehen. Abgesehen von dem Lenzen der Bilge brauchte ich mich körperlich nicht anzustrengen. Ich konnte es mir auch nicht leisten, unnötige Energien zu verschwenden, wenn mein Körper dieses sechzehntägige anstrengende Fasten durchhalten sollte. Ich mußte soviel wie möglich ruhen und schlafen. Außerdem wollte ich mir zusätzliche Nahrung beschaffen, indem ich angelte und vielleicht einige Seevögel erlegte.

Ich dachte angestrengt darüber nach, wie ich meine Lebensmittelvorräte so strecken könnte, daß sie noch länger als nur für die nächsten achtzehn Tage ausreichten. Mahnend standen vor mir die beiden Konservenbüchsen, die Flasche Ketchup und die Kokosnuß.

Da ich den ganzen Tag gearbeitet hatte, war ich todmüde, und mein Körper verlangte dringend nach Nahrung. Ich beschloß daher, ihn und meinen ermatteten Geist durch die beiden Konservenbüchsen zu stärken. Es war zwar gegen meinen strengen Rationierungsplan, aber ich brauchte unbedingt eine kleine Aufmunterung nach diesen drei letzten harten Arbeitstagen. Man wird meinen, es fehlte mir an Selbstbeherrschung; ich bin jedoch der Auffassung, daß meinem Körper diese eine Büchse Lebensmittel dringend not tat. An und für sich verlangte er sogar nach zwei bis drei Büchsen. Ich machte zunächst eine der beiden auf; sie enthielt Erbsen. Ich nahm sie mit an Deck, um sie auf dem Kajütdach zu verzehren und dabei Ausschau nach dem Licht eines Schiffes zu halten. Es ist nicht zu beschreiben, wie köstlich die Erbsen schmeckten. Ich wußte gar nicht, daß Erbsen so süß und zart sein konnten. Ich kaute endlos auf jeder einzelnen Erbse, ehe ich sie hinunterschluckte, und erinnerte mich dabei an Kpt. Blighs Rat, den er seinen ausgehungerten Leuten im Rettungsboot gab.

Die Nacht war frisch. Die Sterne zogen über den Himmel, und die *Pagan* folgte ihnen nach Westen. Ich prüfte die Lage des Ruders und legte es fest. Der Bug wies auf einen Planeten gerade am Ende des Skorpions, woraus ich ersah, daß ich gut auf Westkurs lag. Wenn der Planet unter den Horizont verschwinden würde, wollte ich mich nach dem Kreuz des Südens richten, so daß es an Backbord stand. Eine frische Brise kam von Süden her auf. Der Mast neigte sich leicht aus der Senkrechten. Ich schaffte daher mein Dreißig-Meilen-Tagesprogramm. Nachdem ich die Bilge leergepumpt hatte, warf ich einen letzten Blick auf den ruhigen Horizont und ging dann nach unten.

Ehe ich mich ausstreckte, setzte ich mich noch einen Augeblick auf meine Koje und nippte an meinem Wasser. Es schien mir das sparsamste zu sein, nur dann zu trinken, wenn ich wirklich durstig war, und auch dann nur einen winzigen Schluck. Natürlich paßte ich auf, daß ich alles in allem am Tag nicht mehr als einen halben Liter zu mir nahm. Auf diese Weise würde ich zweiunddreißig Tage auskommen. Nachdem ich den Spundzapfen wieder in mein kostbares Wasserfaß gesteckt hatte, legte ich mich schlafen.

SCHIFFBRÜCHIG

Am nächsten Morgen suchte ich als erstes alle meine Medikamente zusammen. Ich hatte viele Schnittwunden und Hautabschürfungen an Knöcheln und Gelenken. Nach Möglichkeit wollte ich sie ausheilen, ehe der Hunger anfing, seinen Zoll zu verlangen. Ich tat Salbe und Pflaster darauf.

Dann beschäftigte ich mich mit der Navigation. Ich wollte gerne irgendwie fortlaufend meinen Schiffsort festhalten und mein Vorankommen auf dem Weg nach Samoa aufzeichnen. Ich riß daher auf dem Boden des Cockpits eine Behelfsseekarte von dem Sektor zwischen den Marquesas und Australien auf. Die Inseln trug ich aus dem Gedächtnis ein. Ich war mir natürlich klar darüber, daß meine Zeichnung alles andere als genau war.

An der Stelle, an der ich mich mutmaßlich befand, schlug ich auf meiner Behelfskarte einen Nagel ein. Ich beabsichtigte, die Lage des Nagels täglich je nach meinem Vorankommen nach Westen zu verändern. Nach zwei Tagen unter vollen Segeln klopfte ich den Nagel ein wenig mehr nach Süden und etwas westlich der Suvarov-Inseln ein. Da ich keinen Kalender mehr besaß, machte ich mir selbst einen, um mir die verstrichenen Tage zu merken. Ich schnitt eben über der Koje unterhalb des Bullauges für jeden vergangenen Tag ein Kreuz in die Wand.

Mein Angelgerät fand ich nicht wieder, sondern nur zwei Angelhaken und etwas Angelschnur sowie ein kleines Paket mit Fischködern aus gepökelter Schweineschwarte. Ich besteckte den einen Angelhaken damit, warf ihn achtern aus und hielt dabei die Leine um meinen kleinen Finger gewickelt.

Es fiel mir zum ersten Mal seit dem Orkan auf, daß mir „Gevatter Tod“ mit seinen gefräßigen Kumpanen noch immer folgte. Ich freute mich darüber, denn so besaß ich wenigstens eine mich ständig begleitende Nahrungsmittelversorgung. Es fiel den Delphinen schwer, mit der geringeren Geschwindigkeit der *Pagan* zurechtzukommen. Vor dem Orkan, als mein Boot noch schnellere Fahrt gemacht hatte, war es für sie leichter gewesen, unbemerkt in die Scharen fliegender Fische einzubrechen. Jetzt sahen die Opfer schon aus der Ferne mein Schifflein nahen und suchten eiligst vor den Delphinen das Weite. Trotzdem haben mich „Gevatter Tod" und seine Getreuen nie verlassen, wenn sie mir auch nicht ganz vertrauten und sich stets in einem gewissen Abstand von mir hielten, um ja nicht meinem Fischspeer zu nahe zu kommen. Auf den Köder meines Angelhakens sind sie nie hereingefallen.

Glücklicherweise hatte das Wasser nicht alle meine Bücher in dem Gestell über meiner Koje verdorben. Ich hatte noch neun Bände, um mir die lange Strecke bis Samoa zu verkürzen. Die meiste Zeit des Vormittags verbrachte ich mit Lesen. Zwischendurch schlief ich immer wieder eine Stunde. Meine einzige Arbeit bestand darin, regelmäßig die Bilge zu lenzen und ständig den Horizont abzusuchen. Ich vermied es, während der Hitze des Tages an Deck zu bleiben. Erst am Spätnachmittag ging ich nach oben und genoß die frische Brise und kümmerte mich um das Ruder. Gleichzeitig überprüfte ich Segel und die Nottakelage. Es schien alles in Ordnung zu sein.

Mir fiel ein, daß es gut sei, in Salzwasser zu baden, wenn man durstig ist. Die Poren nehmen die Feuchtigkeit auf, und daher fühlt man sich hinterher nicht mehr so ausgedörrt. Ich glitt kurzentschlossen über Bord und ließ mich bis zum Hals im Kielwasser nachschleppen. Das kühle Wasser war wohltuend. Es berührte mich wie mit zarten Fingern und wusch alles, was mich bedrückte, mit weg. Nach zehn Minuten kletterte ich wieder an Bord. Ich war erfrischt und ließ mich von Sonne und Wind trocknen.

Ich hatte heute noch nichts gegessen und spürte, wie der Hunger von Zeit zu Zeit in mir nagte. Ich wollte daher die Flasche Ketchup aufmachen und ein klein wenig davon probieren, nur gerade so viel, um den Hunger etwas zu stillen. Nachdem ich den Verschluß gelöst hatte, nahm ich einen kräftigen Schluck. Dann schraubte ich den Deckel wieder zu und lehnte die Flasche in die Krümmung der Spanten. Ihr Anblick quälte mich und ließ mir das Wasser im Munde zusammenlaufen. Ich schob die Flasche deshalb unter meine Koje.

Als es Abend wurde, hatte ich noch immer keinen Fisch gefangen. Ich holte die Leine ein, pumpte die Bilge leer und legte mich schlafen. Das Lenzen sollte nach einem für Tag und Nacht unterschiedlichen Plan durchgeführt werden. Am Tage wollte ich stündlich dazu nach oben gehen und gleichzeitig zwölfmal den Horizont absuchen. Nachts lenzte ich nur, wenn mich das Plätschern des steigenden Wassers weckte, was gewöhnlich alle paar Stunden geschah.

Als ich am Morgen aufstand und der Hunger sich sofort einstellte, wollte ich wieder einen Schluck aus der Ketchupflasche nehmen. Da entdeckte ich, daß sie leer war. Ich erinnerte mich nur, daß ich mitten in der Nacht einmal daran genippt hatte – mehr wußte ich nicht. Anscheinend mußte ich einen sehr kräftigen Schluck genommen haben. Auf jeden Fall war die Flasche jetzt leer. Was sollte ich mir darüber noch weitere Gedanken machen? Mein Frühstück bestand darin, daß ich die Flasche mit meiner morgendlichen Wasserration ausspülte und dann das leicht gefärbte Wasser trank.

Sobald ich aufgestanden war, warf ich achtern meine Angelleine aus. Dann saß ich auf meiner Koje und las und bewegte dabei die Leine, die ich mir um den Finger gewunden hatte. Meine Gedanken kreisten immerzu um meine letzte Konservendose und die Kokosnuß. Was die Büchse wohl enthielt? Je leerer mein Magen wurde, desto mehr interessierte mich diese wichtige Frage.

Der Hunger ließ mich den ganzen Morgen nicht eine Minute los. Schließlich sagte ich mir: „Warum hungern, wenn es noch etwas zu essen gibt?" Ich griff nach dem Dosenöffner, und in wenigen Minuten stand eine Büchse Sauerkraut geöffnet vor mir. Beim Essen dachte ich ständig: Wie unvernünftig, zu hungern, solange es noch etwas zu knabbern gibt.

Die Kokosnuß lag am Fußende meiner Koje.

Ich hatte immer noch Hunger. Mein Magen zog sich schmerzhaft zusammen. Ich legte die Kokosnuß weg. Trotzdem dachte ich beständig an sie. So holte ich sie wieder hervor, roch daran, schüttelte sie und hörte, wie die Milch darin höhnisch gluckste. Dann legte ich sie wieder weg. Das Wasser lief mir im Munde zusammen, wenn ich an das weiße, weiche Kokosfleisch dachte. Ich ging deshalb an Deck, fand aber sehr bald, daß es mir draußen zu heiß war.

Kaum war ich wieder in der Koje, holte ich auch schon die Kokosnuß hervor und starrte sie fasziniert an. „Iß sie nicht", sagte ich mir, „sei vernünftig!" „Dann bring meinen Augen erst einmal Vernunft bei", erwiderte mein anderes Ich. „Wäre ich vernünftig, wäre ich bestimmt nicht hier." – „Es ist aber dein ganzer Essensvorrat, den du für die nächsten achtzehn Tage besitzt!" „Nun – wenn schon!"

Zehn Minuten später kaute ich an dem letzten Stück dieses köstlichen Kokosfleisches. Meine sorgfältig ausgedachten Rationierungspläne waren umsonst gewesen. Aber was machte das schon aus! – Ich war jedenfalls satt und glücklich. Im Augenblick quälte mich nichts mehr. War nichts mehr zu essen da, nun – so war eben nichts mehr da . . . basta! Besser man ißt und ist zufrieden, als daß die Gedanken immerzu gierig um den letzten Happen kreisen. Meine Stimmung hob sich. „Morgen fange ich bestimmt einen Fisch!“

Ich ging an Deck und sonnte mich in der milden Nachmittagssonne. Nach eine Weile sprang ich über Bord und badete in dem kühlen Seewasser. Darauf ging ich nach unten und las bis zum Dunkelwerden. Gegen sieben Uhr lenzte ich die Bilge zum letzten Mal für diesen Tag, schlürfte meinen Nachttrunk – einen winzigen Schluck Wasser – und legte mich schlafen.

Den ganzen nächsten Tag über beobachtete ich erwartungsvoll meine Angelleine. Es wurde Mittag. Ich trank einen Schluck Wasser. Es schmeckte köstlich. Es dämmerte, und schließlich brach die Nacht herein. Ich ging nach unten, nachdem ich zuvor gelenzt hatte, trank wieder einen Schluck Wasser – und das war mein Abendbrot. Ich legte mich schlafen, zerfallen mit mir und der Welt, und machte mir gar nicht erst die Mühe, die Angelleine einzuholen. Sie lief aus dem Niedergang zum Heck und von dort achtern ins Wasser. Ich hielt sie noch immer um den Finger gewickelt.

Mitten in der Nacht wurde ich durch einen heftigen Ruck geweckt, durch den mir beinahe der Finger abgerissen wurde. Mir war sofort klar, daß das nur ein Fisch sein konnte. Ich eilte an Deck und zog schon beim Hinaufsteigen die Leine ein. Ich hievte einen halbtoten Fisch an Bord. Als ich den Angelhaken herausnahm, lag er schwach atmend da. Plötzlich kam Leben in ihn, und ehe ich mich versah, schnellte er ins Wasser und schwamm vergnügt davon.

Meine Bestürzung war groß. Ich suchte mit der Taschenlampe das schwarze Wasser ab, konnte aber nichts entdecken. Bei dem Gedanken an Nahrung hatte sich der Hunger sofort wieder gemeldet. Die plötzliche Enttäuschung machte mich ganz elend. Ich raufte mir die Haare. Als ich merkte, daß mich das Fluchen und die Zornesaufwallungen den Rest meiner Energie kosteten, schlich ich wieder nach unten und schlief unruhig bis zum nächsten Morgen.

Ich versah die Angel mit einem neuen Köder und aß selbst einen. Es war Schweineschwarte, die mit chemischen Mitteln versetzt war. Sie war zäh und salzig und schmeckte eigentümlich nach Eisen. Trotzdem schmeckte es mir. Leider wurde meine Speicheldrüse dadurch so angeregt, daß mich der Hungerteufel doppelt in die Zange nahm. Stundenlang saß ich brütend über meinem Päckchen mit dem restlichen Köder und nahm mir fest vor, nichts davon zu essen, obwohl der Hunger immer stärker wurde. Ich wußte genau, daß es keine Ruhe gab, solange noch ein Krümelchen Nahrung an Bord war. Daher beschloß ich, wenigstens ein winziges Stück Köder zu verzehren. „Nur um etwas zu haben, auf dem man kauen kann", sagte ich mir. Bis zum Mittag war nur ein einziges Stück Köder übriggeblieben, was nicht allzu verwunderlich war.

Ich saß da und starrte es an. Welch faszinierender Anblick! Ich legte es weg und versuchte es zu vergessen. Aber nur zu bald hatte ich es wieder hergeholt und schnüffelte daran und malte mir aus, was man alles damit anfangen könnte. Als Köder an der Angel war es natürlich von unschätzbarem Wert. War es aber nicht möglich, daß der Fisch ihn einfach wegschnappte, ohne anzubeißen? In diesem Fall hätte ich weder von dem Köder noch von dem Fisch etwas. Das Schicksal dieses winzigen Stückchens Schwarte interessierte mich brennend. Ich wog sorgfältig meine Zukunftsaussichten ab und dachte lang und breit über alle Möglichkeiten nach. Dann sagte ich mir: „Ein Spatz in der Hand . . ." und steckte es in den Mund und zerkaute es voller Genuß. Damit war der Fall entschieden.

Nach dem Essen fühlte ich mich besser. Ich ruhte, las ein wenig und malte mir aus, wie schön es in Samoa sein würde. Wenn man hungern muß, ist Wasser das Wichtigste, nicht die Nahrung. Das war altbekannt. Solange ich noch täglich etwas Wasser hätte, würde ich schon bis Samoa durchkommen. Ich wußte, daß mein Leben davon abhing. Ich trank nie mehr als einen halben Liter pro Tag und teilte ihn mir sorgfältig für die ganze Tag- und Nachtzeit ein, um soviel wie möglich davon zu haben.

Ich war mein Leben lang beneidenswert gesund gewesen. Mein Körper würde im Rahmen des Möglichen alle körperlichen Anstrengungen aushalten. Der Körper verträgt es durchaus, wenn man lange Zeit nichts ißt. Ich machte mir daher keine Sorgen. Der Gedanke an Samoa, das ich in etwa vierzehn Tagen erreichen wollte, stärkte mich.

Später fing ich den gleichen Fisch zum zweiten Male. Als er an der Leine an meinem Finger zerrte, eilte ich sofort an Deck, ganz aufgeregt. Ich zog ihn rasch ins Cockpit. Ehe er überhaupt wieder zu sich kommen konnte, stürzte ich mich schon auf ihn. Ich fiel buchstäblich über ihn her und drückte ihn mit meinem vollen Gewicht platt. Allmählich richtete ich mich wieder auf und hielt ihn dabei mit beiden Händen umklammert. Ich kam mir wie der Löwe vor, der ein Rehkitz in seinen Pranken hält.

Ich nahm ihn mit nach unten und hatte ihn in kaum fünf Minuten geschuppt und sauber gemacht. Nachdem ich ihn ausgenommen hatte, blieb nicht mehr viel von ihm übrig. Es war eine Art Fregattfisch, schwärzlich braun, etwa zwanzig Zentimeter lang und halb so breit. Der Kopf betrug allein ein Drittel seiner Länge. Unter meiner Koje stand mein guter alter Petroleumkocher, der mir wunderbarerweise sogar den Gefallen tat, anzubrennen. Ich kratzte den Rost von der Bratpfanne ab.

Aber womit sollte ich meinen Fisch garen? Wasser konnte ich mir dazu nicht leisten, und Meerwasser ließ sich auch nicht dafür verwenden, da es mich zu durstig machen würde. Fett zum Braten war nicht vorhanden. Da fiel mir die Büchse Vaseline in meiner Sanitätertasche ein.

Nachdem ich den Fisch abgetrocknet hatte, schmierte ich ihn reichlich mit Vaseline ein und tat ihn in die heiße Pfanne. Als er ordentlich bruzzelte und eine beißende Rauchwolke um sich verbreitete, drehte ich ihn um auf die andere Seite. Als er anfing, braun und weich auszusehen, machte ich das Feuer aus und holte ihn heraus. Nach wenigen Minuten zeugten nur ein paar Gräten davon, daß er vor zwanzig Minuten noch munter im Meer herumgeschwommen war.

Der nächste Tag verlief ereignislos. Der Wind schralte von Süd nach Südwest. Meine Angelleine schleppte immer noch hinterher, aber kein Fisch biß an. Der Hunger quälte mich. Ich wollte die Vaseline aufheben, falls ich wieder einen Fisch fangen sollte. Als es dunkelte und mein armer Magen gar nicht Ruhe geben wollte, holte ich die Vaseline mit dem Finger aus der Büchse und leckte dann meinen Finger so lange ab, bis auch nicht mehr das kleinste Restchen nachblieb. Ich hatte einen fettigen Geschmack im Mund. Wahrscheinlich war das Fett der einzige Nährwert daran. Vor allem aber war mein Hunger ein klein wenig gestillt.

Am nächsten Morgen wurde ich wieder furchtbar von ihm bedrängt, da ich die ganze Nacht von Festen und Prassereien geträumt hatte. Ich nippte an meiner morgendlichen Wasserration, wodurch meine Qualen jedoch nur vergrößert wurden. Dann holte ich meine Sanitätertasche und – ehe ich mich noch recht zur Vorsicht ermahnen konnte, hatte ich bereits die einzige Dose Mentholsalbe aufgegessen. Am gleichen Nachmittag drückte ich mir die eine der beiden Tuben Borsalbe in den Mund, als mich der Hungerteufel gar zu sehr zwackte. Die andere Tube hob ich zusammen mit dem Zahnpulver für den nächsten Tag auf.

Um die öden Nachmittagsstunden totzuschlagen, blätterte ich immer wieder das einzige noch vorhandene Magazin von vorn bis hinten durch. Es hatte auf dem Bücherbord gelegen und so die Katastrophe überstanden. Seite für Seite immer das gleiche Bild: Lebensmittel! Riesige Reklamebilder zeigten die verführerischsten Leckerbissen auf die appetitlichste Weise: herrlicher Braten mit Salat, belegte Brote und Süßspeisen, Schmorgerichte und Cocktails. Ich fing an, Hungerkrämpfe zu bekommen. Jede einzelne Seite brachte neue Qualen. Ich sprang auf und warf das Magazin in weitem Bogen über Bord. Darauf wurde mir etwas wohler. Am nächsten Tag mischte ich die Hälfte des Zahnpulvers mit etwas Wasser und trank es hinunter. Der Nachgeschmack war nicht unangenehm. Trotzdem schauderte mich, als ich es hinunterschluckte. Bis zum Abend hatte ich noch keinen Fisch gefangen. Die Aussichten für den nächsten Tag waren nicht schlecht. Es war noch die Hälfte des Zahnpulvers da.

Ich verbrachte eine furchtbare Nacht und träumte nur vom Essen. Alle möglichen Geister in Gestalt von Schokoladenkuchen und Bratengerichten trieben mit mir ihren nächtlichen Spuk. Ich warf mich endlose Stunden zwischen Wachen und Schlafen in meiner Koje herum. Als ich mir dann endgültig den Schlaf aus den Augen reiben wollte, entdeckte ich, daß ich an meiner Wolldecke knabberte. Ich sprang auf und suchte ungeduldig unter meinen Medikamenten. Schließlich hatte ich noch eine weitere Tube Borsalbe gefunden – die endgültig letzte! Ich drückte ihren Inhalt in einem Klumpen auf die Hand und stopfte ihn in den Mund. Darauf schlief ich wieder ein.

Am Morgen erinnerte ich mich plötzlich an den blinden Passagier. Er war mir seit dem Orkan nicht mehr unter die Augen gekommen. Ich hatte ihn ganz vergessen. Sein kleiner Käfig, den ich für ihn gezimmert hatte, war verschwunden. Wahrscheinlich war er während des Sturms über Bord gegangen.

Mein Inneres gaukelte mir sein Bild vor, genau wie ich ihn zuletzt vor dem Orkan gesehen hatte: wohlgenährt, mit glattem Fell und schwarzen Stecknadelknopfaugen. Allein schon der Gedanke an das leckere Steak, das ich mir von ihm braten wollte, ließ mich erzittern. Ich begann sofort, das ganze Boot gründlich nach ihm abzusuchen, wobei ich in jeden Winkel und in jedes Versteck kam. Vier Stunden lang kroch und quetschte ich mich an den unmöglichsten Stellen herum. Als es Mittag wurde, hatte ich noch immer kein Lebenszeichen von ihm entdeckt. Ich war sogar in den engen Raum zwischen dem wasserdichten Cockpit und dem Heck gekrabbelt und hatte auch dort alles mit der Taschenlampe abgeleuchtet. Schließlich mußte ich mich damit abfinden, daß mein alter Bordgefährte wahrscheinlich ins Meer gespült worden war.

Das Suchen war wenigstens nicht ganz ergebnislos gewesen. Ich fand allerlei Brauchbares: ein Ledertuch, einen Militärschuh, eine Schachtel Pfeffer, einen Lippenstift und einen Topf Gesichtscreme aus dem Kosmetikkasten, den ich für Mary mitgenommen hatte, ferner eine kleine Packung Tee, eine Flasche Rasierwasser, eine Flasche Haaröl und ein winziges Gefäß mit Fischeiern als Angelköder.

Ich öffnete das Döschen mit den Fischeiern, weil ich einen neuen Köder am Angelhaken befestigen wollte. Nachdem ich den Köder angebracht hatte, wollte ich die Dose wieder zuschrauben. Was jedoch in Wirklichkeit geschah, ist kaum zu erklären. Es gibt keine Erklärung dafür – es ist einfach geschehen. Ehe ich den Deckel wieder zuschrauben konnte, hatte ich die Fischeier verschlungen. Ich hielt nur noch die leere Dose in der Hand. Die geringe Befriedigung, die mir die paar winzigen Fischeier gewährten, stand in keinem Verhältnis zu ihrem Wert als Fischköder. Aber – weg waren sie! Wenigstens brauchte ich nun nicht länger gegen meine Gier nach ihnen anzukämpfen.

Mein Hunger wütete noch genauso wie zuvor. Während des Mittagsschlafs träumte ich qualvoll nur vom Essen. Es blieb mir nichts übrig, ich mußte aufstehen. Es war nicht mehr auszuhalten. Ich musterte alles nur irgendwie Eßbare und probierte dann folgendes aus: Ich schnitt das Ledertuch in winzig kleine Teilchen und tat sie in starken Tee, den ich aus meiner Wasserration und ein paar von den aufgefundenen Teeblättern zubereitet hatte. Darauf kochte ich alles zusammen zehn Minuten lang und würzte stark mit Pfeffer, einer halben Schachtel Zahnpulver und einem ordentlichen Schuß Rasierwasser.

Das Ergebnis war ein Eintopf, der mir die Tränen in die Augen trieb und bei dem meine Nase Qualen ausstand. Da das Ledertuch zum Filtrieren von Benzin benutzt worden war, erhielt das Gebräu einen „pikanten“ Geschmack. Ich würgte die Hälfte davon am Nachmittag herunter und hob den Rest bis zum nächsten Tag auf.

Am anderen Morgen stand ich wie sonst auf und ging durch den halbzerstörten Niedergang an Deck. Der Anblick, den mir das Heck bot, ließ mich den Atem anhalten. Ein Seevogel hatte sich dort niedergelassen und bewegte gedankenverloren seine Schwanzfedern. Ich fühlte instinktiv, wie wohlgenährt er war, und hatte nur den einen Wunsch: Hand an ihn zu legen und ihn zu erwürgen.

Sofort meldete sich in mir der Jagdinstinkt des Tieres. Ich wußte, daß ich mich nicht ohne weiteres unbeobachtet an ihn heranschleichen konnte, um über ihn herzufallen. Ich wäre gern an ihn herangekrochen und hätte ihn mit der Keule runtergeschlagen. Der Treibermast war mir jedoch im Wege. Da fiel mir ein, daß ich ihn vielleicht mit dem Speer treffen könnte. Mein Fischspeer stand in der Nähe. Ich nahm ihn und schlich mich vorsichtig ins Cockpit und näherte mich ihm schrittweise, wenn er nicht gerade hersah. Als ich etwa zwei Meter von ihm entfernt war, wagte ich mich nicht weiter. Ich atmete noch einmal tief, zielte und stieß zu. Ich hatte gut getroffen, genau in die Brust.

Es war eine kleinere Art von Seeschwalbe, wie man sie im Pazifik häufig findet. Gerupft und gesäubert wog sie etwas weniger als ein Pfund. Da keine Vaseline mehr da war, drehte ich sie in Maschinenöl um und briet sie. Es war ein ausgezeichnetes Frühstück, an das ich noch den ganzen Tag dachte.

Am nächsten Morgen schluckte ich den Rest von dem Teufelszeug hinunter, das ich mir gestern zusammengebraut hatte. Schon der Geruch ließ einem die Haare zu Berge stehen. Es war übrigens über Nacht sauer geworden. Ich trank es daher schnell hinunter, da ich es mir nicht leisten konnte, das Gebräu einfach wegzugießen. Kein Wunder, daß mir später übel wurde! Ich verbrachte die Nacht fiebernd und hilflos, ohne mich übergeben zu können. Am nächsten Morgen stand das Wasser bis an meine Koje. Es half nichts, ich mußte aufstehen und lenzen. Das Wasser ging mir schon bis zu den Knien.

Es war nichts Eßbares mehr an Bord. Ich blickte auf und hoffte wie gestern morgen einen Vogel zu entdecken. Aber vor mir lag nur die endlose Wasserwüste. Ich trank mit einem Zug meine ganze tägliche Wasserration aus und fühlte mich dadurch etwas wohler. Dann lenzte ich eine Stunde, bis nur noch in der Bilge etwas Wasser stand. Die zunehmende Tageshitze ließ mich den Labetrank bald wieder ausschwitzen. Ich sprang daher ins Wasser und ließ mich im Kielwasser nachschleppen. Erfrischt und gestärkt kletterte ich wieder an Bord.

Darauf beendete ich die gefürchtete Arbeit und lenzte den Rest des Wassers. Nach einigen Stunden Schlaf wachte ich von Hunger geplagt auf. Ich suchte alles nach Eßbarem durch, fand jedoch nichts als die Gesichtscreme, das Haaröl, das Rasierwasser, den Lippenstift und den Militärschuh.

Ich knabberte am Lippenstift. Er schmeckte nicht allzu schlecht. Nachdem ich den roten Stift aus dem Halter gelöst hatte, brach ich ihn entzwei und schluckte beide Stücke hinunter. Mein Hunger wurde natürlich nicht dadurch gestillt. Ich öffnete deshalb den Tiegel mit der Gesichtscreme. Ehe ich noch weiter darüber nachdenken konnte, hatte ich mir die Salbe bereits in den Mund geschmiert. Stundenlang hatte ich hinterher einen ekelhaften, öligen Geschmack. Dafür hörte aber wenigstens das Rumoren in meinen Eingeweiden auf, und ich hatte ein klein wenig Ruhe.

Ich schlief bis in den Nachmittag hinein und ging dann an Deck, um zu lenzen. Allmählich bekam ich die Folgen meiner unfreiwilligen Hungerkur zu spüren. Das Lenzen fiel mir zum ersten Mal schwer. Ich hätte am liebsten immerzu schlafen mögen und konnte kaum die Augen aufhalten. Ich fühlte mich wie benebelt. Meine Arme waren dünner geworden, meine Rippen traten hervor, und meine Knie waren spitz – ich hatte stark abgenommen. Meine Taille wurde der eines Mannequins immer ähnlicher. Sie wurde unvorstellbar schmal.

Ich dachte nur noch ans Essen. Mir fielen die festlichen Gelegenheiten ein, wo ich bei Tisch gesessen und gegessen hatte, bis ich nicht mehr konnte. Auch träumte ich von zukünftigen üppigen Mahlzeiten, bei denen ich stundenlang tafeln und in allen leiblichen Genüssen schwelgen wollte.

Beim Lenzen beobachtete ich achtern in meinem Schlauchboot, dessen Boden etwas mit Wasser bedeckt war, eine Bewegung. Als ich näher hinsah, stellte ich fest, daß sich ein Fisch darin gefangen hatte, der hilflos versuchte, in dem flachen Wasser herumzuschwimmen.

Es handelte sich um einen der schmackhaften fliegenden Fische. Offenbar war er ins Boot hineingesprungen und saß nun in der Falle. Er war bestimmt zwanzig Zentimeter lang. Ich nahm ihn heraus und bewunderte seine glänzenden Schuppen mit begehrlichen Blicken. Ich stellte mir vor, wie köstlich er schmecken würde, wenn man ihn in Maschinenöl goldbraun briet. „Aber“, dachte ich, „erst will ich ein bißchen an seinem Schwanz knabbern.“

Ich biß den Schwanz ab und zerkaute ihn mit Behagen samt Haut und Gräten. Er schmeckte mir unbeschreiblich gut. Ehe ich es noch recht überlegte, hatte ich den ganzen Fisch verschlungen und stocherte aus meinen Zähnen die letzten Schuppen heraus. Ich konnte mich nur entsinnen, daß er zunächst etwas bitter geschmeckt hatte.

Das frische Fischfleisch hatte mir meine gute Laune zurückgegeben. Meine Stimmung hob sich gewaltig. Ich hatte das Gefühl, als ob ich jede Minute Land sichten müsse. Nach meinen Berechnungen mußte ich ganz in der Nähe von Samoa sein. Die Manua-Inseln mußten gleich auftauchen. Vielleicht würden sie sich schon in der Nacht voraus von *Pagans* Bug zeigen. Ich beschloß, nachts so oft wie möglich aufzustehen, um zu lenzen und nach ihnen Ausschau zu halten.

Obwohl ich nachts häufig genug an Deck ging und den Horizont absuchte, konnte ich nichts entdecken. Schon beim ersten Morgengrauen bezog ich wieder meinen Ausguckposten. Der Horizont bot nichts, das mich irgendwie ermutigen konnte. Endlos dehnte sich das Meer.

Unter dem Überhang von *Pagans* Heck erspähte ich drei Fregattfische – vermutlich waren sie von einer nahen Küste herbeigeschwommen. Ich holte den Speer und machte mich auf die Pirsch. Nachdem ich mich auf dem Heck niedergekniet hatte, visierte ich, senkte den Schaft und stieß zu. Mein erster Versuch ging fehl. Ich probierte es noch einmal und noch einmal, mußte aber leider feststellen, daß es nicht leicht war, mit einem einzigen Widerhaken nach einer so kleinen Fläche zu zielen. Endlich traf ich einen; er schwamm jedoch, achtern „aufgekratzt", davon. Ich habe ihn nie wiedergesehen.

Die anderen beiden waren auf der Hut und suchten unter dem Rumpf Schutz. Um sie anzulocken, warf ich kleine Stücke Holz aufs Wasser. Sie kamen hervor, um nachzusehen, was es war. Ich stieß sofort vom Heck aus zu und dann noch einmal, als sie wieder unter dem Rumpf verschwinden wollten.

Ich traf auch einen, aber er flüchtete ebenfalls und tauchte nicht wieder auf. Mir wurde klar, daß ich an dem Speer mindestens noch einen zweiten Widerhaken anbringen mußte, wenn ich wenigstens den letzten erwischen wollte.

Es dunkelte bereits. Ich war erschöpft und unbeschreiblich hungrig. Es war nichts zu essen da außer dem Militärschuh, dem Haaröl und dem Rasierwasser. Ich konnte es nicht über mich bringen, etwas davon hinunterzuwürgen. So suchte ich noch einmal den Horizont nach Land ab, pumpte die Bilge leer und ging von Hunger geplagt schlafen.

Die Anstrengungen am Tag waren zu groß gewesen, als daß ich jetzt friedlich hätte schlafen können. Ich träumte wie wild von allem möglichen Leckeren: heißen Würstchen, Coca-Cola, Schokoladeneis etc. Es wirbelte durch meinen Kopf, daß mir ganz übel wurde. Mitten in der Nacht meinte ich, daß ich an einem saftigen Hühnerbein knabberte und laut nach mehr rief. In diesem Augenblick wachte ich auf und fand mich dasitzend und stürmisch nach mehr Hühnerfleisch verlangend.

Der Kajütboden stand schon wieder dreißig Zentimeter unter Wasser. Ich stand auf, um zu lenzen – ich brauchte eine volle Stunde dazu. Noch vor Morgengrauen wachte ich auf, weil der Hunger mich entsetzlich quälte. Ich konnte nicht weiterschlafen. Ich war von dem Gedanken an den Fischspeer besessen. Schließlich erhob ich mich schon sehr früh und begann mit der Arbeit. Ich fertigte ihn aus einem der Riemen an, den man mir auf den Perlas geschenkt hatte. Ich schlug vier Nägel ein, die Nagelköpfe klopfte ich flach und feilte sie dann spitz zu, so daß sie Ähnlichkeit mit Widerhaken bekamen, und . . . mein Fischspeer war fertig.

Bei Tagesanbruch hockte ich am Heck und wartete auf die alte „Wackelflosse", wie ich den Fregattfisch nannte, weil er so gemächlich schwimmt und dabei seine großen Flossen mit lässiger Trägheit bewegt. Schon nach kurzem zeigte er sich in der aufgehenden Sonne. Mein erster Stoß ging glatt daneben. Er zog sich zurück, um festzustellen, woher die Störung kam. Dabei entblößte er seine Breitseite. Diesmal konnte ich ihn nicht verfehlen.

Binnen kurzem briet er über dem Feuer. Es rauchte wie in einem Kohlenmeiler. Ich mußte ihn in Haaröl braten, da ich das letzte Maschinenöl für den Vogel verbraucht hatte. Ich aß ihn so schnell auf, daß ich kaum merkte, in was für Fett er gebraten worden war. Ich verschlang alles, Kopf, Schuppen und Gräten.

Die Mahlzeit hatte mir gut getan. Ich war wieder hoffnungsvoller und erwartete, spätestens um die Mittagszeit Land zu sichten. Es gab bereits einige Anzeichen, die darauf hindeuteten. Seit dem Orkan waren noch nie so viele fliegende Fische aufgetaucht wie jetzt. „Gevatter Tod" und seine Gesellen waren eifrig hinter ihnen her. In der Luft flogen zahlreiche Vögel, die schon halbwegs zu den Landvögeln zu rechnen waren. Sie schwebten über dem gefräßigen Delphin und stießen nach den fliegenden Fischen. Achtern tauchten bedrohlich aus dem dunklen Wasser die spitzen Flossen von Haien auf.

Ich saß den ganzen Tag vorm Mast und beobachtete jede neue Wolke. Bis zum Eintritt der Dunkelheit war kein Land am Horizont auszumachen. Da mein Schiff so geringe Fahrt machte, fürchtete ich nicht, daß ich nachts irgendwo auf Strand gesetzt würde. Ich lenzte und ging darauf nach unten.

In dieser Nacht hatte ich einen gefährlichen Anfall von Beklemmungen, wie sie den Seemann in seiner Aufregung in der Nacht vor seiner Ankunft befallen. Ich schlief nur mit Unterbrechungen und hatte unter Alpdrücken zu leiden. Einmal wachte ich auf, als ich „Land ho!“ schrie. Ich stieg an Deck und erwartete wirklich Land vor mir zu sehen. Schon vor Tagesanbruch saß ich vorm Mast und schaute nach einem Segel oder einem Zipfel Land aus. Aber selbst bei Tageslicht war kein grauer Schatten zu sehen, den man als Küste ansprechen konnte. Allerdings flogen noch immer die gleichen Vögel wie in den letzten Tagen ums Schiff – ja anscheinend sogar mehr als sonst.

Besonders zwei zeigten das größte Interesse für die *Pagan.* Sie flogen etwa dreieinhalb Meter hoch über dem Heck, schwebten einen Augenblick darüber, machten eine schräge Kurve und kehrten dann wieder zurück. Hätte ich eine Waffe gehabt, hätte ich einen davon treffen können, als er still über dem Heck schwebte. Man müßte Pfeil und Bogen haben, fiel mir ein.

Ich ging nach unten und beschloß, nachdem ich alles durchgemustert hatte, einen der Kajütbalken für den Bogen zu benutzen. Ich brauchte beinahe eine Stunde, um das schwere Holz herauszubrechen. Draußen glitten die Vögel noch immer äugend in schrägen Kurven über das Heck; ausgerechnet jetzt, wo ich mich in der Kajüte befand, schienen sie sogar noch etwas näher zu kommen. Nach einer weiteren Stunde hatte ich den Bogen grob herausgesägt. Es folgte die Feinarbeit. Die Pfeile waren leichter herzustellen. Ich sägte ein paar Streifen von einer Fichtenplanke ab, befestigte oben je einen Nagel und beschloß, sie ungefiedert zu verschießen. Als Bogensehne verwendete ich Draht, der von den Wanten übriggeblieben war.

Mit einem Pfeil auf dem Bogen legte ich mich auf die Lauer und paßte den richtigen Augenblick zum Losschießen ab. Ich stand unten am Niedergang und wollte von dort aus schießen. Da flog ein Vogel auf und schwebte einen Augenblick still in der Luft. Ich schoß, aber leider vorbei. Nach mehrmaligen Versuchen war ich schon froh, wenn gelegentlich ein Pfeil ganz nah an ihm vorbeiging. Die Vögel wurden vorsichtiger. Gegen Mittag hatte ich neun Pfeile verschossen, und die Vögel kamen nicht mehr so nahe heran.

Nägel wurden knapp, besonders nach den umfangreichen Reparaturen, die ich ausgeführt hatte. Ich fertigte noch ein paar Pfeile an und verschoß zwölf Stück am Nachmittag – meinen ganzen Vorrat. Hungerkrämpfe, starke Erschöpfung und die langen Stunden nervöser Ungewißheit blieben nicht ohne sichtbare Wirkung. Vor allem, was das schlimmste war, ich besaß nur noch ganz wenige Nägel für meine Pfeile. Diese Nägel steckten ausgerechnet in der vorderen Schiebekappe. Ich zog sie heraus und fertigte neue Pfeile an und verschoß auch sie auf die plumpen Fregattvögel.

Ich zielte immer unsicherer. Trotzdem hatte unerwartet einer meiner Pfeile getroffen. Es war ein Kopfschuß: Die Schwingen sanken lahm herab, und der Vogel fiel einige Handbreit querab vom Boot ins Wasser. Wenn nicht achtern gerade eine spitze Haifischflosse aufgetaucht wäre, hätte ich bei der kurzen Entfernung kopfüber ins Wasser springen und mir meine Beute holen können. So aber zog ich mein Schlauchboot heran, sprang hinein und paddelte bis zu dem schlaffen Federball.

Jetzt hatte ich für zwei Tage Nahrung, und auf der *Pagan* herrschte festliche Stimmung wie zu Weihnachten. Ich wurde wieder ganz optimistisch. Bestimmt würde schon morgen Land in Sicht kommen, und wenn nicht am Morgen, dann wenigstens zu Mittag, während ich abends bereits in der Marinestation von Tutuila ein köstliches Abendbrot verzehren würde. Dann kam mir der Gedanke, aus dem Gummi des Schlauchboots ein Katapult anzufertigen. Damit könnte ich in der gleichen Zeit, in der ich mit Pfeil und Bogen einen einzigen Vogel erlegt hatte, leicht ein Dutzend zur Strecke bringen. In dieser Nacht hatte ich statt des üblichen Alpdrucks einen herrlichen Traum.

Nachdem ich am nächsten Morgen vergeblich nach Land ausgeschaut hatte, begann ich das Katapult anzufertigen. Ich wollte damit einen oder zwei Vögel schießen, um für den Tag genügend zu essen zu haben, bis endlich Land in Sicht kommen würde. Da ich von Kindheit an Erfahrung in der Herstellung solcher Waffen besaß, war das Katapult für mich jetzt eine Kleinigkeit. Schon nach kurzem saß ich mit meiner neuen Waffe und einem kleinen Haufen Schraubenmuttern, die ich dem Motor entnommen hatte, versteckt im Cockpit.

Ich traf wohl gelegentlich, aber ohne rechten Erfolg, da ich zu übereifrig war. Außerdem waren die großen Fregattvögel, die ein leichtes Ziel bildeten, davongeflogen und nur noch kleinere Seeschwalben zurückgeblieben. Sie waren nicht nur kleiner, sondern flogen auch wendiger und schneller. Gegen elf Uhr hatte ich endlich eine getroffen. Sie fiel derartig weit weg aufs Wasser, daß keine Möglichkeit bestand, sie mit dem Schlauchboot heranzuholen. Als ich dann doch in ihre Nähe gesegelt kam und mich ihrer bemächtigen wollte, flog sie lahm in östlicher Richtung davon. Das war Pech, aber gottlob gab es genug andere Vögel in meiner Nähe. Am Nachmittag schoß ich wieder einen ab, der auch weiter ab ins Meer fiel. Ich halste und fuhr auf ihn zu; da entwischte er mir leider ebenfalls.

Gegen fünf Uhr gab ich es auf. Ich goß ein paar Pützen Seewasser über meinen Körper, um die trockene, abpellende Haut anzufeuchten. Dann pumpte ich die Bilge leer, schaute zum letztenmal nach Land aus und ging niedergeschlagen nach unten. Ich war todmüde und verbittert. Der letzte Gedanke vorm Einschlafen war: „Morgen werde ich hoffentlich Land sichten."

Der nächste Tag war trübe und stickig. Über mir entdeckte ich zum ersten Mal wieder weiße Bootsmannsvögel. Sie haben kurze Schwingen und lange Schwänze wie die Schwalben. Von Zeit zu Zeit lassen sie sich wie eine Bombe ins Meer fallen. Es waren Landvögel, sie waren bisher nicht aufgetaucht. Ich hatte sie von den Perlas über die ganzen Inselgruppen des Pazifik hin beobachtet. Sie hielten sich stets in der Nähe von Land auf. Es heißt auch, daß die Bootsmannsvögel nur unweit der Küste vorkommen. Ich beobachtete sie, wie sie in der Luft schwebten, plötzlich die Schwingen anlegten und sausend nach unten schossen. Meine Hoffnung wuchs, daß wir bald auf Land stoßen müßten.

Es war bestimmt irgendwo ganz in der Nähe. Die Vögel waren der beste Beweis dafür. Ich folgte ihnen stundenlang mit den Augen und studierte genau jede ihrer Bewegungen. Aber leider gaben sie mir keinen Hinweis, in welcher Richtung das Land liegen müsse, und am Horizont war ebenfalls nicht das geringste zu entdecken, bis es sich schließlich am Nachmittag gerade voraus aus der See erhob. Ich konnte es in dem Dunstschleier nur schwer erkennen, aber ich wußte: Es war Land, es mußte Land sein! Ich segelte frohlockend darauf zu. Land! – Nachdem ich in den letzten sechzehn Tagen beinahe verhungert war und vergebens danach Ausschau gehalten hatte. Doch da kam die große Enttäuschung: Was ich für Land gehalten hatte, verzog sich rasch wieder am Horizont und änderte dabei seine Gestalt, bis es sich schließlich ganz hinter dem Dunstschleier verbarg. Mich hatte eine Wolke irregeführt. Und dennoch! Man konnte mich nicht entmutigen: Es mußte unbedingt Land in der Nähe sein.

Die Bootsmannsvögel flogen noch immer über mir – „im Anblick ihrer heimatlichen Küste"! Ich wünschte, ich könnte mit ihren Augen sehen und wüßte, was sie wußten. Außer den Bootsmannsvögeln und den ständig anwesenden Haien, die mit größter Ausdauer am Heck herumlungerten, tauchten Tölpel und verschiedene Arten an Land beheimateter Seeschwalben auf. Wo war bloß die Küste? Wie nahe war sie? Wie fern? Und in welcher Richtung lag sie?

Ich suchte stundenlang den Horizont ab und versuchte die diesige Luft zu durchdringen. Es hätte schon längst Land in Sicht sein müssen. Es hätte eigentlich schon vor zwei, wenn nicht gar vor drei Tagen auftauchen müssen. Ich überprüfte die Daten meiner auf Vermutungen basierenden Navigation. Sollte ich wirklich täglich dreißig Meilen vorankommen, mußte ich tatsächlich in der Nähe von Land oder schon daran vorbei sein. Der Nagel, der auf meiner Seekarte immer weiter westlich rückte, steckte bereits mitten in der Samoagruppe. Vom Schott über meiner Koje starrten mich immer mehr Kreuze an. Ich änderte meine Berechnungen von dreißig Meilen auf fünfundzwanzig pro Tag – aber auch dann müßte das Land ganz in meiner Nähe sein . . . wenn es überhaupt dort lag, wo ich es vermutete. Ich beschloß, noch einen Tag abzuwarten, bis ich weitere Schritte unternahm. Ich ging hinauf an Deck.

Die Sonne war ganz in einen grauen Wolkenmantel gehüllt. Während der Nacht war der Wind beständig aus Nordosten gekommen. Er hatte in diesem Gebiet die Angewohnheit, über eine Reihe von Tagen von Süd allmählich auf Nordost zu drehen und dann plötzlich wieder auf Süd umzuspringen und das Spiel von neuem zu beginnen. Da die Sonne nicht zu sehen war, ließ sich nicht mit Sicherheit feststellen, ob die Windrichtung sich wirklich geändert hatte.

Die Bootsmannsvögel schwebten hoch über mir. Ihre bloße Gegenwart wirkte wie Hohn auf mich und verursachte mir Tantalusqualen. Für sie war das Land wahrscheinlich nur eine Flugstunde entfernt. Ich folgte ihnen in Gedanken und malte mir aus, wie ich an Land schüsselweise Essen vertilgen würde. Mein Magen zog sich bei dieser Vorstellung schmerzhaft zusammen. Ich zwang mich daher, nicht mehr daran zu denken.

Aber im Laufe des Nachmittags ließ mir der Hunger keine Ruhe mehr. Es standen mehrere Schuhe herum, aber nur einer war aus ungefärbtem Leder – der Militärschuh. Ich starrte ihn widerwillig an. Er roch nicht gerade vielversprechend. Aber – man konnte ihn essen. Ich schnitt den oberen Teil der Sohle weg und begann die Lasche zu kauen. Sie war so zäh, daß ich auch nicht das kleinste Stückchen losreißen konnte. Militärschuhe sind derbe Ware. Ich legte ihn eine Weile in Salzwasser und nahm ihn von Zeit zu Zeit heraus, um ihn auf meiner Koje weichzuschlagen. Ein größeres Stück fettete ich mit Haaröl ein und briet es, aber es wurde lediglich schwarz und blieb genauso unverdaulich wie zuvor. Dann kochte ich den ganzen Schuh in meiner kostbaren Wasserration. Ich ließ ihn nicht lange kochen, sondern drehte das Feuer ab, sobald ich sah, daß all mein gutes Wasser verdampfte. Auf jeden Fall schmeckte die Suppe nach etwas. Das Leder allerdings war und blieb zäh. Schließlich schnitt ich es in feine Streifen. Zerkauen ließ es sich auch dann noch nicht, aber man konnte es so auf jeden Fall hinunterkriegen. Das war mir das Wichtigste. Als ich an diesem Abend schlafen ging, hatte ich wenigstens etwas zwischen den Rippen.

Wenn man angenehm träumen will, soll man um Gottes willen kein Leder essen. Ich krümmte mich endlose Stunden in Alpträumen von leckeren Speisen. Ich war in einem überdimensionalen Krämerladen, in dem ich wie ein Berserker zwischen ganzen Gängen von Lebensmitteln herumlief. Ich erwachte schweißgebadet. Kurz darauf hatte ich wieder die gleichen furchtbaren Träume.

Mitten in der Nacht, als ich die Bilge lenzte, war zu meiner Befriedigung der Canopus, der Hauptstern im Sternbild des Argo, am Himmel zu sehen. Der Wind mußte daher aus Süden kommen. Ich hatte richtig getippt. Der Wind war umgesprungen.

Die Sonne ging bleich auf und wurde immer wieder durch dichte Wolkenvorhänge verdeckt. Sie sandte ihre blassen Strahlen auf eine Landmasse genau voraus. Ich starrte eine bange Minute lang in diese Richtung, bis ich nicht mehr daran zweifelte, daß es wirklich Land war. Ich wurde beinahe verrückt vor Freude. Ich sprang auf dem Kajütdach herum und jauchzte wie ein Kind. Dann nahm ich die Pütz, rannte damit zum Heck und goß mir schnell einige Eimer von dem erfrischenden Seewasser über den Kopf. Das Land kam erstaunlich rasch näher. Ich hatte kaum Zeit, mich abzutrocknen. Ich konnte schon die Täler an Land sehen und ging schnell nach unten, mich anzukleiden. Ich zog einen Khakianzug und Schuhe an, setzte den Hut auf und kämmte meinen Vollbart.

Als ich wieder an Deck kam, sah ich erstaunt, daß das Land nicht nur seine Form, sondern auch seine Position geändert hatte. Großer Gott! Es war überhaupt kein Land, sondern eine Wolke, die steil zum Himmel aufstieg. Ich sah schweigend und niedergeschlagen zu, wie sie emporschwebte. Mein Herz sank klaftertief. Ich hätte bestimmt geweint, wenn ich nicht aus Vernunft mit jedem Tropfen Körperfeuchtigkeit hätte geizen müssen.

An diesem Nachmittag verschoß ich meine letzte Schraubenmutter. Ich hatte den Motor und seine Zubehörteile restlos ausgeschlachtet. In der Bilge lagerte Zement als Ballast. Ich brach davon ein Dutzend Stücke in passender Größe als Schleudersteine ab, hatte jedoch bis zum Einbruch der Dunkelheit kein Glück damit.

Es war die trostloseste Nacht seit dem Ende des Orkans. Ich saß stundenlang im Cockpit und studierte meine Behelfskarte von der

Südsee, die ich in den Cockpitboden geritzt hatte. Nach meinen Berechnungen mußte ich schon weit über Samoa hinaus sein. Die nächsten Inseln im Westen waren die Hoorn-Inseln. Ich kannte jedoch nicht ihre genaue Position. Im Südwesten lagen die Fidschis – sechshundert Meilen entfernt! Für die *Pagan* eine Reise von drei Wochen!

Ich hatte schon zwei Tage nichts mehr zu mir genommen. So hart es mich ankam, ich mußte mich entscheiden: entweder blindlings nach Samoa zu suchen oder – solange es noch Zeit war – nach Süden zu segeln und die Fidschis anzusteuern. Da sich die Fidschis über ein größeres Seegebiet erstrecken, würden sie leichter aufzufinden sein als Samoa. Die Frage war nur, wie sollte ich drei Wochen lang mit einem Wasservorrat für nur zwei Wochen durchhalten, besonders da ich mir bisher sowieso nur einen halben Liter pro Tag zugestanden hatte. Es war ein Entschluß, der wohlüberlegt und bedacht sein wollte.

Wenn meine Mutmaßungen stimmten, befand ich mich irgendwo nordöstlich der Fidschis. Ich sah gedankenvoll auf meine ungenaue, behelfsmäßige Karte, maß die Entfernungen und erwog in Gedanken jedes Für und Wider. Schließlich beschloß ich, noch einen weiteren Tag nach Samoa zu suchen.

In der Nacht konnte ich vor quälenden Sorgen kaum schlafen. Ich träumte, ich läge gestrandet an irgendeiner Küste. Ich war froh. Ein großer grauer Wal lag angeschwemmt am Strand neben mir. Ich packte ihn am Schwanz und begann ihn roh, wie er war, aufzuessen, genau, wie ich es mit dem fliegenden Fisch getan hatte. Ich erwachte. Ein Glück, denn die Bilge mußte dringend gelenzt werden.

Bei Tagesanbruch stand ich oben auf dem Kajütdach und starrte an dem windgefüllten Klüver vorbei zum Horizont, an dem sich nicht das kleinste Inselchen abzeichnete. Es waren einundzwanzig Tage her, seit ich die Nottakelage aufgestellt hatte. Ich saß den ganzen Tag auf dem Vorluk und stand nur von Zeit zu Zeit auf, um den Horizont zu beobachten. Über mir flogen Bootsmannsvögel, Tölpel und an Land beheimatete Seeschwalben. Sie stürzten sich kreischend auf die fliegenden Fische, die „Gevatter Tod“ und seine Kumpane aufgescheucht hatten. Es mußte unbedingt irgendwo Land in der Nähe sein – aber wo? Ich ging nur zum Bilgelenzen nach achtern, sonst hielt ich den ganzen Tag am Bug Ausschau, allerdings ohne Erfolg. Als die Dämmerung und dann die Dunkelheit hereinbrach, tat ich das anscheinend einzig Vernünftige, ich ging auf Südkurs. „Fidschi oder sterben!“ sagte ich mir, als ich die Pinne wieder festsetzte und die Segel entsprechend trimmte.

Von diesem Augenblick an verschärfte sich meine Lage grundlegend. Ich befand mich nicht mehr nur vorübergehend in Not, sondern von jetzt an war alles und jedes unendlich fragwürdig geworden. Ich war nicht einmal sicher, ob ich die Fidschis finden würde, wenn ich weiter einen südlichen Kurs verfolgte. Es hing ganz davon ab, wie weit ich bei der Suche nach Samoa nach Westen gesegelt war, und ob ich fünfundzwanzig oder dreißig Meilen am Tag schaffte oder möglicherweise sogar mehr oder noch weniger. Ich hatte keine Gewißheit darüber. Es kam ganz auf die Geschwindigkeit der westlichen Stromversetzung an, und ob ich weitere einundzwanzig Tage Fasten durchhalten würde. Ungewiß war auch, ob sich mir irgendwelche Korallenriffe entgegenstellten. Die Fidschis sind berüchtigt für die Unterwasser-Korallenriffe vor ihrer Küste. Mir blieb nichts anderes übrig, als diesen Schritt ins Ungewisse zu wagen und zu hoffen, daß ich auf Land stoßen würde.

Das Wetter machte mir die größte Sorge. Das Schreckgespenst des Orkans auf offener See verfolgte mich wie ein Damoklesschwert. Ich befand mich in einem Gebiet, das allgemein für seine zyklonischen Störungen bekannt ist. Dazu kam, daß die jahreszeitlich bedingten Orkane in Kürze einsetzen mußten.

Die *Pagan* würde keinen zweiten Orkan überstehen, und auch mir fehlten die Kräfte, nochmals gegen diese vernichtenden Naturgewalten anzukämpfen und das Boot endlose Stunden lang auszuschöpfen. Ich versuchte, einfach nicht an derartige Möglichkeiten zu denken und meine ganze Kraft dafür einzusetzen, mein höchst fragwürdiges Ziel zu erreichen und des Hungers Herr zu werden.

Der Bug meines Bootes wies nach Süden. Ich bediente die schwere Bilgepumpe zum ersten Mal auf dem neuen Kurs und schaute dabei über die feindselige Wasserfläche, berechnete meine kümmerliche Geschwindigkeit und hörte meinen Magen vor Hunger knurren.

Da fühlte ich innerlich einen Drang, der mir aus tiefster Seele kam und dem ich deshalb nachgab. Was kann ein Mann unter solchen Umständen anderes tun als sich der letzten, nie versagenden Quelle zuzuwenden, dem „großen Kapitän“, dem Führer aller Schiffe. Widerstrebend beugte ich meine Knie, denn meine Sünden der letzten Monate waren ohne Zahl.

Von den Perlas bis zu den Galapagos und von den Galapagos weiter nach Westen habe ich derartig geflucht, daß ich kaum glaube, daß man je Schlimmeres auf einem Schiff zu hören bekam. In jeder Bö, in jedem Sturm, in jeder Flaute, bei jedem Wolkenbruch und jeder

Gegenströmung hatte ich eine Flut von Schimpfworten ausgestoßen, die selbst einen Maultiertreiber beschämen würde, und was noch schlimmer war, in meiner größten Not hatte ich selbst Gott gelästert. Ich hatte ihm wiederholt getrotzt, ihn verleugnet und geschworen, ich würde für den Rest meines Lebens zum Atheisten werden. Wenn mich die Naturelemente hemmten und verfolgten und ich nicht von der Stelle kam, hatte ich ihn sogar Mann gegen Mann aufgefordert, an Deck zu erscheinen.

Jetzt aber, als ich schiffbrüchig war, ohne Nahrung und Navigationsinstrumente, kniete ich demütig an Deck nieder und legte meine gefalteten Hände auf das Kajütdach. Mit erhobenen Augen flehte ich reuig um Vergebung und Mitleid zu dem wahren Kapitän der *Pagan*.

OHNE NAHRUNG

Ich saß im Cockpit und betrachtete meine Faustskizze des südwestlichen Pazifik. Nachdenklich sah ich auf die Strecken, die ich noch zurückzulegen hatte, und überlegte, was wohl das ratsamste sei. Es flogen immer noch einige Landvögel über mir, und sicher war deshalb auch irgendwo in der Nähe Land, aber bei der geringen Geschwindigkeit der *Pagan* hatte es keinen Zweck, das pfadlose Meer weiter danach abzusuchen, besonders da ich nichts zu essen hatte und meine Wasservorräte immer geringer wurden und die nächsten, mir bekannten Inseln sechshundert Meilen entfernt waren. Nein – ich konnte es wirklich nicht wagen, noch einen Tag mehr mit der Suche nach Samoa zu verlieren. Die breite Inselkette der Fidschis ließ sich bestimmt auffinden. Sie waren meine letzte sichere Zuflucht, und deshalb entschied ich mich für sie als das kleinere Wagnis.

Der Hundsstern Sirius wurde mir in seiner Ost-West-Bahn über den Himmel, die gerade über den Mittelpunkt der Fidschis führte, überwiegend zum Leitstern. Ich plante daher, so weit südlich zu fahren, bis ich mich unter dem Sirius befand, und von da weiter nach Westen, bis ich auf Land traf.

Es wehte ein östlicher Wind, der die See leicht bewegte. Die *Pagan* kam gut voran. Dann und wann spritzte etwas Gischt an Deck, weshalb ich die meiste Zeit unten in der dunklen Kajüte blieb.

Am Spätnachmittag fiel mir ein, daß sich während der langen Fahrt von den Galapagos am Unterwasserschiff der *Pagan* eine Art Moos angesetzt hatte. Ich hätte es schon früher gegessen, wenn ich nicht etwas besorgt über die Wirkung gewesen wäre.

Ich ging an Deck und sah es mir genauer an. Es hatte eine hell- bis dunkelgrüne Farbe, war haarfein und wurde an einigen Stellen bis zu zweieinhalb Zentimeter lang. Ich kratzte eine Handvoll davon ab und drückte das Salzwasser heraus. Dann stopfte ich etwas davon in den Mund, kaute es und schluckte es hinunter. Es schmeckte wie gesalzenes Gras und vertrieb zwar nicht meinen Hunger, aber stillte wenigstens das Verlangen nach etwas Eßbarem.

Ich dachte an die halbe Flasche Haaröl. Mit etwas Phantasie schmeckte das mit Haaröl beträufelte Gras ein wenig wie Salat. Leider plagte mich der Hunger noch genauso wie zuvor, nachdem ich es hinuntergeschluckt hatte. Er ließ sich nicht so einfach stillen.

Außer dem Moos gab es nichts zum Essen Geeignetes. Ich kratzte noch etwas vom Schiffsrumpf ab, tropfte das letzte Haaröl darüber und aß es auf. Dann schlürfte ich andächtig den letzten Tropfen meiner Tageswasserration, lenzte die Bilge und ging schlafen.

Als ich erwachte, quälte mich der Hunger schlimmer denn je. Das Moos ließ sich ohne Haaröl kaum hinunterwürgen, trotzdem aß ich wenigstens etwas davon, damit mein Magen nicht mehr ganz so knurrte. Nach kurzer Zeit war es jedoch schon wieder dasselbe. Am Nachmittag hielt ich es einfach nicht länger aus. Hätte ich bloß einen einzigen Bissen! – wenigstens etwas, auf dem man herumkauen konnte, um den Hunger ein klein wenig abzulenken!

Ich hatte noch ein letztes Paar Schuhe. Als ich jedoch eine Ecke des Oberleders in den Mund steckte, machte mich allein der Geruch und der Geschmack des Farbstoffs krank. Da fiel mir mein Gürtel ein. Ich nahm in ab und hielt ihn nachdenklich in Händen. Er war aus reinem Rindleder. Ich besaß ihn schon seit Jahren und hatte ihn auf der Universität und während des ganzen Krieges getragen. Er hatte mit mir viermaligen Schiffbruch überstanden. Ein wehmütiges Gefühl der Anhänglichkeit befiel mich, und ich band ihn deshalb wieder um. Es blieb dann nur noch meine Brieftasche aus Känguruhleder, ein Geschenk von Marys Vater. Der Hunger überwand in diesem Fall alle sentimentalen Anwandlungen. Ich entleerte sie und steckte ihren Inhalt in meine Hemdtasche. Dann kochte ich das gute Stück genau wie den Militärschuh, klopfte es weich und schnitt es in Streifen. Es reichte gerade für den Tag und die nächste Nacht.

Als es dämmerte, saß ich an Deck und beobachtete wie gewöhnlich die Stelle am Horizont, woher die ersten Vögel gekommen waren. Ein kleiner weißer Seevogel durchschnitt die Luft mit seinen langen Schwingen. Mit heiserem Geschrei flog er aus nicht feststellbarer Richtung schräg übers Deck und kam in immer engeren Kreisen näher, um sich die *Pagan* zu besehen. Ich warf mit einem Stückchen Zement nach ihm. Wunderbarerweise wurde der Vogel getroffen. Ein Federtuff wirbelte durch die Luft, dann schoß er wie ein abgeschossenes Flugzeug ins Meer, nur neun Meter von mir entfernt.

Ich warf das Ruder los, ging über Stag und erreichte die Stelle, an der das weiße Federbüschel schwamm. Ich fischte es heraus.

Was dann geschah, wird mir stets rätselhaft bleiben. Fast irrsinnig von dem Gedanken an Nahrung und das Glück, sie fest in Händen zu halten, riß ich dem Vogel mit einem Ruck den Kopf ab und steckte den noch blutwarmen Hals in meinen Mund und saugte jeden Tropfen seines lebenschenkenden Blutes aus. Ich war ein Tier, das ein anderes niedergeschlagen hatte, und wie ein Tier packte ich die Beute mit Zähnen und Klauen. Als kein Tropfen Blut mehr kam, biß ich mit Wolfshunger in sein Gefieder und riß aus seinem Balg heraus, was mir gerade in die Zähne kam.

Unendlich langsam vergingen zwei weitere Tage. Es war, als ob jede Minute zur Stunde würde. Ich ließ wie sonst Tag und Nacht meine Angelleine achtern hinterherschleppen, jedoch ohne den geringsten Erfolg. Die paar spärlichen Seemoospolster am Schiffsrumpf verschwanden nach und nach samt und sonders. Es flogen wohl noch Vögel ums Schiff, und ich hatte auch Gelegenheit, mein Wurfgeschoß nach ihnen zu schleudern, aber es fehlte mir irgendwie die frühere Kraft im Arm, ich schoß zu kurz oder weit daneben.

Eines Morgens, als ich an Deck kam, sah ich ein Schiff. Es lief quer zu meinem Kurs. Es war ein großer Frachter, der ruhig und gleichmäßig durch die lange Dünung stampfte. Mich umgaukelten angenehme Bilder. Ich malte mir aus, wie ich nach Samoa in Schlepp genommen wurde und dort Nahrung und Ruhe fand. Ich stellte mir vor, wie die *Pagan* mit einem neuen Mast und neuen Segeln ausgerüstet werden würde. Mit neuem Proviant würde ich wohlbehalten nach Sydney zu Mary segeln.

Der Frachter wollte offensichtlich nach Panama, wahrscheinlich kam er von den Fidschis oder von Brisbane. Er machte gute Fahrt. Obwohl er gar nicht weit weg war, konnte ich nicht die Nationalität ausmachen. Er besaß noch den grauen Kriegsanstrich. Ich erwartete, daß er seinen Kurs ändern und auf mich zukommen würde.

Ich kletterte in den schwankenden Mast und gab Blinkzeichen mit der Taschenlampe. Der Mast bog sich bedenklich unter meinem Gewicht, und ich kletterte deshalb schnell wieder hinunter. Ich winkte wie wild mit meinem Hemd und schrie wie ein Verrückter. Ich wußte, daß man mich nicht hören konnte, aber ich tat es trotzdem. Der große Frachter zog jedoch ungerührt seine Bahn.

Da kam ich plötzlich auf den Gedanken, ein Feuer anzuzünden. Feuer an Deck ist ein Zeichen, daß man sich in Not befindet. Ich rannte nach unten und warf ein Hemd in die Pütz und goß etwas Toilettenwasser darüber. Dann zündete ich es mit einem meiner letzten Streichhölzer an und trug die Pütz auf das Vordeck. Der Frachter kreuzte von Steuerbord nach Backbord meinen Kurs. Er hatte mich noch nicht gesichtet.

Ich war außer mir, als ich feststellte, daß man mich nicht bemerkte. Ich sprang umher, winkte und schrie und versuchte zwischendurch alles nur Erdenkliche, um mich bemerkbar zu machen. Ich eilte nach achtern und änderte den Kurs, um in Sichtweite des Frachters zu bleiben. Eine dicke, graue Rauchwolke kam aus der Pütz und stieg etwa zehn Meter auf. Anscheinend rechnete der Steuermann gerade seine Heuer aus oder sagte dem Mann am Ruder Bescheid, was für ein Idiot er sei, denn sonst hätte er selbst als Blinder mein Signal sehen müssen. Hilflos beobachtete ich, wie sich das Schiff mit zunehmender Entfernung immer verschwommener abzeichnete und dann ganz unter dem Horizont verschwand.

Ich blieb auf dem südwestlichen Kurs, anstatt auf den südlichen zurückzugehen. Erst am späten Nachmittag fand ich einen Ölfilm auf dem Wasser, der auf ein vorübergefahrenes Schiff deutete. Ich änderte den Kurs auf Ost, um seiner Spur zu folgen. Die Chance stand eins zu einer Million, daß das Schiff stoppen oder beidrehen oder daß der Koch gerade seine Abfälle achtern über Bord werfen würde.

Als es dunkel wurde, ging ich über Stag und fiel dann wieder ab auf meinen alten Kurs. Ganz entmutigen ließ ich mich nie. Wenn man nicht weiß, wo man ist, ist das Land immer dort, wo man es findet. Ich wußte, daß es früher oder später auftauchen würde und es nur darauf ankam, auszuhalten.

Früh am nächsten Morgen tat ich etwas, das ich schon längst hätte tun sollen. Ich malte auf beide Seiten der Segel SOS. Farbe hatte ich nicht mehr. Ich benutzte daher das dickflüssige, schmutzige Maschinenöl dazu. Da zufällig ein Flugzeug über die *Pagan* fliegen konnte, malte ich das Notsignal auch aufs Vordeck und das Kajütdach. Vorläufig erblickten es nur die mich verfolgenden Haie und der eine oder andere einsame Seevogel, aber es war wenigstens als internationale Botschaft für jedes Fahrzeug angebracht, das vielleicht vorbeikommen könnte, wenn ich mich gerade unter Deck befand.

Ich suchte den Horizont langsam von einem Ende zum anderen ab, pumpte die Bilge lenz und begab mich nach unten.

Mir war an diesem Tag trostlos einsam zumute gewesen. Ich hatte längst alle neun Bücher an Bord durchgelesen, sogar schon zweimal, aber es machte keinen Spaß, sich in einen Kriminalroman zu vertiefen, wenn man den Mörder schon im voraus kannte. Ein Buch jedoch, aus dem ich täglich einen Abschnitt las, kam mir immer inhaltsreicher vor, je öfter ich mich damit beschäftigte. Es war die Bibel. Ihre ewigen Wahrheiten ließen sich nie ganz ausschöpfen. Je mehr man darin eindrang, desto geheimnisvoller wurde der Sinn – ein Geheimnis, das mich schließlich zum Glauben führte. Hier draußen auf See war der Glaube eine Notwendigkeit geworden; es war das einzige, an das ich mich noch klammern konnte.

Ungefähr um diese Zeit zeigten sich auch äußerlich die Auswirkungen des Hungers ganz deutlich. Mein Handgelenkknöchel stand heraus wie ein Pingpongball. Die Adern, die früher gar nicht zu sehen waren, überzogen meine immer dünner werdenden Arme wie ein Netz. Meine Ellbogen waren spitz und mein Bizeps groß wie ein Ei. An Brust und Schultern zeigten sich eingefallene Stellen. Meine Rippen konnte man schon von weitem zählen, und mein Bauch lag wie ein eingesunkenes Tal zwischen Brust und Schenkeln. Meine Hüftknochen stachen scharf hervor, und an der Innenseite des Oberschenkels entstand eine immer größere Vertiefung.

Meine Knie zeigten nur noch Haut und Knochen, während meine Füße und Fußgelenke furchtbar geschwollen und doppelt so dick wie in normalen Zeiten waren, wahrscheinlich durch das Wasser, das sich darin festsetzte. Es war mir, als ob sie schwerer geworden seien. Ich schleppte mich damit nur mühselig an Deck voran.

Zu dieser Zeit hatte ich auch das letzte Moos an *Pagans* Schiffsrumpf aufgegessen. Obwohl ich das Schiff immer wieder durchsuchte, blieb es bei der halben Büchse Tee und der halben Flasche Rasierwasser als einzig Genießbarem.

Jedesmal, wenn ich die Bilge lenzte, steckte ich ein paar Teeblätter in den Mund. Das Rasierwasser hob ich auf, falls mein Wasservorrat zu Ende gehen sollte.

Am nächsten Nachmittag drehte der Wind von Ost auf Nordost und frischte sehr schnell auf. Dieser plötzliche Umschwung versetzte mich in Alarmbereitschaft. Ich beobachtete kritisch Himmel und Meer und fierte die Schoten und segelte eine ganze Zeit platt vorm Laken. Ich machte mindestens zwei Knoten. Die Gefahr wurde jedoch immer drohender, daß eine See übers Heck einsteigen könnte. Ich sah, daß ein Sturm im Anzug war, der sich bereits ankündigte.

Ich ging an den Wind, um die Seen von vorn zu nehmen. Ich holte das Großsegel nieder, zurrte es an Baum und Mast fest und beobachtete, wie sich die *Pagan* mit dem zunehmenden Wind und Seegang abfand. Sie lag gut unter Klüver, Fock und Besan. Ich pumpte die

Bilge leer, warf einen Blick auf den bewegten Himmel und ging nach unten. Auf meiner Koje wartete ich zunächst ab.

Der Sturm brach nach Eintritt der Dunkelheit los, wie ich aus dem Lärm in der Takelage und der Krängung des Schiffs schließen konnte. Solange die *Pagan* jedoch noch Segel trug, lag sie gut in der See. Ich mußte alle zwei Stunden lenzen. Dabei konnte ich gleichzeitig genau den Wind und die See beobachten.

Ich hatte meine Hände gefaltet und hoffte, daß der Wind nicht stärker werden würde. Bestimmt würde die *Pagan* in ihrem mitgenommenen Zustand keinen zweiten Orkan durchhalten können, selbst nicht unter frischer, kräftiger Besatzung.

Die Stunden der Ungewißheit stellten unerträgliche Anforderungen an meine Nerven und an meinen Körper. Mitten in der Nacht brach mein kleiner Treibermast. Ich schleppte mich an Deck. Wie schwach ich war, bemerkte ich erst so richtig, als ich versuchte, der See den spindeldürren Mast zu entreißen. Es gelang mir nicht, obwohl ich es ein dutzendmal versuchte. Ich besaß keine Kraft mehr in den Armen.

Schließlich holte ich ihn an der Schot längsseits und sicherte ihn mit zwei halben Schlägen. Diese Anstrengung hatte mich ganz erschöpft. Ich hätte vor Erschöpfung an Ort und Stelle einschlafen können, wenn ich nicht Angst gehabt hätte, über Bord gewaschen zu werden.

Auf Händen und Knien kroch ich ins Cockpit zurück. Eigentlich hätte ich die Bilge lenzen müssen. Ich wußte es wohl, aber ich konnte mich nicht dazu aufschwingen. Ich schlich in meine Kajüte und warf mich auf meine stampfende Koje. Ich weiß noch, daß ich mich festband . . . alles andere ist mir entschwunden.

Als ich wieder zu mir kam, stand das Wasser in der Kajüte so hoch wie noch nie seit dem Orkan – ich war überzeugt, daß ich mich in einem neuen befand. Ich war vollständig durchnäßt und mußte die Wolldecke, die ich als Matratze benutzte, auswringen. Gurgelnd schwappte das Wasser hin und her.

Ich wußte nicht, wie viele Stunden ich geschlafen hatte. Es war stockfinster. Die *Pagan* rollte und stampfte. Mich überkam ein Gefühl völliger Hilflosigkeit, das Wasser spülte mich schon fast aus der Koje heraus. Ich wußte, daß ich niemals dagegen anschöpfen konnte – ich war viel zu kraftlos dazu. Es war reiner Selbstmord, an Deck zu gehen und im Orkan die Pumpe in Betrieb zu setzen. Am liebsten hätte ich mich wieder hingelegt und in stiller Verzweiflung auf das Ende gewartet.

Zum Glück wächst man über sich hinaus, wenn es zum Äußersten kommt. Orkan oder kein Orkan – die Bilge mußte gelenzt werden. Ich mußte es einfach tun, da sonst mein Boot sinken würde. Ich nahm einen Schluck von meinem kostbaren Wasser, worauf mich ein Gefühl der Erfrischung durchpulste. Als ich mich ans Cockpit-Süll anklammerte und meine Blicke hinaus in die Nacht schweifen ließ, war ich maßlos verblüfft: Es handelte sich nicht um einen jener hinterhältigen Orkane des Fidschigebiets, sondern um eine milde tropische Brise von ungefähr Windstärke drei, die aus Süden blies. Der ganze Tumult auf der *Pagan* war durch eine schwere Kreuzsee entstanden. Fock und Klüver hatten alles überstanden.

Am Himmel über mir glänzten friedlich die Sterne. Nur die aufgewühlte See, die sich langsam beruhigte, erinnerte noch an den tropischen Sturm. Ich atmete erleichtert auf. Mit neuem Mut fing ich wieder an zu pumpen.

Sobald ich mein morgendliches Gebet um Hilfe verrichtet hatte, begann ich mit den alltäglichen Arbeiten an Deck. Ich wollte den Treibermast so schnell wie möglich aufrichten, um wieder mehr Fahrt zu machen.

Es war jetzt leicht, den Riemen, den ich als Mast benutzt hatte, aus dem Wasser zu fischen, an Deck zu ziehen und die Spiere wieder aufzurichten. Danach pumpte ich die Bilge leer und ging dann nach unten, um wie gewöhnlich in der Bibel zu lesen.

Da der Südwind anhielt, blieb ich auf Südwestkurs. Obwohl ich soviel wie möglich Süd gutmachen mußte, da ich noch lange nicht südlich genug war, um unter dem Sirius dahinzufahren, verzichtete ich zunächst darauf, nach Süden aufzukreuzen. Für mich war das Land da, wo ich es finden würde, und wie so oft schon ließ ich mich von einer leichtsinnigen Eingebung treiben, die mir zuflüsterte: „Fahr nach Südwest!"

Ich hatte fünf Tage nichts gegessen. Fünf Tage ohne Nahrung! Dabei erinnerte ich mich noch, welches Bauchgrimmen ich hatte, wenn ich früher einmal eine Mahlzeit auslassen mußte. Das anhaltende Fasten ließ meine Magensäfte teilweise versiegen. Ich wurde daher nachts nicht mehr so schlimm von Alpdrücken gequält.

Trotzdem empfand ich ununterbrochen ein Verlangen nach etwas Eßbarem. Gelegentlich schoß ich auf einen Vogel, aber meine Kraft und mein Zielvermögen hatten sich so verringert, daß ich kaum noch aus nächster Entfernung die Breitseite einer Scheune getroffen hätte. Die Haie – es waren jetzt sogar fünf oder sechs – wurden noch übermütiger. Sie richteten ihr Hauptaugenmerk auf mein schwaches Boot, und ich hatte den starken Verdacht, daß sie es besonders auf mich abgesehen hatten.

Ich ging bei Tagesanbruch an Deck in der Hoffnung, endlich eine Insel vor mir zu sehen. Es zeigte sich auch wirklich eine. Diesmal war es keine Wolke. Es bestand vielmehr vom ersten Augenblick an kein Zweifel darüber, daß es Land war.

Es lag breit an Backbord voraus: eine niedrige Insel. Aus dem Schlot eines Vulkans kam eine dunkle, schnellziehende Rauchfahne. Die Umrisse waren verschwommen, da es bewölkt war und der zunehmende Wind vom Horizont her eine Dunstwand davor trieb.

Die Insel sah fruchtbar aus, ein sicheres Zeichen, daß sie bewohnt war. Diesmal war Rettung und Hilfe gewiß, trotzdem beschloß ich, von Anfang an nichts zu überstürzen und so umsichtig wie möglich vorzugehen. Es waren schon bedeutend mehr Seeleute beim Landen als auf der offenen See umgekommen. Auf dem Meer wird das Boot vom Wasser getragen und ist sicher. Aber wenn es um die Korallenriffe zur Lagune steuert und sich durch die Brandung an den Strand heranarbeiten muß, kann es leicht zerschmettert werden und die Besatzung ertrinken. Ehe der Seemann Hilfe und Nahrung findet, muß er nach der Landung oft eine lange Strecke durch unwegsames und gefährliches Gebiet zurücklegen. Außerdem muß er daran denken, daß er bei seinem geschwächten Zustand zunächst nur einen kleinen Schluck Wasser und einen winzigen Bissen zu sich nehmen darf, mag er auch noch so hungrig und durstig sein. Denn sonst kann er leicht gerade in dem Augenblick, wo er endlich in Sicherheit ist, unter Qualen sterben.

All dies fiel mir ein, als ich auf das dunkelgrüne „Paradies“ starrte, in dem ich bald geborgen zu sein hoffte. Ich malte mir vor allem aus, wie herrlich es sein würde, wieder nach Herzenslust essen zu können. Ich sah mich im Geist schon in einem Kokoswäldchen herumlaufen und die grünen Nüsse mit ihrer Milch herunterholen und mich an ihrem zarten Fleisch laben. Mir schwebten Bananenpflanzungen vor, die bis hinunter zum Strand reichten. Ich schmachtete danach, von ihren Früchten zu essen und unter den Palmenwedeln auszuruhen. Mir floß das Wasser im Munde zusammen, als mich die Hungerteufel mit unverminderter Kraft quälten.

Ich änderte den Kurs und ging so hoch an den Wind wie möglich. Das Land lag jetzt genau voraus. Ich hielt auf die nächstliegende Landspitze zu.

Ich rätselte, was es wohl für eine Insel sein könne, und saß vor meiner Behelfskarte auf dem Cockpitboden und studierte die eingeritzten Inseln und Meeresteile. Ich ging Insel für Insel durch, bis als einzige Möglichkeit ein nördlicher Punkt der Fidschis übrigblieb.

Es war sehr schwierig, Genaueres festzustellen, da ich weder Sicheres über die Lage der Inselgruppe in diesem Gebiet wußte, noch in den einzelnen Archipelen die Lage der Inseln untereinander kannte. Alles beruhte nur auf Vermutungen auf Grund der eigenen Geschwindigkeitsschätzungen und der ungefähren Berechnung der Versetzung durch die Meeresströmung.

Nach wiederholtem Durchrechnen nahm ich schließlich eine tägliche Geschwindigkeit von zwanzig bis fünfzig Meilen an. Berücksichtigte ich dabei den Einfluß aller günstigen Faktoren, kam ich auf etwa fünfunddreißig Meilen. Wenn ich also seit dem Orkan täglich fünfunddreißig Meilen vorangekommen war, mußte ich, ehe ich mich nach Süden gewandt hatte, in einundzwanzig Tagen etwa siebenhundert Meilen zurückgelegt haben. Rechnete ich dazu schätzungsweise für die letzten neun Tage mit südlichem Kurs weitere hundertundfünfzig Meilen für die Strömung und verschiedene andere Einflüsse, die mich nach Westen trieben, mußte ich eigentlich auf bestem Wege nach Australien sein.

Unter diesen Voraussetzungen war es damals ganz berechtigt, daß ich nach meiner unzulänglichen Karte annahm, daß eine Gerade, die von einem Punkt achthundertundfünfzig Meilen westlich der Suvarovs ausging, mitten durch die westlichen Fidschis verlaufen müsse und daher das Land vor meinem Bug ein Teil dieser Inselgruppe sei. Die Annahme war falsch, aber sie schien mir unter den damaligen Verhältnissen etwas für sich zu haben.

Nach meiner Berechnung mußte diese Insel vor mir das letzte Land sein, ehe sechshundert Meilen weiter die primitiven Neuen Hebriden kamen, die unmittelbar nordöstlich von Neukaledonien liegen. Ich mußte diese Insel auf jeden Fall ansteuern. Mein Leben hing weitgehend davon ab.

Ich war etwa noch vier Meilen von der Küste entfernt, aber nahe genug, um an den niedrigen Hängen eine dicht verwobene Vegetation erkennen zu können, die mich sofort an Mangos, Papayas und kühle, erfrischende Ananas denken ließ. Ich bekam schon einen gewaltigen Appetit darauf, während mich der Hunger andererseits so quälte, daß ich mich intensiv mit etwas anderem beschäftigen mußte, um bloß nicht mehr daran zu denken. Ich machte den Anker klar, um ihn im gegebenen Augenblick fallen lassen zu können.

Am Strand meinte ich Palmen zu erkennen, aber keinerlei Anzeichen von einem Dorf. Ich stand auf dem Kajütdach und hielt mich an dem kurzen Mast fest und schaute nach einem passenden Ankergrund aus.

Quälend langsam verging Stunde um Stunde. Die Sonne stand schon bald im Zenit. Ich hatte gehofft, längst vorher zu ankern oder zu landen und mich auf die Nahrungssuche begeben zu können. Ich kam der Insel nicht näher. Nach sechs Stunden Segeln hätte ich bereits an den Riffs vorbei und wohlbehalten in der Lagune sein müssen. Statt dessen befand ich mich genau westlich der Insel und versuchte verzweifelt, gegen den Wind aufzukreuzen. Offensichtlich war meine Segelfläche zu klein, um gegen die Strömung anzukommen. Ich entfernte mich im Gegenteil immer mehr von der Insel.

Am Spätnachmittag hatten mich Wind und Strömung ganz beträchtlich abgetrieben. Die Strandlinie war nicht mehr sichtbar. Der Vegetationsgürtel und das unfruchtbare Oberland verschwammen ineinander. Ich hoffte noch immer, daß mich jemand sehen und mir entgegenfahren würde. Ich frischte die SOS-Zeichen mit dem schmutzigen Schmieröl des Motors auf. Aber bis zum Dunkelwerden zeichnete sich kein einziges Segel am Horizont ab. Als die Nacht kam, waren auf der Insel Lichter zu erkennen.

Stundenlang blieb ich auf dem sinnlosen Kurs und blitzte mit meiner immer schwächer werdenden Taschenlampe in die niedrigen Wolken über mir sowie in vollem Kreis rings um den Horizont. Es war immerhin denkbar, daß man mein Lichtfünkchen bemerkte und ein Lichtstrahl als Antwort am Horizont aufblitzte.

Als mein Licht schließlich so schwach wurde, daß ich es kaum noch selbst sehen konnte, gab ich es auf. Die Dunkelheit hatte die Insel ganz verschlungen und sie meinen Blicken entzogen. Es war sinnlos und gefährlich, mich noch länger mit dem Kreuzen aufzuhalten. Es blieb mir nichts anderes übrig, als abzufallen und weiter westlich nach Land zu suchen.

Der Gedanke an die lange Distanz zwischen den Fidschis und den Neuen Hebriden war wie ein Alptraum. Sie kam mir endlos vor, wenn ich sie vom Standpunkt soundsovieler Schlückchen Wasser, Bilgelenzen und meines Hungers betrachtete. Aber – „du hast ja selbst schuld!“ sagte ich mir. „Du hattest es ja nicht nötig, dich aufs offene Meer zu wagen. Niemand hat dich aus Panama verjagt. Also – schweig!“

Ich ging auf Südwestkurs, da ich hoffte, so bei gutem Wetter in fünfzehn bis sechzehn Tagen nach den südlichen Neuen Hebriden zu gelangen. Nachdem ich die *Pagan* lenzgepumpt hatte, ging ich nach unten und wünschte, daß es bald wieder Tag würde, damit ich meine Seekarte studieren könnte. Ich setzte meine Wasserration auf weniger als einen halben Liter pro Tag herab.

Bei Tagesanbruch stieg ich ins Cockpit, um einen Blick auf meine unzulängliche Karte zu werfen. Ich überlegte zudem stundenlang, wie ich mit meinen geringen Wasservorräten durchhalten könnte. Es war noch für acht, vielleicht auch für neun Tage Wasser da. Bis zu den Neuen Hebriden waren es jedoch fünfzehn Tage, wenn es sich überhaupt in dieser Zeit schaffen ließ. Das bedeutete, daß ich wenigstens sechs Tage ganz ohne Wasser sein würde. Das kann kein Mensch aushalten.

Zum ersten Mal in meinem Leben sah ich dem Tod ins Angesicht. Bisher war dazu gottlob noch nie Gelegenheit gewesen. Jetzt aber war es soweit, und mir blieb eine volle Woche, mich mit ihm anzufreunden. Meiner Meinung nach ist der Tod nur dann furchtbar, wenn man Zeit hat, über ihn lang und breit nachzudenken. Dem Tod unmittelbar gegenüberzustehen, ist etwas ganz anderes, als ihn langsam auf sich zukommen zu sehen. Er kann plötzlich auf einem torpedierten Schiff hinter einem stehen, oder bei einem Bombardement. Er kann einem im Rettungsboot gegenübertreten oder beim Angriff auf einen Geleitzug – es gibt im Krieg viele Möglichkeiten.

Aber die Plötzlichkeit solcher Ereignisse läßt einen kaum zum Nachdenken kommen. Was der Tod bedeutet, begreift man erst, wenn er sich noch in gewisser Entfernung hält.

Merkwürdigerweise habe ich nie wirklich fest geglaubt, daß ich sterben müßte. Ich will gern zugeben, daß ich oft genug auf das weite, bewegte Meer stierte und die Frage stellte: „Soll ich wirklich einsam hier draußen auf See umkommen?“ Ich beschäftigte mich aber vor allem soviel mit dem Tod, weil mir der Gedanke so neu war. Wirklich bedroht habe ich mich nie von ihm gefühlt. Meine Vitalität und mein

Wunsch, am Leben zu bleiben, waren zu stark – ich besaß zuviel, was mir das Leben lebenswert machte, und war schon über genügend andere Schwierigkeiten hinweggekommen. „Ich bin zu jung zum Sterben“, sagte ich . . . und glaubte es! Mein wiedererwachter Glaube an Gott sowie das Gebet und dadurch auch mein neuer Glaube an mich selbst machten mir das Leben genauso lebenswert wie der Gedanke an Mary.

Als ich an diesem Morgen an Deck kam, erstarrte ich. Die *Pagan* hatte zum zweiten Mal ihren Mast verloren. Nur der Treibermast stand noch. Der Großmast war während der Nacht abgeknickt. Offensichtlich war er an dem Tag, als ich wegen der Insel vergeblich stundenlang gekreuzt war, zu sehr beansprucht worden. Jetzt stand mir die harte Arbeit bevor, den Mast wieder aufzurichten und die Takelage in Ordnung zu bringen. Das beständige Pumpen hatte mich beängstigend viel Kräfte gekostet. Obwohl ich an das Mastaufrichten nur mit Grauen dachte, machte ich mich unmittelbar daran, nachdem ich mich durch einen Schluck Wasser gestärkt hatte.

Ich zog den alten Mast an Bord und sägte ihn da, wo er an Deck abgebrochen war, ab und machte ihn für das Mastloch passend. Er war jetzt nur noch drei Meter lang. Ich verkürzte die Wanten und Stage dementsprechend und bereitete alles vor, um den Mast aufzurichten. Die Arbeiten strengten mich derart an, daß ich mich erst einmal hinlegen mußte, ehe ich mit der Plackerei fortfahren konnte.

Nachdem ich mich ausgeruht hatte, begann ich mit der schwersten Arbeit. Ich richtete den Mast, so gut ich konnte, in eine senkrechte Lage auf und wuchtete ihn bis zu dem Loch im Deck, in das er wieder eingesetzt werden sollte. Ich verfehlte es um zwei bis drei Zentimeter, so daß er gegen den Kajütaufbau stieß und mir von der Schulter rollte, als ich das Gleichgewicht verlor. Ich mußte erst einmal wieder ausruhen.

Beim nächsten Versuch, ihn aufzurichten, stand ich oben auf dem Kajütdach und taumelte unter dem Gewicht der klobigen Spiere. Ich versuchte, ihn genau in das Mastloch hineinzudirigieren. Es gelang mir jedoch nur, das untere Ende dieses kopflastigen Knüppels bis auf fünfzehn Zentimeter an das Loch im Deck heranzubringen. Ich hatte keine Kraft mehr: Die Anstrengung brachte mich von den Beinen. Ich stürzte auf Deck und lag elendig da und konnte kaum mehr Atem holen.

Da kam mir der Gedanke, daß der Mast leichter und handlicher würde, wenn ich ihn verkürzte. Da ich jedoch keine Segelfläche entbehren konnte, verzichtete ich zunächst darauf. Das Großsegel war selbst an dem 3,30 Meter hohen Mast kaum größer als der Treiber gewesen, der wie ein Kopfkissenbezug aussah. Bevor ich jedoch weiterdenken und -arbeiten konnte, mußte ich erst einmal wieder nach unten gehen und mich in meine Koje legen.

Als ich an Deck zurückkehrte, fühlte ich mich etwas frischer, aber trotz zweimaligen Versuchs gelang es mir auch dann nicht, den Mast aufzurichten. Ich wurde müde und mutlos und schlich niedergeschlagen in meine Koje. Ehe ich tatsächlich den Mast verkürzte, wollte ich es noch ein letztes Mal versuchen, ihn in seiner ganzen Länge aufzurichten.

Mitten am Nachmittag wachte ich auf und war immer noch erschöpft von den morgendlichen Anstrengungen. Ich trank einen Schluck Wasser. Als es die Kehle hinunterrann, fühlte ich neue Kräfte. Da fiel mein Blick auf das Rasierwasser. Ich öffnete die Flasche und roch daran – es stank unerträglich. Mit zurückgeworfenem Kopf trank ich den größten Teil davon hinunter. Als ich den Stöpsel wieder zuschraubte, fühlte ich mich am ganzen Körper wie elektrisiert.

Das nächste, was mir bewußt wurde, war, daß ich den Mast anhob und ihn leicht wie einen Besenstiel aufrichtete, ehe ich mir überhaupt darüber klar wurde, was ich tat. Alles, was ich in den nächsten Stunden anfaßte, ging mühelos vor sich. Ich laschte den Fuß des Mastes ordnungsgemäß am Stumpf des alten Mastes fest, brachte die Wanten und Stage aus und setzte alle Segel. Ich fühlte mich grenzenlos stark und hätte sogar über Bord springen und es mit den Haien aufnehmen können.

Die *Pagan* machte jedoch wenig Fahrt, aber sie legte sich unter dem Druck der südlichen Brise sogar leicht über. Trotz aller Anstrengungen lief sie jedoch noch nicht einmal einen Knoten.

In den nächsten zwei Tagen verschlief ich von vierundzwanzig Stunden achtzehn und stand nur auf, um die Pumpe zu bedienen oder um ein paar Tropfen Wasser zu mir zu nehmen und in der Bibel zu lesen. Je apathischer ich wurde, desto weniger Alpdrücken hatte ich. Ich war wie eine Maschine, die nicht mehr ganz in Ordnung ist und nur noch einige wenige einfache Dinge ausführen kann.

Als ich mich schließlich aus meinem Dauerschlaf aufraffte, war ich keineswegs mehr der alte. Seitdem ich den Mast im Schweiße meines Angesichts wieder aufgerichtet hatte, hatten meine Kräfte empfindlich nachgelassen. Das Pumpen wurde mir schwerer denn je. Früher hatte ich die Bilge mit fünfzig langen, schnellen Stößen gelenzt, heute schaffte ich es kaum mit hundert und mußte immer abwechselnd zwölfmal mit der einen Hand und dann wieder zwölfmal mit der anderen pumpen. Abgesehen davon bekam ich die Bilge meist nicht mit einem Mal leer, sondern mußte das Pumpen immer wieder unterbrechen und mich im Cockpit hinlegen und ausruhen.

Täglich las ich mit größerem Eifer in der Bibel und fand immer innigeren Trost im Gebet und verbrachte mehr und mehr Zeit damit. Ich lernte den dreiundzwanzigsten Psalm auswendig und sagte ihn ständig beim Aufstehen und Einschlafen auf und oft auch noch in der Nacht beim Pumpen. Auch die zehn Gebote lernte ich auswendig sowie viele andere Stellen aus der Heiligen Schrift. Früher hatte ich nie in die Bibel gesehen, die ich als Junge von meinem Großvater bekommen hatte. Auf der *Pagan* studierte ich sie dagegen zweimal von Anfang bis zum Ende und verschlang jedes Wort und suchte mir alle Tröstungen heraus. Nur zu leicht wäre ich vor Verzweiflung verrückt geworden, wenn mir meine frühere baptistische Erziehung nicht inneren Halt gegeben hätte. Auf meinem kleinen Boot, dem der Allmächtige ein guter Lotse war, lernte ich Gott erkennen.

Atheismus war für mich seit Jahren eine Selbstverständlichkeit gewesen. Er war mir auf der Universität bestätigt worden, und meine späteren Erfahrungen zur See, besonders bei der Invasion von Algier 1942, hatten meine zynischen Ansichten noch verstärkt. Ich werde nie die endlosen Züge verwundeter Soldaten, unmittelbar nach der Einnahme Algiers, vergessen: Deutsche, Franzosen, Engländer, Italiener und Amerikaner – ohne Unterschied: Ihre Wunden machten sie zu Brüdern. Und die vielen Toten!

Auf der *Pagan* verblaßten die armseligen Ketzereien der Universitätszeit im Lichte des Glaubens und der entscheidenden praktischen Bewährung göttlicher Liebe in den schwersten Prüfungen des Lebens. Heute lächle ich nur, wenn ich einen Atheisten treffe.

Alle meine Erfahrungen als schlichter Bürger während der Notzeiten in Amerika und dann später während des Krieges erwiesen sich als idealer Ausgangspunkt für meine einsamen Meditationen in den Waswüsten des Pazifik. Ich kann Laplace nicht recht geben, wenn er sagt, daß in dieser Welt kein Platz für die Annahme eines Schöpfers sei. Am Nachmittag des 12. Oktober verspürte ich, als ich gerade schlief, um meinen ausgemergelten Körper zu kräftigen, einen schweren Stoß gegen das Unterwasserschiff an Steuerbord. Er war so kräftig, daß er von einem Riff herrühren konnte. Ich beeilte mich, an Deck zu kommen und nachzusehen.

In der Nähe des Bugs schnitt eine hohe, scharfe Flosse durchs Wasser. Es war eine Haiart, die ich noch nicht gesehen hatte, anscheinend ein Neuankömmling unter denjenigen, die beständig in meinem Kielwasser auf Lauer lagen. Er wendete und glitt ganz nahe am Schiffsrumpf entlang. Und wieder schlug er mit seiner Schwanzflosse hart gegen die Außenhaut der *Pagan*. Als er mich auf Deck hin- und hergehen sah, kam er ganz nahe heran und blinzelte mich mit seinen kleinen Schweinsaugen beinahe wie ein Mensch an.

Wir musterten uns gegenseitig und überlegten dabei wohl beide, wie einer den anderen verschlingen könne.

Da beschlich mich ein Gefühl des Triumphs. Hier war meine Chance. Keiner der kleineren Haie hatte es je gewagt, so nahe heranzukommen. Seine Arglosigkeit bot mir eine günstige Gelegenheit, ihn zu harpunieren. Das dumme war nur, daß ich keine Harpune besaß. Mit meinem kleinen Fischspeer konnte ich ihn höchstens ein wenig kitzeln. Aber wozu besitzt man Phantasie?

Hätte ich doch wenigstens etwas an Deck, woraus sich ein kräftiger Speer fertigen ließe! Ich war sicher, daß ich des Hais Herr werden könnte, wenn ich ihn an der richtigen Stelle mit einer geeigneten Waffe verwunden würde. Er hatte soviel Fleisch und Blut, daß ich damit gut bis zu den Neuen Hebriden auskäme. Ich konnte ihm mindestens genug frisches Blut für die nächsten fünf Tage abzapfen. Begeistert malte ich mir aus, wieviel Kraft ich dadurch gewinnen würde. Seine halbe Tonne Fleisch würde ich trocknen und könnte bei so vorzüglicher Verpflegung selbst mit einem Viertelliter Wasser pro Tag auskommen, wenn es mir auch ein bißchen schwerfallen würde.

In der Bilge fand ich eine alte Stahlfeile und in der Vorpiek meine alte Metallsäge. Sie war zwar verrostet, aber immerhin noch brauchbar. Unter meiner Koje lag ein zwanzig Zentimeter langer Streifen von Walzeisen, zweieinhalb Zentimeter breit und etwa 0,6 cm dick. Ich überlegte, wie ich aus diesem Stück Eisen mit meinen Bordmitteln eine gefährliche Waffe herstellen könnte. Wie lange würde ich wohl dazu brauchen? Und würde der Hai inzwischen in meiner Nähe bleiben? Wenn ich durchhielt, könnte ich mit der Arbeit am nächsten Nachmittag fertig werden. Nach meinen Erfahrungen mit den anderen Haien im Kielwasser würde sich der Neuankömmling sicher tagelang in der Nähe des Hecks herumtreiben.

Das Material, das ich zur Herstellung benutzte, war verhältnismäßig weich; trotzdem wußte ich, daß meine letzten Kräfte draufgehen würden, um das Metall zu zersägen und zurechtzufeilen. Ich spielte um hohen Einsatz, aber das reizte mich. Auf einem Teil des Stahls markierte ich die groben Umrisse einer Speerspitze und begann dann mit der langwierigen Arbeit, das Ganze entlang der vorgezeichneten Linie Stück für Stück auszusägen. In Gedanken beschäftigte ich mich mit meiner Beute, die allem Hungern ein Ende machen würde. Das Wasser lief mir bereits im Munde zusammen, was für meine ausgedörrte Kehle übrigens eine Erleichterung war.

Erst am Spätnachmittag war ich mit dem Aussägen der rohen Umrisse der Speerspitze fertig. Zur Erholung legte ich mich erst einmal hin. Um weiterarbeiten zu können, mußte ich diesmal meine Wasserration verdoppeln, ich trank einen ganzen halben Liter. Ich glaubte jedoch, angesichts der bevorstehenden reichen Mahlzeit an Blut und Fleisch dieses Risiko eingehen zu dürfen.

Bis zum Einbruch der Nacht hatte ich am stumpfen Ende des Stahls vier kleine Einkerbungen ausgesägt, damit man ihn am Schaft festschrauben und festbinden konnte. Ich war zu erschöpft und schwach, um sogleich mit dem Ausfeilen der Zacken beginnen zu können. Ich verschob diese Arbeit auf den nächsten Morgen und ging früh in die Koje, um ordentlich zu schlafen und in der ersten Morgendämmerung gestärkt an die Arbeit zu gehen.

Es war gar nicht so einfach, Schlaf zu finden. Der Hunger gaukelte mir die raffiniertesten Träume vor. Ich warf mich von entsetzlichem Alpdruck geplagt qualvoll auf meiner Koje hin und her. Mein Magen murrte und ließ mir keine Ruhe. Mein Kopf war wie benebelt. Ich fühlte mich schwach und schläfrig. In meinen Ohren war wie von fern her ein Sausen und Brausen, das beständig anschwoll und wieder abnahm. Ich träumte, ich säße im Cockpit über meine unzulängliche Seekarte gebeugt und versuchte wieder einmal, meine Position auszumachen. Als ich den Nagel weiterbewegte und ihn irgendwo einschlug, sah ich, daß es genau im Hafen von Sydney war. Ich erkannte die Brücke über den Hafen, die Umrisse von King's Cross und die Manly Fähre, die dampfend nach dem Circular Quay fuhr. Darauf wachte ich auf. Es herrschte immer noch die gleiche Dunkelheit, und in der Bilge schwappte das Wasser genauso unheimlich wie zuvor.

Obwohl mir elend zumute war, pumpte ich die Bilge leer. Beim ersten Morgengrauen begann ich an Deck die Zacken der Speerspitze mit der kleinen Feile auszuarbeiten. Die Stunden vergingen gleichförmig, bis meine geschwollenen Füße ganz mit kleinen Stahlabfällen übersät waren. Gegen Mitte des Vormittags war endlich die messerscharfe Spitze mit zwei gefährlichen Widerhaken fertiggestellt. Es war eine furchtbare Waffe geworden, massiv, unzerbrechlich und todbringend. Ich blickte über sie hinweg nach dem Hai, dessen Rückenflosse gemächlich und sorglos aus dem Wasser ragte und der dann und wann heranschwamm und kräftig gegen das Unterwasserschiff schlug.

Es fehlte jetzt nur noch der Speerschaft. Den letzten Riemen hatte ich als Treibermast verwendet. Da der Harpunenspeer jedoch im Augenblick wichtiger war als die Segelei, mußte der kleine Treibermast dran glauben.

Ich machte die Speerspitze mit vier kräftigen Schrauben an dem langen Heft des Riemens fest. Zur Sicherheit wickelte ich noch Wantendraht darüber. Am Ende des Schafts bohrte ich ein Loch und zog eine fünfzehn Meter lange Leine durch, verknotete sie und belegte sie an der großen Heckklampe.

Jetzt war alles soweit vorbereitet, daß ich dem Hai zu Leibe rücken konnte. Vorerst ging ich jedoch noch einmal nach unten und schlief ein paar Stunden.

Der Hai war einige Meter querab und sonnte sich an der Oberfläche. Ich wühlte das Wasser ein wenig auf, worauf er mit ein paar Schlägen seiner schweren Schwanzflosse gerade auf mich losschwamm. Als er mich sah, stoppte er und musterte mich. Wir schätzten einander wie zwei Boxer ab und machten uns für den Kampf bereit.

Mit einem Schwung seines Riesenleibs warf er sich herum und schwamm ganz nah ans Boot heran. Herausfordernd sah er mich an. Dann wandte er sich gemächlich um und glitt neben dem Boot her. Seine Flanke war mir jetzt schutzlos preisgegeben. Mehr konnte ein Harpunenjäger nicht verlangen!

Ich riß den Speer hoch, bereit, zuzustoßen. Ich straffte jeden Muskel für den kommenden Angriff. Zwischen Rücken- und Bauchflosse erspähte ich einen günstigen Punkt. Dort lagen zwischen Fleisch und Knochen die lebenswichtigen Organe – eine ideale Stelle, um den Speer hineinzustoßen.

Ich heftete meine Augen auf seine ungeschützte Flanke und stieß hart zu. Ich hatte das Gefühl, als ob der Stahl auf Stein stieß. Trotzdem drang er ein. Der Hai legte sich auf die Seite. Ich wurde fast von den Füßen gerissen, aber ich ließ den Speer nicht fahren, sondern stieß nochmals zu. Der riesige Fisch schlug um sich und krümmte sich. Ich fühlte, wie ihm der Speer tief ins Fleisch drang. Ich aber schwankte und verlor schließlich den Halt und stürzte ins Cockpit.

Ich sah, wie die Leine auslief. Sie zeigte querab. Der Hai machte einen Ausfall bis zum Ende der Leine und straffte sie mit einem heftigen Ruck. Dann wandte er sich um, tauchte und war wegen des aufgewühlten Wassers nicht mehr zu sehen. Dann tauchte er wieder auf und peitschte das Wasser weißgischtend. Mit der Schwanzflosse nach oben jagte er erneut in die Tiefe und wendete dann zurück zum Boot. Sobald in die Leine Lose kam, holte ich sie ein und nahm ein paar Törns um die Klampe. Der Hai schoß unter dem Kiel durch und kam auf der anderen Seite wieder zum Vorschein.

Dort peitschte er das Wasser und tauchte wieder unter. Ich setzte mich und beobachtete sein aussichtsloses Ringen mit dem Tod. Ich war überzeugt, daß der Speer ihn tödlich getroffen hatte. Wenn er erst genügend Blut verloren hatte, würde er bestimmt nachgeben. Ich wartete geduldig und paßte auf, wann es mit ihm zu Ende ging.

Kurz darauf zeigten sich Anzeichen dafür. Er schwamm an der Oberfläche und warf sich gequält herum. Ich wickelte auf eine zweite Klampe immer mehr von der losekommenden Leine. Als ich den Hai ans Boot heranzog, bewegte er sich nur noch schwach. Plötzlich jedoch schoß er wütend los, so weit, wie die Leine das zuließ. Als er dann ebenso plötzlich wieder erlahmte, konnte ich ihn näher heranziehen.

Der Kampf war jedoch noch nicht zu Ende. Der Hai kam noch einmal zu sich, oder wenigstens schien es im ersten Augenblick so, als er mit einer ruckartigen Bewegung davonschwamm. Allerdings gab er schon bald wieder auf. Ich beobachtete ihn genau, als ich ihn ans Schiff zog. Offensichtlich hatte sich ein zweiter Hai in die Leine verwickelt und nahm ihn ins Schlepptau und konnte anscheinend nicht wieder von der Leine freikommen.

Ich versuchte, die Leine weiter einzuholen, um einen Törn mehr um die Klampen zu bekommen. Da verwickelte sich ein weiterer Hai darin, so daß die Leine plötzlich wieder steifkam. In diesem Augenblick ging mir ein Licht auf. Ich war entsetzt. Die Haie hatten sich nicht in die Leine verwickelt, sondern sich in den Kadaver meines Hais verbissen. Sie fraßen ihn auf!

Im Handumdrehen waren noch zwei andere Haie herbeigeeilt, um an der Totenmahlzeit teilzuhaben. Ich zog wie verrückt an der Leine und wickelte sie, sobald sie lose kam, hastig um die Klampe. Ich war so schwach, daß ich mich hinsetzen mußte, aber auch im Sitzen mühte ich mich weiter mit der Leine ab. Jedes Pfund Fleisch, das dieses gefräßige Pack aus dem Kadaver herausriß, verringerte meine Lebenschancen. Ich kämpfte um mein nacktes Leben. Es gelang mir schließlich, den großen Hai bis auf etwa sechs Meter heranzuziehen. Da verbiß sich einer der vier gefräßigen Haie in den Schwanz meines Beutetieres und drehte es dabei im Halbkreis herum. Ich sah, daß bereits große Stücke aus dem Kadaver herausgerissen waren.

Ich zog ihn so nahe wie möglich ans Boot und wollte versuchen, ihn an den Kiemen festzuhaken und ihn dann irgendwie an Bord zu ziehen. Ich ging nach unten, um den Bootshaken zu holen, und kehrte eilig an Deck zurück.

Die vier Haie hatten sich inzwischen noch tiefer in den Kadaver verbissen, und jeder von ihnen versuchte, ihn in eine andere Richtung zu zerren. Ich konnte kaum die Köpfe der vier Angreifer in dem mit Blut vermischten Wasser erkennen. Sie machten sich wie hungrige Wölfe über ihr Opfer her.

Ich stieß meinen kleinen gezackten Fischspeer bis ans Heft in den Kopf des nächstbesten Hais. Der scharfe kalte Stahl machte ihm wenig aus. Dann versuchte ich den Bootshaken in die Kiemen des zerfledderten Opfers zu schlagen, aber meine Arme waren zu schwach dazu.

Der grausige Festschmaus spielte sich in immer größerer Wassertiefe ab, bis der Kadaver unter *Pagans* Kiel durchgezogen war und auf der anderen Seite des Bootes wieder auftauchte. Die Leine war zu kurz. Der Harpunenschaft wurde gegen die Bordwand gedrückt und dadurch krummgebogen. Plötzlich kam aus dem Wasser ein dumpfer Laut, als ob etwas zersplitterte. Dann tauchte der Schaft an der Oberfläche auf. Er war unmittelbar hinter der Speerspitze abgebrochen.

Ich sah, wie meine blutige Beute unter mir allmählich immer tiefer in das unergründliche Wasser gezogen wurde. Dann sank ich völlig verzweifelt an Deck zusammen. Kaum je habe ich mich niedergeschlagener gefühlt.

Ich ging wieder auf Westkurs, quälte mich mit der Lenzpumpe ab und kroch dann in die Kajüte. Ich schlief den ganzen Nachmittag und die folgende Nacht. Ich vegetierte dahin, pumpte gelegentlich die Bilge leer und stierte stundenlang niedergeschlagen auf die durch nichts unterbrochene Kimm. Die meiste Zeit schlief ich oder hielt Selbstgespräche. Die Stille reizte mich; ich sprach, nur um meine Stimme zu hören.

Schon lange hatte ich mich vor dem unvermeidlichen Morgen gefürchtet, an dem ich aufwachen würde und nur noch ein halber Liter Wasser vorhanden war. Eine einzige kümmerliche Tagesration! Nach dem üblichen Morgengebet feuchtete ich meine Zunge an und kroch an Deck, um zu pumpen. Als ich dabei meine langsam hin- und herbewegende Hand beobachtete, entdeckte ich, daß ich meinen Ehering verloren hatte. Meine Finger waren zu dünn für den Ring geworden.

Ich mühte mich mit der Pumpe ab und ging dann nach unten, um in der Bibel zu lesen. Durch die Anstrengungen und Aufregungen bei dem Kampf mit dem Hai war ich jedoch noch so kaputt, daß mein Fühlen, Sehen und Denken wie in Nebelschwaden eingehüllt war.

Ich begriff nicht mehr, was ich las. Ich konnte mich an keinen einzigen Gedanken, ja nicht einmal an ein einziges Wort erinnern. Mein Gehirn war vollständig leer. Ich vermochte keinen zusammenhängenden Gedanken zu fassen. Ich hatte nur den einen Wunsch, dazusitzen und aus dem einzigen heilen Bullauge den Horizont zu beobachten. Ich war zu schwach, um noch weiter über meine verzweifelte Lage nachdenken zu mögen. Das ist sehr gefährlich. Trotzdem schwang ich mich jede Stunde auf, nach oben zu gehen und die Bilge zu lenzen.

Bis zum Spätnachmittag hatte ich mehrmals einen Schluck Wasser getrunken, um einigermaßen über den Tag wegzukommen. Es war noch ein Schluck da, damit ich mich kräftigen konnte, bevor ich um Mitternacht wieder an Deck zum Pumpen mußte.

In dieser Nacht erhob sich ein kräftiger Wind aus Osten. Stundenlang trieb ich nach Westen vor ihm her. In den ersten Stunden des nächsten Morgens wurde er so stark, daß ich das Großsegel bergen und beidrehen mußte.

Es war kein Trinkwasser mehr da. Vor mir lagen noch Hunderte von Meilen, ehe ich mich einer Küste nähern würde – eine Fahrt von noch fast zwei Wochen! Trotzdem brannte in mir immer noch der Lebenswille, wenn er auch wenig Anfeuerndes fand.

Über mir segelte eine vom Wind gejagte Wolke. Sie brachte feuchte Luft mit, aber keine zuverlässigen Aussichten auf Regen. Ich ließ mich nicht entmutigen. Irgend etwas würde geschehen – das wußte ich. Entweder kam Regen, oder eine Insel tauchte auf, oder ein Schiff würde mich bis zum sicheren Hafen in Schlepp nehmen. Später in der Nacht wurde der Wind fühlbar schwächer. Der Himmel klarte auf. Ich kroch an Deck und setzte das winzige Großsegel. Diese Arbeit kostete mich so viel Kraft, daß ich nicht mehr die Pumpe bedienen konnte. Ich schleppte mich hinunter in meine nasse Koje. Bei Tagesanbruch gelang es mir dann doch noch, die Bilge zu lenzen. Seitdem vermochte ich nicht mehr, das Wasser mit einem Mal herauszupumpen. Ich pumpte stets so lange, bis ich erschöpft zusammenbrach.

Ich blickte zum Himmel auf. Es bestand wenig Aussicht auf Regen. Während der Nacht hatte ich mir ausgedacht, wie man aus Meerwasser Trinkwasser gewinnen könne. Ich besaß eine kleine Ölkanne mit einer Tülle. Ich füllte sie mit Seewasser, zündete meinen kleinen Kocher an und setzte das Wasser auf, so daß der Dampf durch die Tülle entwich. Wenn ich diesen Dampf irgendwie einfangen konnte, würde ich Frischwasser gewinnen.

Ich brachte ein gebogenes Stück Zinn so an, daß der Dampf dagegenschlug und das kondensierte Wasser nach Möglichkeit in ein Gefäß ablaufen ließ. Gelegentlich fiel wirklich ein Tropfen in die danebenstehende Schüssel. Ich leckte ihn mit meiner ausgedörrten, geschwollenen Zunge auf und wartete ungeduldig auf den nächsten.

Innerhalb einer Stunde gewann ich mit meinem Apparat mehrere Dutzend Tropfen, alles in allem trotz aller Erwartungen nur ein Eßlöffel Wasser für eine ganze Stunde Anstrengung. Unverdrossen fuhr ich den ganzen Vormittag fort. Als es Mittag wurde, war ich erschöpft, aber mein Mund war wenigstens nicht mehr so trocken. Bis zum nächsten Tag hatte ich vor den schlimmsten Qualen Ruhe. Ich pumpte etwas und kroch dann unter meine Decke, um den Nachmittag zu verschlafen.

Da kam unerwartet Regen. Ich hörte ihn aufs Deck klatschen. Aus Osten kam mit dem abflauenden Wind eine schwere, dunkle Bö. Ich wußte, was das bedeutete, und rannte an Deck. Ich breitete über dem Kajütdach meine Wolldecke aus und schrubbte das Cockpit sauber.

Die Regenflage, die erste seit dem Orkan, entlud sich gerade über mir. Große Tropfen platterten auf Deck. Ich wusch die Salzkruste ab, die Haut und Bart bedeckte, und schlabberte gierig das Regenwasser, von dem ich ganze Hände voll auffing und zum Munde führte.

Als sich die Wolldecke vollgesogen hatte, wrang ich sie aus, um das Salz herauszuspülen. Darauf breitete ich sie wieder aus, damit sie sich vollsaugen konnte, und wrang sie danach über der Pütz aus. Es gelang mir zweimal, ehe die Bö weiterzog. Ich gewann dadurch gut zwei Liter Wasser. Im Cockpit hatten sich viereinhalb Liter angesammelt. Das waren zusammen fast sieben Liter Wasser. Ich fühlte mich reich wie ein König.

Ich erhöhte meine Ration auf der Stelle auf dreiviertel Liter, mochte es auch noch so verschwenderisch sein, soviel Wasser am Tage zu trinken.

Der starke Wind hielt den ganzen Tag und die ganze Nacht an und flaute erst bei Tagesanbruch ab. Noch einmal fielen zwei heulende

Böen über mich her und schüttelten mich durch. Als sie vorüber waren, setzte eine völlige Flaute ein.

Die Sonne erhob sich über einer gläsernen See. Ich sprach mein Morgengebet und las dann in der Bibel. Trotz der erhöhten Wasserration fiel mir das Denken noch immer schwer. Schon nach einer Minute erinnerte ich mich nicht mehr, was ich eben gelesen hatte. Ich saß da und starrte aus dem Bullauge und wartete, daß ich die Kraft und die Energie fand, wenigstens etwas Wasser aus der Bilge zu pumpen.

Endlich ging ich an Deck und fand im Schatten des Treibers einen Platz, von dem ich die Haie beobachten konnte. Querab von mir flog ein Vogelschwarm über der windstillen See. Ich meinte, darunter Landvögel zu erkennen, aber da ich wenigstens zweihundert Meilen von jeglicher Insel entfernt war, traute ich meinen Augen nicht. Einige Vögel kamen ganz nah heran. Ich war jedoch so erschöpft, daß es über meine Kraft ging, auch nur daran zu denken, auf einen der Vögel Jagd zu machen. Ich konnte mich nicht einmal aufraffen aufzustehen, außerdem fiel meinen müden Sinnen nichts ein, wie man ihrer habhaft werden könnte. Ich wagte auch nicht, mich nochmals bei einem vergeblichen Kampf um Nahrung zu verausgaben. Noch eine einzige körperliche Anstrengung, und es war aus – das wußte ich genau.

Ich pumpte, bis ich nicht mehr konnte, und ging dann nach unten zum Schlafen. Ich schlief, bis das Wasser in meine Koje drang. Da stand ich auf und pumpte wieder. Und so ging es den ganzen Tag.

Als am nächsten Tag noch immer Flaute war, beschloß ich, die Wasserration wieder auf einen halben Liter zu kürzen. Die anhaltende Windstille zermürbte und quälte mich. „Bestimmt kommt heute nachmittag Wind auf", tröstete ich mich.

Der Nachmittag ging vorüber. Draußen auf See riefen die Seevögel kreischend nach Wind. Bei Wind schnellen sich die fliegenden Fische in die Luft, wenn sie von den Delphinen und sonstigen Unterwasserfeinden verfolgt werden, aber bei Flaute suchen sie andere Meeresregionen auf, über denen Wind weht, der ihnen eine Chance in ihrem Kampf um Leben und Tod gewährt. Der Wind verhilft so vielen, die in und über dem Meer ihr Leben fristen, zu ihrem Lebensunterhalt.

Der Beginn des neuen Tages – bereits der dritte seit dieser verdächtigen Flaute – wurde durch die Klagerufe der Seevögel verkündet. Ich kam an Deck und konnte es kaum glauben, daß noch immer kein Wind wehte. Aber es war so – die See war unbewegt wie ein Teich. Die Segel hingen schlaff. Nicht ein Lüftchen bewegte sich. Diese anhaltenden Flauten sind häufig die Vorboten eines Orkans. Als die Dunkelheit einsetzte und noch nichts von einer Brise zu spüren war, ging ich an Deck, kniete nieder und betete. Ich hätte mir nie vorstellen können, daß es noch einmal so weit kommen würde. Ich kniete unter den Sternen, nicht eingeengt durch meine schmale Kajüte, und trug Gott meine Bitte um Wind und eine Chance für mein Leben vor.

Als ich am nächsten Morgen aufstand, wußte ich, daß Wind aufkommen würde, obwohl noch immer völlige Flaute herrschte. An Deck blendete mich die See unbarmherzig mit all ihrem Sonnenglast. Ich warf nur einen kurzen Blick darauf und murmelte dann: „Immer noch Windstille!“ Es blieb mir nichts übrig, ich mußte die Wasserration nochmals auf kaum einen Viertelliter täglich kürzen.

Vier Tage ohne Wind! Zweiundzwanzig Tage, seitdem ich den letzten Bissen zu essen bekam! Siebenundvierzig Tage nach dem Orkan! Das waren die erschütternden Tatsachen, die ich von den Kreuzen im Schott ablas. Dabei war die nächste Insel schätzungsweise noch zehn Tage entfernt! Eine nüchterne Rechnung, die ich an diesem Morgen aufstellte. Ich versuchte, sie auf der ersten Seite meiner Bibel aufzuschreiben mit dem einzigen Bleistift, den ich an Bord hatte. Sie sollte Rechenschaft ablegen, falls es mir selbst versagt sein würde. Aber es kam nicht so weit, obwohl ich damit anfing. Ich war einfach nicht fähig dazu. Mein Verstand war nicht mehr klar. Ich fühlte mich elender denn je. So schob ich das Buch beiseite und stierte aus dem Bullauge.

Eine leichte Dünung kam aus Süden. Sie war ein Zeichen dafür, daß irgendwo Wind wehen mußte. Ich quälte mich hinauf aufs Kajütdach, da mir plötzlich einfiel, daß ich schon zwei Tage nicht Ausschau nach Land gehalten hatte. Aber es war immer das Gleiche: kein Gedanke an Land. Klagend kreischten die Seevögel über mir.

Da vernahm ich ein kratzendes Geräusch am Rumpf. Als ich mich über Bord beugte, sah ich, wie eine große Schildkröte mit ihren hellen Ruderfüßen an meinem Schiffsrumpf entlangstrich. Sie war olivgrün und ihr Rückenpanzer zeigte ein quadratisches Muster. Ich wußte, daß ich nicht wagen durfte, meine geringen Kräfte für einen aussichtslosen Kampf einzusetzen. Ich sah eine Zeitlang zu, wie sie meine Planken bearbeitete, und erinnerte mich dabei an die Schildkröte, die ich bei den Galapagos harpuniert hatte. Ich dachte an das Blut und das Fleisch und ließ alle Vernunft fahren. Ich mußte es wagen.

Ich kroch nach achtern und fand den gezackten Speer, mit dem ich früher Jagd auf den Fregattfisch gemacht hatte. Ich zitterte vor Erregung, als ich zustieß, um die große Schildkröte zu harpunieren. Umsonst, ich hatte keine Kraft mehr. Der Speer traf zwar, aber er glitt an der hornartigen Oberfläche glatt ab. Das Tier tauchte, schwamm unter dem Kiel weg und erschien dann in der Nähe des Ruders. Ich schleppte mich zum Heck, kniete mich über die Schildkröte und visierte sie längs des Speers an.

Ich stieß dreimal hintereinander zu, aber es gelang mir nicht, den kräftigen, hornartigen Panzer zu durchbohren. Meine Kraft war so gering, daß ich schon bei dieser kleinen Anstrengung außer Atem kam. Da legte ich den Speer beiseite und versuchte als letztes, die Schildkröte zu packen und an Bord zu ziehen.

Ich faßte mit beiden Händen unter ihren Panzer und strengte mich nach Kräften an, sie hochzuziehen. Aber ich war viel zu schwach. Ich konnte nicht einmal verhindern, daß sie wegschwamm, wobei sie mich beinahe mit ins Wasser gezogen hätte.

Zu Tode erschrocken, versuchte ich, am Rande des relinglosen Decks mein Gleichgewicht zurückzugewinnen. Ich wußte, wenn ich ins Wasser fiel, würde ich nicht mehr schwimmen können und wie ein Stein untergehen. Selbst wenn ich mich an der Bordwand anklammern könnte, hätte ich nicht die Kraft, mich an Bord zu ziehen. Und dann vor allem die Haie! Ich hatte mit eigenen Augen gesehen, wozu sie imstande sind. Ich warf mich seitlich flach aufs Deck. Dabei verletzte ich mir das Knie an dem Fischspeer. Als ich mich aufrichtete, sah ich, daß einer der rostigen Zacken zweieinhalb Zentimeter unter meiner Kniescheibe eingedrungen war. Ich empfand einen brennenden Schmerz und hatte das Gefühl, daß es noch schlimmer werden würde.

Als ich die Speerspitze herauszog, war nur ein einziger Tropfen dunklen Blutes zu sehen. Ich konnte nicht so verschwenderisch sein und einfach auf diesen Tropfen Lebenssaft verzichten. Ich nahm ihn mit dem Finger auf, leckte ihn ab und wartete ab, ob noch mehr Blut käme. Aber es kam nichts. Mein Blut war zähflüssig geworden. So legte ich mich wieder zurück und schlief eine gute Stunde, einfach zu kraftlos, um aufzustehen. Endlich raffte ich mich aber doch auf.

Ich hörte, wie das Wasser in der Kajüte gegen die Wände klatschte, und ging nach achtern, um mich darum zu kümmern. Es stand über dreißig Zentimeter hoch. Es war ein hoffnungsloses Beginnen, es auspumpen zu wollen.

Trotzdem pumpte ich mit ganz kleinen Schlägen, bis ich nicht mehr konnte, und schleppte mich dann nach unten, um mich hinzulegen.

Es klopfte und hämmerte in meinem Knie. Das Wasser in der Bilge plätscherte. Ich streckte mich aus und schlief.

Um die Mittagszeit weckte mich das steigende Wasser und trieb mich nach oben. Die Flaute hielt noch immer an. Die Vögel zogen ihre Kreise über der *Pagan* und stießen ihre rauhen Schreie aus. Die Delphine schwammen trübselig im Kreis. Ich gab schon die Hoffnung auf, je wieder Wind zu erleben. Nachdem ich die Pumpe so lange bedient hatte, bis meine Kräfte versagten, kroch ich in die Kajüte zurück.

Nach ein oder zwei Stunden hätte ich wie üblich aufstehen und pumpen müssen, aber ich kam nicht hoch. Obwohl ich wußte, wie notwendig es war, konnte ich mich nicht dazu aufraffen. Mein Knie schmerzte stark. Ich lag da und beobachtete das steigende Wasser und sagte mir, daß jede Minute, die ich länger wartete, später doppelte Arbeit bedeutete. Aber ach! Es war soviel einfacher, liegenzubleiben!

Später, als die Sonne schon tief am Horizont stand, wurde ich mit einem Ruck wach, weil das Wasser meine Koje überflutete. Es stand schlimm um die *Pagan*. Mein erster Gedanke war, daß zuviel Wasser eingedrungen sei und sie jede Minute kentern könne. Ich wäre gern an Deck gegangen, wenn mir nicht selbst das Hinsetzen schwergefallen wäre. Mein Denken war außerdem so gelähmt, daß ich zu keinem Entschluß kommen konnte.

Als mir das Wasser bereits über die Waden ging, kletterte ich dann doch aus der Koje. Mit Erstaunen bemerkte ich, daß eine frische Brise aus Süd wehte. Sie trieb die *Pagan* in westlicher Richtung voran. Dem Lande zu!

Meine Stimmung hob sich zusehends. Endlich ein Vorankommen! Ich war wenigstens auf dem Wege zum Land. Ich fühlte mich wesentlich besser, und mein alter Optimismus stellte sich auch wieder ein. Nach meiner Karte mußte ich schätzungsweise zehn Tage von den nächsten Inseln – diese verfluchten Neuen Hebriden – entfernt sein. Ich wagte nicht, darüber nachzudenken, wie ich bis dahin mit meinen schwindenden Kräften die Bilge lenzen sollte. Ich zog vor, abzuwarten und jedes Problem zu seiner Zeit zu erwägen.

Ich pumpte so lange, bis mir die Muskeln den Dienst versagten. Da mein Knie immer mehr anschwoll und der Eiter in der Wunde pochte, konnte ich es nicht mehr biegen und mich so auch nicht mehr hinunter in die Kajüte schleppen. Ich verbrachte daher die Nacht im Cockpit.

Sie verging verhältnismäßig schnell. Ich pumpte viermal. Leider wurde es mit meinem Knie noch schlimmer. Ich war ratlos und badete es in Salzwasser. Wenn ich es mit dem Finger berührte, schmerzte es. Bei Tagesanbruch lag ich auf dem Rücken im Cockpit und murmelte mein Morgengebet. Es war immer das gleiche, um das ich bat und flehte, und stets endete ich mit den Worten: „Wenn Du es willst, wird Land auftauchen."

Ich blickte voraus und – wirklich! Keine drei Meilen entfernt lag Land! Ich vermochte nur stumm darauf hinzustarren. Ich war zu keinem Freudenschrei und keiner triumphalen Geste fähig. Ich hatte schon zu viele Enttäuschungen erlebt. Ich blickte nur still auf dieses Stück Erde mit üppigem Grün, über dem sich ein zerfurchter, abgeflachter Bergkegel aus vulkanischem Gestein erhob.

Ich hatte keine Ahnung, welche Insel es sein könnte. Das war mir auch ganz gleichgültig. Es war Land, das genügte. Nach meinen fragwürdigen Berechnungen sollte ich allerdings noch mehr als eine Woche von den nächsten Inseln, den Neuen Hebriden, entfernt sein. Dennoch lag endlich Land vor mir. Es war mir gleich, ob es Timbuktu oder Shangri-La war: Es war vor allem Land, und ich mußte es auf jeden Fall ansteuern.

DIE RETTUNG

Ich segelte südlich an der Küste entlang und hielt mich etwa zweihundert Meter von dem gefährlich gezackten Korallenriff entfernt. Die kleine Insel lag bloß anderthalb Meilen hinter dem Riff und der Lagune. Obwohl ich während des Krieges auf den Neuen Hebriden gewesen war, wußte ich nicht, welche Insel ich vor mir hatte.

Sie war ungefähr sieben Meilen lang und anscheinend zweihundert bis dreihundert Meter hoch. Es handelte sich um vulkanisches Gestein, wie man an dem kraterähnlichen Bergkegel erkannte. An der Küste erhoben sich phantastisch geformte Lavaklippen. Sie ragten sechs bis neun Meter aus dem Meer und waren von der See tief unterspült. Da und dort wurde die Landschaft von einem weißen Sandstrand unterbrochen, an dem sich Mangrovendickichte und Kokospalmen befanden.

Mein Plan war, durch eine Öffnung im Korallenriff in die Lagune hineinzufahren und vor dem Dorf vor Anker zu gehen oder mein Boot auf einen der Sandstrände zu setzen. Ich befand mich im Wettlauf mit der Zeit. Seit vier Stunden hatte ich nicht mehr gepumpt. Das Wasser im Boot stieg beständig. Ich wollte meine Kräfte sparen für den Endkampf bei der Landung.

Ich fuhr die ganze Küste entlang, bis ich in die Nähe der Südostspitze kam. Trotzdem fand ich noch immer keine Durchfahrtstelle durch das Riff. Als ich näher an die Spitze des Riffs kam, erkannte ich, wie gefährlich es war, darum herumzusegeln.

Ich wagte nicht, in Lee der vorspringenden Landzunge zu passieren. Denn einmal daran vorbei, gab es kein Umkehren mehr. Ich erinnerte mich noch zu gut, wie kläglich es mir bei der mir unbekannten Insel ergangen war. Es war auch nicht möglich, zu wenden und auf die lange Küste wieder aufzukreuzen. Durch meinen Kurs war ich hart an das Riff herangekommen. Ich hatte weder die Kraft noch eine genügend große Segelfläche, um zu manövrieren. Vor allem war mir der sperrige Mast, der schräg an Deck festgezurrt war, im Wege. Sobald das Boot krängte, schleifte er durch die See und erschwerte das Manövrieren sehr. Ich dachte daran, seine Taue zu kappen. Aber woher sollte ich die Kraft nehmen, ihn über Bord zu rollen? Ich vermochte ja nicht einmal mehr die Pumpe zu bedienen! Die Spitze des Riffs war hundert Meter entfernt. Ich mußte handeln . . jetzt oder nie! Mir stand eine furchtbare Entscheidung über das Schicksal der *Pagan* bevor – daran war nichts mehr zu ändern.

Mir wurde plötzlich bewußt, daß mein schwer mitgenommenes kleines Fahrzeug ein Sarg war. Kim Powell hatte in Panama zu mir gesagt: „Sie wird so weit kommen, wie du es fertig bringst, auf ihr zu bleiben." Er hatte mit seiner Prophezeiung recht gehabt. Ich selbst war am Ende, während mein unerschrockener kleiner Kutter immer noch intakt genug war, den Kampf fortzusetzen.

Es blieb mir nichts anderes übrig als ihn zu opfern, um mein eigenes Leben zu retten . . . und was das Schlimmste war, ich hatte nicht einmal Zeit, das Für und Wider dieses verhängnisvollen Entschlusses in Ruhe abzuwägen.

Es war sinnlos, um die Riffspitze herum in den sicheren Tod zu fahren. Ich legte Ruder und lief auf das vor mir liegende, brandungsumspülte Riff zu. Es war meine letzte Entscheidung als Kapitän der *Pagan*. Vor diesem Ziel gab es kein Zurück mehr.

Ich trug meine Khaki-Uniform. Ehe ich sie anzog, hatte ich mich noch schnell im „Sitzbad" in der Kajüte mit dem Schwamm gesäubert, das Salz aus meinem Bart gekämmt und mein lästiges Kopfhaar, das lang wie das einer Frau war, in einen Knoten gewunden und eine Mütze aufgesetzt. Meine Füße waren so geschwollen, daß ich nur Sokken darüber ziehen konnte. Mein vereitertes Knie hatte ich mit Streifen von meinem Bettuch verbunden.

Ich hatte noch ein paar Habseligkeiten zusammengesucht und sie in meine Taschen gesteckt. Dann erwartete ich mit der Hand an der Pinne den Aufprall auf das Riff.

Der Kiel glitt über verschiedene Korallenköpfe in etwa zehn Meter Tiefe. Je weiter wir kamen, um so seichter wurde es. Die Wassertiefe betrug nur noch etwa sieben Meter. Da kam mir der Gedanke, daß ich vielleicht hier ankern könnte. Ich schleppte mich im Zeitlupentempo zum Anker hin und machte mich bereit, ihn über Bord zu werfen. Wegen meines entzündeten Knies, aber vor allem wegen meiner allgemeinen Körperschwäche vermochte ich ihn jedoch nicht von der Stelle zu bewegen. Ich kam dem Riff immer näher. Die See brandete gischtend darüber hinweg. Ich setzte mich, stemmte meine Füße gegen die Ankerarme und drückte mit aller Kraft – aber es war hoffnungslos. Er ließ sich nicht bewegen. Das Rauschen der Brandung kam näher und näher. Ich versuchte darauf im Stehen, den Ankerarm mit beiden Händen zu packen und ihn wegzustoßen. Als er sich schließlich etwas anhob, verlor ich das Gleichgewicht und fiel hin.

Da wurde die *Pagan* von einem Roller erfaßt, ritt auf seinem Rükken und krachte mit dem Vorsteven gegen die Korallenmauer. Das Boot erzitterte, als ob es einen Granattreffer bekommen hätte. Planken zersplitterten. Ich konnte sehen, wie das Wasser hineinflutete. Im nächsten Augenblick begann die *Pagan* über den Bug zu sinken. Das Vordeck war schon unter Wasser. Ich klammerte mich im Cockpit fest und mußte hilflos dem Werk der Zerstörung zusehen.

Es klang schaurig, als die *Pagan* mit der Breitseite auf das Riff aufschlug. Nur der wasserdicht abgeschottete Teil des Hecks hielt sich noch über Wasser. Die See ging mir jetzt schon bis über die Hüfte. Durch die nächsten beiden Brandungsseen wurde das Heck aufs Riff gesetzt. Ich hörte, wie der Bleikiel gegen die eisenharten Korallen krachte. Eine See wusch mich aus dem Cockpit und warf mich gegen das Deckshaus, wo ich mich am Mast festklammerte. Die folgenden Seen setzten die *Pagan* immer höher auf das Riff, schlugen sie quer und krängten sie sehr stark. Der nächste Brecher riß mich vom Mast los. Ich wurde hochgehoben und auf einem Korallenstock abgesetzt. Im nächsten Augenblick wurde ich von einer See überwältigt und kopfüber herumgewirbelt und schließlich landeinwärts auf seichteren Korallenboden geworfen. Ich richtete mich auf, entzog mich der gierigen See und vermochte mich irgendwie ein paar Meter weiter auf eine sichere Stelle zu retten.

Ich hatte mich aus meinem zerschmetterten Boot auf das Korallenriff gerettet und saß nun da und fluchte auf die bedrohliche Brandung. Die *Pagan* wurde auf eine Stelle mit nur knietiefem Wasser hinaufgeworfen. Jedesmal, wenn ein Brecher über sie wegging, erzitterte sie und scheuerte ihre Außenhaut knirschend auf den scharfen Korallen.

Das zerklüftete Riff hinter mir war etwa zweihundert Meter breit. Ich wandte mich um und stolperte steifbeinig und ungelenk, mit schmerzenden, von den Korallen zerschnittenen Füßen auf den Rand des Riffs zu. Die Lagune lag vor mir. Sie war etwa fünfzehn Meter tief. Auf ihrem Grunde wuchsen Korallen. Noch in dieser Tiefe waren winzige Fische zu erkennen, da das Wasser durchsichtig wie kristallklare Luft war. Ich mied das Wasser ängstlich, denn ich wußte, ich würde wie Blei untergehen, wenn ich da hineinfiel.

Ich legte mich auf dem Riff nieder, um auszuruhen, und schlief erschöpft sofort ein. Stunden später umspülte mich die steigende Flut. Als mich das Wasser weckte, dachte ich erst, ich müsse die Bilge lenzen, doch dann fiel mir alles wieder ein. Die Flut stieg immer höher. Zweihundert Meter weiter wurde die *Pagan* erbarmungslos von der zunehmenden Brandung bearbeitet.

Ich beschloß, mich zur *Pagan* zurückzukämpfen, um das Schlauchboot zu holen.

Ich humpelte durch das weniger gefährliche Wasser zum Schiff zurück. Es war von der Brandung herumgerollt worden. Das kleine Schlauchboot war dabei unter den Rumpf geraten und durch die scharfen Korallen zerfetzt worden. Nachdem ich mein Dingi seit dem Orkan mehr als tausend Meilen über den Pazifik geschleppt hatte, wurde es hier nun nutzlos auf dem Korallenriff vernichtet.

Ich suchte nach irgend etwas, mit dem ich mich über die tiefe Lagune flößen konnte. Mit dem Messer zerhieb ich die Lasching, mit der der gebrochene Mast an Deck verzurrt war. Dann stapfte ich mühsam durchs Wasser zurück bis zu einer Stelle, an der es nur knietief war. Ich schaute mich noch einmal nach meinem Boot um. Das himmelwärts zeigende Unterwasserschiff mit seinen Seepocken, Schrammen und losen Planken bot einen grausigen Anblick. Die immer höher auflaufenden Wellen trieben mich vom Boot weg und trugen mir den Mast zu. Ich umklammerte ihn mit Armen und Beinen und ließ mich auf ihm treiben. Ich fiel in eine Art Trance, aus der ich erst erwachte, als ich plötzlich Grund unter mir spürte. Um mich der helle Sand einer kleinen Bucht, über der ein überhängender vulkanischer Felsen aufragte. Mühsam schleppte ich mich aus dem Wasser an Land, sank nieder und schlief sofort ein.

Etwas später weckte mich das auflaufende Wasser, das meine Füße benetzte und den Strand mehr und mehr überspülte. Ich kroch den abfallenden Strand bis zu dem hohen Kliff hinauf und hoffte, daß das Wasser nicht bis dorthin kommen würde. Dann schlief ich sofort wieder ein. Kurz darauf wurde ich erneut gestört: Die Flut stieg noch immer. Als ich an dem Felsen emporblickte, fand ich Anzeichen, daß das Wasser gelegentlich bis zu meiner Schulterhöhe stieg.

Die winzige Bucht war daher bei Hochwasser und auflandigem Wind kein geeigneter Aufenthaltsort.

Hätte mein Knie nicht versagt und wäre ich nicht so schwach gewesen, hätte ich leicht auf das Kliff hinaufklettern können. Es war durchaus möglich, an der Felswand mit Händen und Füßen Halt zu finden.

Leider besaßen meine Arme, Beine und Hände nicht einmal mehr für diese einfache Kletterpartie die nötige Kraft. Das Wasser aber stieg weiter und reichte mir schon bis zu den Knien.

Wenn ich jetzt daran zurückdenke, weiß ich selbst nicht mehr, wie ich dort hinaufgekommen bin. Das Kliff war etwa sechs Meter hoch. Die Angst vorm Ertrinken muß mir neue Kräfte verliehen haben. Kaum war ich jedoch oben angelangt, da lag ich auch schon und schlief. Dieser „kurze Schlummer" dauerte den ganzen Nachmittag und auch die darauffolgende Nacht. Seit achtundvierzig Tagen brauchte ich mich zum ersten Mal nicht mehr nachts zu den unmöglichsten Zeiten aufzuraffen, um die Bilge zu lenzen. Trotzdem erwachte ich nachts mehrmals aus alter Gewohnheit.

Bei Tagesanbruch fühlte ich mich so erfrischt, daß ich wieder an Nahrung und Wasser denken konnte. Ich saß auf einem Stück unregelmäßigen Lavabodens, der von dichtem Wald umgeben war. In einer Entfernung von einer Meile konnte ich jenseits der Lagune das Wrack meiner tapferen *Pagan* hoch und trocken auf dem schimmernden Riff liegen sehen. Ein grauenhafter Anblick der Verwüstung. Ihre Takelage war weggeschlagen, und vom Kajütaufbau war nichts mehr zu sehen. Sie lag ungefähr in der Mitte des langen Riffs auf der Seite, Rumpf und Deck waren aufgerissen.

Der Strand der kleinen Bucht unter mir war mit *Pagans* Trümmern übersät: Teile der zersplitterten Planken, Kleidungsstücke, Bettzeug, Segeltuch, Wasserfässer, Spieren und Wantendraht.

Ich versuchte, in dem dichten Dschungel irgendwelche Nahrung zu entdecken. Ich hatte auf Bananen, Kokosnüsse, Vogelnester und Wasser gehofft. Es war jedoch nichts zu sehen als das weitverzweigte, wildverwachsene Unterholz, das von eichenartigen Bäumen überragt wurde. Ich pflückte in meiner Nähe verschiedene Blätter und kaute sie. Sie waren kraft- und saftlos und schmeckten nach nichts.

Ich erinnerte mich, an der Küste Kokospalmen gesehen zu haben, als ich mit der *Pagan* am Riff entlangfuhr. Hoffentlich fand ich sie wieder und konnte mit ihren Früchten meinen Hunger stillen, bis jemand zufällig vorbeikam oder ich so weit gekräftigt war, im Innern der Insel oder entlang der Küste nach einem Dorf zu suchen. Ich beschloß, mich nach Süden zu wenden. Sorgenvoll dachte ich daran, wie weit ich wohl noch laufen müßte und wie weit ich überhaupt laufen könnte.

Ich hielt es für das beste, frühzeitig aufzubrechen, und wankte deshalb auf der Stelle los. Der kürzeste Weg zu der dem Wind abgewandten Küste schien in südlicher Richtung um die hervorspringende Inselspitze zu führen. Ich war damals fast um sie herumgesegelt. Wenn die Insel überhaupt bewohnt war, mußte ich dort auf ein Dorf treffen.

Ich wählte als Stock einen kräftigen Ast und machte mich auf meinen ungewissen Weg über die rissige, rauhe Lava. Während ich mich mühselig voranschleppte, kaute ich an Blättern und saugte aus abgebrochenen kleinen Zweigen den Saft heraus. Als vor mir eine kleine Landkrabbe von Felsspitze zu Felsspitze turnte und schließlich vor meinen Füßen landete, spießte ich sie mit meinem Stock auf. Ich nahm sie in die Hand, riß sie in Stücke und saugte ihre bitterschmekkenden Eingeweide aus. Ich fühlte mich dadurch etwas gestärkt und faßte neuen Mut.

Etwas weiter fand ich noch eine Krabbe, mit der ich genauso verfuhr. Nach einigen Stunden war ich glücklich ganze fünfzehn bis zwanzig Meter pro Stunde vorangekommen! Ich wäre gern schneller gegangen – aber dieser felsige Boden! So etwas hatte ich noch nie gesehen. Er glich nach außen gekehrten Adlerkrallen. Der Regen hatte Jahrhunderte lang die poröse Lava so ausgewaschen, daß aus dem Boden zahllose stalagmitartige Felsnadeln emporragten. Sie standen wie ein dichter Wald zusammen. Manche waren sogar miteinander verwachsen zu einer fußbreiten Oberfläche – ein unvergeßlicher Anblick! Ich suchte mir dazwischen vorsichtig meinen Weg, während ich mit den Händen an größeren Lavastöcken Halt suchte und mich so entlangzog.

Meine Beine wurden immer schwächer, und mein Knie fing an, sehr weh zu tun. Meine geschwollenen Füße waren so schwer, daß ich sie kaum mehr anziehen konnte. Ich mußte sie oft mit der Hand über die höheren Felsspitzen wegheben. Deshalb legte ich mich erst einmal wieder zwischen den Felsen zu einem Ruhestündchen nieder. Ich schlief sofort ein und hätte immer weiterschlafen können. Mein Körper verlangte gebieterisch nach mindestens vierundzwanzig Stunden Schlaf. Leider war jedoch mein Verstand über die geringe Strecke, die ich bisher zurückgelegt hatte, beunruhigt und veranlaßte mich, bald wieder weiterzuhumpeln.

Nach einer Stunde hatte ich glücklich weitere zehn Meter durch felsiges, halb dschungelartiges Gebiet zurückgelegt. Ich zitterte vor Überanstrengung und war drauf und dran, aufzugeben. Ich sah mich nach einem Platz um, an dem ich mich ausstrecken konnte. Aber eine innere Stimme trieb mich, wenigstens um den Felsvorsprung herumzuklettern, solange ich noch laufen konnte.

Nach weiteren zwanzig Metern traf ich am Spätnachmittag auf eine Kokospalme. Sie war niedrig – kaum sechs Meter hoch. Aus ihrem Laub lugten etwa ein Dutzend grüne Nüsse hervor. Sie sind so köstlich zum Trinken. Ich streichelte den Baum, stieß einen Freudenschrei aus und küßte ihn. Ich wollte die Nüsse aufessen und hier bleiben, bis ich wieder kräftiger war.

Doch schon bald wandelte sich meine Freude in bittere Mutlosigkeit. Zwar hingen die lebenspendenden Nüsse nur kümmerliche sechs Meter über mir, aber ich hatte nicht die Kraft, die paar Meter hinaufzuklettern. Ich warf mit dem Stock nach ihnen, aber mein Wurf war viel zu kraftlos. Ich gab es auf und schlief auf dem kleinen Erdhügel am Fuß der Palme ein.

Als ich nach einigen Stunden aufwachte, suchte ich alles ab und fand eine alte Nuß. Obwohl mein Messer verrostet war, war es doch noch scharf genug. Leider hätte mir im Augenblick auch das schärfste Messer der Welt nichts genutzt, da ich zu schwach war, es zu gebrauchen. Trotzdem hackte ich damit auf den Kopf der Nuß ein. Nach einiger Zeit, die mir wie eine Ewigkeit vorkam, war ich glücklich zwei Zentimeter in die äußere fasrige Schale eingedrungen. Meine Finger, Hände und Arme schmerzten. Um an den Kern heranzukommen, hätte ich noch zwei Zentimeter tiefer hacken müssen. Ich war jedoch so schwach und müde, daß ich zitternd einnickte, nachdem ich sinnlos die Nuß angestiert hatte. Schließlich glitt sie mir aus der Hand, und ich fiel hintenüber. Ich schlief den ganzen Nachmittag und die ganze Nacht, ohne Störung und ohne aufstehen zu müssen, wie ich es mir schon lange gewünscht hatte.

Als ich am nächsten Morgen erwachte, fühlte ich mich leider schwächer als zuvor. Neben mir lag die verschrumpelte Nuß und dicht dabei das Messer. Ich nahm beides in die Hand und hackte mit geringer Kraft erneut auf die Nuß ein. Schon nach wenigen Minuten war ich müde. Meine Hände hatten sich verkrampft und wollten sich weder öffnen noch schließen. Wenn ich die Schale noch weiter durchdrang, würde ich auf drei kleine Vertiefungen stoßen. Ich brauchte nur eine davon zu durchbohren und käme wenigstens an die kühle Milch im Innern der Nuß heran. Ich nahm die Nuß wieder auf und schlug sie gegen den scharfen Felsen. Ich stieß sie solange dagegen, bis mir beinahe der Atem wegblieb. Dann ließ ich sie verzweifelt fallen und sank in mich zusammen.

Drei Tage war ich nun schon an Land und hatte nichts als diese elende Steinwüste mit ihrem wilden Durcheinander spitzer Felsnadeln kennengelernt. Das vereiterte Knie wurde schwarz. Ich hatte bis jetzt noch nicht gemerkt, daß ich mir auf dem Riff eine sogenannte Korallenvergiftung zugezogen hatte, die sich an Beinen und Füßen in einem Dutzend eitriger Stellen zeigte.

Ich lag an einem Ort, der etwa hundert Schritte von der Küste entfernt war. Man konnte die See hören, die ganz in meiner Nähe in die ausgewaschenen Felshöhlen brandete. Ich wußte, daß ich mich kaum noch weiterschleppen konnte. Wenn ich überhaupt noch eine Überlebenschance hatte, mußte ich dorthin zurückhumpeln, wo ich die See überschauen und mich zufällig Vorbeikommenden bemerkbar machen konnte. Auf meinen schwachen Füßen kämpfte ich mich mühselig dem Meere zu. Bald stolperte ich, bald fiel ich hin. Ich beachtete es nicht, sondern konzentrierte mich ganz darauf, dorthin zu gelangen, woher der dumpfe Ton der Brandung kam.

Ich kam zu einer Stelle, die etwa sechs Meter über einer kleinen Bucht mit einem schmalen Sandstrand lag. Ein steifer Wind – wäre ich noch auf meinem Boot gewesen, hätte ich ein Reff einstecken müssen – wirbelte da und dort längs der Küste den Sand in die Höhe. Es war Niedrigwasser, so daß man auf dem Meeresboden die massiven Fels- und Korallenklippen erkennen konnte. Draußen auf dem Riff war nichts mehr von der *Pagan* zu sehen. Meer und Korallen hatten über sie triumphiert. Dafür entdeckte ich längs der Küste manches, das auf sie hindeutete. Ich sank todmüde um und schlief ein.

Etwas später vernahm ich Laute, die nichts mit den Geräuschen des Meeres zu tun hatten. Als ich mich über den Abhang beugte, sah ich drei Eingeborenenkinder, die aufgeregt am Strand entlangliefen. Sie waren dunkelhäutig und hatten buschiges Haar. Gerade unter mir schrien und kreischten sie vor Freude über das seltsame Strandgut, das sie gefunden hatten.

Ich lehnte mich über den Rand des Felsens und wollte ihnen zurufen: „He! Joe, komm her!", aber es kam nur ein unheimlicher, unverständlicher Ton aus meiner Kehle. Die Jungen blickten sich um und dann hinauf zu mir. Ihre Gesichter spiegelten deutlich wider, was sie empfanden. Vor Schreck rissen sie die Augen tellergroß auf und ließen wie auf Befehl alles fallen, was sie sich zusammengesammelt hatten, und rannten laut schreiend davon, als gälte es ihr Leben.

Alles geschah so plötzlich, daß ich fürchtete, ich hätte es mir nur eingebildet. Gottlob redeten die Fußspuren eine deutliche Sprache, die mir unendliche Erleichterung und inneren Frieden brachte. Wenigstens wußte jetzt jemand, daß sich ein Fremder auf der Insel befand.

Ich legte mich zurück und schlief. Dann und wann wachte ich auf und starrte lange auf den wasserumspülten Felsvorsprung, hinter dem die Kinder verschwunden waren. Schleppend vergingen die Stunden. Die Flut kam und bedeckte den ganzen Strand.

Plötzlich hörte ich lautes Rufen. In der Einfahrt zur Bucht bemerkte ich ein Auslegerboot mit sechs jungen Leuten. Sie stakten es durch das flache Wasser. Ich winkte ihnen zu. Da ließen sie sich auf ein Knie nieder, um mich besser sehen zu können, und starrten ungläubig nach oben. Sie waren kaum fünfzig Meter entfernt.

Man sah ihnen an, daß sie bisher kaum einen Weißen zu Gesicht bekommen hatten. Offenbar waren die verängstigten Kinder im Dorf nicht ernst genommen worden. Die ungläubigen jungen Männer waren deshalb losgefahren, um der Sache auf den Grund zu gehen.

Sie versuchten tapfer, das leichtgebaute Auslegerboot in die gefährliche Bucht hineinzustaken. Sie mußten es jedoch aufgeben. Der steife Wind, die auflaufende Flut und die Brandung, die sich an den Felsen brach, waren zuviel für ihre seemännischen Fähigkeiten. Es war zu verstehen, daß sie sich nicht weiterwagten.

Sie winkten mir ermutigend zu und gaben mir durch Zeichen zu verstehen, daß sie unmöglich in die Bucht hineinfahren konnten. Sie versuchten mich zu bewegen, bis vorn, an die äußerste Spitze der Felswand, die die Bucht abschloß, zu kriechen. Von dort sollte ich hinunterspringen, während sie mich auffangen wollten. Wenn ich bloß bis zu dieser Stelle gelangen könnte! Dann wäre ich endlich in Sicherheit. Ich versuchte aufzustehen, aber meine Arme und Beine waren zu schwach, mich auch nur aus der Seitenlage aufrichten zu können. Ich machte sie darauf aufmerksam, wie hilflos ich war.

Sie gaben mir Zeichen, daß sie in ihr Dorf zurückkehren, aber später wiederkommen wollten. Ich machte ihnen verständlich, daß ich ohne Wasser und Nahrung sei. Danach fiel ich wieder in Schlaf.

Wasserspritzer weckten mich. Es war dunkel. Ich meinte, ich wäre noch an Bord der *Pagan* in meiner engen, kalten Kajüte und murmelte: „Ach! Die Bilge muß gelenzt werden!" Ich tastete nach den Teeblättern, um ein paar davon beim Pumpen zu kauen. Als meine Hand den rauhen Felsen spürte, erinnerte ich mich, wo ich war, und ich schaute über die dunkle Lagune.

Die See brandete gegen das Kliff. Wir hatten bereits wieder auflaufendes Wasser. Gischt flog bis zu mir empor.

Wahrscheinlich waren die Eingeborenen zurückgekommen, um nach mir zu suchen, hatten mich aber nicht gefunden. Vor Schwäche vermochte ich nur kurze Zeit aufrecht zu sitzen. Ich stützte mich auf die Seite, damit ich durch einen Felsspalt aufs Meer blicken konnte.

Wasser und Wind waren kalt, und das Zeug klebte mir am Körper. Ich fühlte mich erbärmlich elend. Plötzlich sah ich Lichter auf dem Wasser. Sie waren noch weit weg. Ich wußte sofort, daß es das Auslegerboot war, das mich holen wollte. Da bemerkte ich, daß es zwei, vielleicht auch sogar drei Boote waren. Auf gleicher Höhe mit mir hielten sie an, anscheinend gingen sie vor Anker, um erst einmal die Lage zu peilen.

Die Fackeln flackerten im Wind, als die Boote dicht aneinander gedrängt vor der Bucht lagen. Wenn die See gelegentlich für Augenblicke etwas weniger rauschte, stieß ich ein paar kehlige Laute aus. Sie wurden mit durchdringender, freundlich ermutigender Stimme beantwortet.

Es war nur zu verständlich, daß sie ihre leichten Auslegerboote nicht in der Brandung aufs Spiel setzen wollten.

Bange Stunden vergingen. Eine Fackel nach der anderen erlosch. Schließlich leuchtete nur noch eine einzige über das Wasser. Ich wurde immer unruhiger. Die Eingeborenen wollten anscheinend das Tageslicht abwarten. Ich fror erbärmlich und wurde ungeduldig. Die Eingeborenen sollten doch bestimmt Mittel und Wege finden können, um mich schon vorher zu erlösen!

Meine Rufe klangen jämmerlich wie Katzengejaule und brachten binnen kurzem sichtbar Leben in die Boote. Mehrere Fackeln flammten auf, Stimmen ertönten, und eins der Fahrzeuge löste sich von den übrigen und fuhr langsam nach Norden. Irgend etwas war im Gange.

Die anderen Boote näherten sich dem Felsen bis auf ungefähr zwanzig Meter. Ich sah im Feuerschein nackte Schultern und buschige Häupter. Die Eingeborenen riefen mir etwas zu und deuteten nach Norden.

Ich antwortete ihnen auf spanisch, dann auf französisch, aber sie ließen achselzuckend immer wieder die gleichen begütigenden Worte ertönen und wiesen mit den Fackeln nach Norden.

Kurze Zeit darauf hörte ich im Unterholz des Dschungels das Knakken von Ästen. Eine Stimme formte fremdartige Laute. Die Eingeborenen auf dem Wasser riefen ebenfalls, so daß über mich hinweg ein erregter Wortwechsel einsetzte. Plötzlich tauchte schwankend eine Fackel aus dem Dschungel auf. Hinter dem flackernden Licht ertönte ein überraschter Ausruf. Der Fackelträger keuchte schwer. Es war kein leichter Kampf mit den Felsen und dem Gestrüpp gewesen.

Im Fackelschein erkannte ich kräftige Schultern und Arme sowie einen buschigen Kopf. Sie gehörten einem hochgewachsenen Mann. Mit seiner rauhen, teilnahmsvollen Stimme sprach er begütigend auf mich ein und gab gleichzeitig den Leuten im Boot seine Anweisungen. Das Licht verschwand, während sich starke Arme um mich schlossen und mich hochhoben. Mein guter Samariter schleppte mich im Handumdrehen die zwölf Meter bis zu dem überhängenden Felsen, von wo aus mich die Jungen vorher hätten bequem retten können. Er hielt mich in seinen muskulösen Armen, während sich eins der Boote mit einer großen Anzahl Eingeborener, die teils paddelten, teils stakten, an den Felsen heranarbeitete. Laut schallten die Anweisungen über das Wasser. Das Fahrzeug, vom Licht der Fackeln beleuchtet, war gerade unter mir und hob und senkte sich in der Dünung. Es wurden noch mehr Worte gewechselt. Sie klangen diesmal zweifelnd und besorgt. Der Steven des Bootes schlug gegen das ausgeglühte Gestein. Mein Retter übergab mich mit den Füßen voran seinen Gefährten im Boot. Hocherhobene Arme nahmen mich in Empfang. Ausrufe des Erstaunens ertönten, als sie mein kümmerliches Gewicht in ihren Händen spürten. Als ich endlich sicher an Bord war, entrang sich allen Kehlen einmütiges Triumphgeschrei. Die übrigen Boote erwiderten es. Einen Augenblick später ließ sich mein Wohltäter von dem Felsüberhang hinab ins Boot gleiten.

Ich wurde ins Heck des offenen Bootes gepackt. Die tüchtigen Ruderer mühten sich, das Boot von den Felsen freizubekommen. Mein Freund kam und bedeckte mich mit einer Matte aus Baumrindenfaser. Als ich um Essen bat, reichte er mir eine gebackene Kumala, eine Art Süßkartoffel, von der ich ein klein wenig abbiß.

Die endlosen Tage und Nächte der Verzweiflung waren vorüber. Ich war ganz überwältigt davon, wieder Nahrung und einen Topf Eingeborenentee in Händen zu halten. Ich ließ alle Vernunft außer acht und biß unbeherrscht in die Kumala. Gierig kaute und schluckte ich alles in großen Bissen hinunter und spülte mit reichlich Tee nach.

Ich seufzte befriedigt und ließ meine Retter merken, wie sehr es mir schmeckte. Sie waren hocherfreut und spornten mich an, noch mehr zu essen. Glücklich lächelten sie, als ich einen großen Bissen nach dem anderen in den Mund schob. Ich wußte genau, daß ich das nicht tun durfte, aber als ich den ersten Happen auf der Zunge schmeckte, war es aus mit allen meinen guten Vorsätzen. Nachdem ich mich vollgepfropft hatte, legte ich mich zurück und ließ mich durch den Rhythmus der Ruderschläge und dem Klang der fremden Laute einschläfern.

TUVUTHA

Als ich erwachte, lag ich auf dem Rücken in einer blätterbedeckten Hütte. Ich schaute hinauf ins Dach. Ein Firstbalken aus einem Kokospalmenstamm trug das dichte Blätterdach aus Pandanus- und Kokosblättern, die mit rauhfaserigem Tau untereinander fest verflochten waren. Ich bemerkte, daß ich mich in der Hütte meines Retters befand.

Ich lag auf einer geflochtenen Matte. Darunter befand sich eine Schicht Kokospalmenblätter, deren Mittelrippen entfernt worden waren. Mein Lager war hart und unbequem. Als ich mich bewegte, schaute mich jemand an meiner Seite prüfend an. Es war eine Eingeborene, die große Erleichterung zeigte, daß wieder Leben in mich kam. Ich konnte in ihren Augen ablesen, daß sie angstvolle Stunden bei mir gewacht hatte.

Während eines ganzen Tages und einer ganzen Nacht war ich ununterbrochen bewußtlos gewesen. Die Frau hatte ständig geduldig neben mir gesessen und mich während meiner Fieberträume mit lindernder Kokosnußmilch versorgt. Mein Knie war mit einem Brei aus heimischen Kräutern behandelt worden, und man hatte sich auch der durch die Korallenvergiftung gefährlich eiternden Stellen angenommen. Mein Leben war gerettet.

Wie ich erfuhr, hieß der Mann, dem ich mein Leben verdankte, Itchica. Er hatte mich in seine dunkle Hütte getragen und mich dort der Pflege seiner sanften, tüchtigen Frau übergeben.

Ich fühlte mich klein und hilflos. Als ich dreißig Stunden später wieder erwachte und auf die seltsamen Balken der Hütte starrte, saß die Frau noch immer neben mir und paßte auf mich auf. Ich verdanke ihr mein Leben, genau wie ihrem Mann, der über diese furchtbaren Felsen kletterte, um mich zu retten. Sie hieß Una, wie ich später erfuhr.

Nach der langen Zeit, in der ich bewußtlos gewesen war, war ich erneut hungrig. Una gab mir die Milch einer halben Kokosnuß und ein wenig Brühe aus Fisch und Brotfrucht sowie ein rohes Schildkrötenei. Itchi – so nannte ich Itchica – stützte mir den Rücken, während Una mich fütterte.

Es fiel mir schwer, selbst die kleinen weichen Brocken Brotfrucht zu kauen. Meine Kiefermuskeln versagten schon nach wenigen Kaubewegungen. Auch meine Schluckmuskeln weigerten sich nach kurzer Zeit, die Nahrung hinuntergleiten zu lassen. Mit Gewalt ließ sich da wenig machen. Ich stellte bald fest, daß ich am besten nach jeder kleinen Mahlzeit eine Stunde ruhte. Erst dann funktionierten meine Kau- und Schluckmuskeln wieder.

Kaum hatten die Dorfbewohner gehört, daß ich wieder zu mir gekommen sei, eilten sie herbei, um mich in Augenschein zu nehmen. Die Hütte war gepfropft voll. Sie saßen mit gekreuzten Beinen herum und neigten sich forschend über mich. Ich studierte jedes Gesicht und jeden Gesichtszug, um herauszubekommen, auf welcher Insel ich mich befand. Die Eingeborenen waren mehr kaffeebraun als schwarz. Ihr Wuchs war kräftig und schlank, sie hielten sich sehr sauber und waren erfreulich gesund; alles in allem sehr sympathische Menschen. Sie erinnerten mich an keinen der Eingeborenen-Typen, die ich während meiner Reisen kennengelernt hatte.

Ich versuchte, mit diesen freundlich blickenden Schwarzen zu sprechen und fragte sie nach dem Namen ihrer Insel. Nicht ein einziger verstand Englisch. Ich probierte es darauf mit Französisch und dann mit Spanisch. Sie sahen mich verständnislos an und lächelten nachsichtig über meine Anstrengungen.

Ich wies auf den Fußboden und fragte: „Neue Hebriden?“ Keiner verzog eine Miene. „Neukaledonien?“ Keine Antwort. „Loyalitäts-Inseln?“ Sie schwiegen. Obwohl ich wußte, daß ich weit weg von den Salomonen war, fragte ich: „Salomon-Inseln?“ Damit kam ich anscheinend der Sache näher. Ich wiederholte meine Frage: „Salomon-Inseln?“

Einer der alten Leute nickte. Er hatte offensichtlich während seines langen Lebens schon von den Salomon-Inseln gehört. Indem er einen Kreis um sich beschrieb, sagte er: „Lomaloma“.

„Lomaloma?“

„Lomaloma, Tuvutha.“

„Lomaloma, Tuvutha?“ Die Worte sagten mir nichts. Ich drang weiter in ihn.

„Lomaloma, Tuvutha i Lau“, sagte er.

Ich wußte, daß die Lau-Gruppe zum östlichen Teil der Fidschis gehörte. Aber es war doch unmöglich, daß ich auf den Fidschis gelandet war! Ich war doch an ihnen vorbeigefahren und befand mich auf dem Wege zu den Neuen Hebriden! Immerhin stimmten mich seine

Worte nachdenklich. Offensichtlich hatten diese kerngesunden Menschen vor mir wenig mit den malariaverseuchten, krebskranken Eingeborenen mit ihren aufgetriebenen Leibern zu tun, die ich während des Krieges auf den Neuen Hebriden kennengelernt hatte.

Vielleicht hatte ich meine neuen Freunde mißverstanden. Unsere Verhandlungen führten in immer neue Sackgassen. Schließlich ritzten wir oben auf eine Kiste eine Behelfsseekarte ein. Mit dem Finger zeigte jemand auf einen abseits liegenden länglichen Fleck, der als die Lau-Gruppe der Fidschis bezeichnet wurde. Die Insel hieß Tuvutha, das Dorf Lomaloma. Kein Zweifel!

Ich starrte lange Zeit auf die primitive Karte. Südlich davon lag Lakemba, nördlich Vanuambalavu, westlich Nayau und noch weiter westlich die Hauptinseln der Gruppe. Es fiel mir schwer zu glauben, daß ich mich in den östlichen Fidschis befand. Meine Positions- und Geschwindigkeitsberechnungen nach dem Orkan waren grundfalsch gewesen. War ich überhaupt in die Nähe von Samoa gekommen? Wo hatte ich mich eigentlich in den letzten sieben Wochen, in denen ich blindlings daraufiosgefahren war, herumgetrieben? Das werde ich wohl nie erfahren, obwohl ich stets daran herumrätseln werde. Auf jeden Fall behaupte ich auch heute noch, daß ich richtig gehandelt habe und so mein Leben rettete. Daß ich noch lebe, ist mir der beste Beweis dafür.

Zur Zeit lebte ich auf einer weltabgeschiedenen Insel und erfuhr sehr bald durch Zeichensprache und Erraten, daß alle vier Monate hier ein kleines Handelsschiff vorbeikommt, das den Warenaustausch zwischen den Inseln vermittelt. Der Kopra-Schoner war gerade vor einigen Wochen wieder abgefahren. Es würde mindestens drei Monate dauern, bis er zurückkehrte. Drei Monate auf einer einsamen, verkehrsabgeschnittenen tropischen Insel!

Nachdem mich Una dank ihrer Pflege über die beiden ersten kritischen Tage weggebracht hatte, verbesserte sich mein Gesundheitszustand zusehends. Die natürliche Ernährung der Insulaner bekam mir ausgezeichnet. Am dritten Tag konnte ich schon wieder auf den Beinen stehen, wenn auch noch etwas wackelig. Am fünften Tage vermochte ich mit Hilfe des Stocks, den Itchi mir aus einer von *Pagans* Planken geschnitzt hatte, schon bis zur Tür zu gehen und einen Blick auf das Dorf zu werfen und meinen immer zahlreicheren Freunden ein freundliches Wort zuzurufen.

In der ersten Woche, noch auf strenge Diät gesetzt, durfte ich nur Dinge wie gekochten Fisch, gebackene Brotfrucht, etwas Hühnchen,

Kumala, Uve (eine Art Yamswurzel), Schildkröteneier, gekochten Aal, Mangos, Ananas und Papayas essen. Ich konnte immer nur wenig auf einmal zu mir nehmen, da meine Kaumuskeln leicht ermüdeten oder mir das Schlucken schon nach kurzem schwerfiel. Mein eingeschrumpfter Magen vertrug nur ein paar Bissen und konnte nicht so viel auf einmal verdauen. Ich hatte beständig Hunger und aß deshalb, sooft mein angegriffener Zustand es erlaubte.

Nach einer Woche meinten Una und Itchi, daß ich in Zukunft alles essen dürfe, was ich wolle. Ich wies sofort auf ein Ferkel, das auf dem Dorfplatz herumschnüffelte. Sogleich machte die Dorfjugend eine wilde Jagd darauf, und das Schweinchen verschwand im Topf. Bald saß ich vergnügt da und knabberte an einer Schweinskeule. Seitdem bekam ich von allem in Hülle und Fülle, was immer ich mir auch wünschte.

Nachdem ich eine Woche auf der Insel war, fühlte ich mich am Sonntagabend zum ersten Mal wieder ganz kräftig. Mein Körper begann wieder so auszusehen, wie es sich für einen Körper gehört. Meine Hüften setzten Fleisch an, und ich konnte mich wieder auf meiner Sitzfläche niederlassen, ohne daß ich einen Teil meines Gewichts mit den Händen abzustützen brauchte. Durch dieses Ausgepolstertsein schlief ich auch wieder besser. Ich nahm am ganzen Körper zu, wodurch ich bei meinen auffallend großen Händen und Füßen nicht mehr ganz wie ein klumpfüßiges Tierjunges aussah.

Am nächsten Morgen, dem 4. November, fühlte ich mich stark genug, um allmählich an meinen Abschied von der Insel und an die Fortsetzung meiner Reise nach Australien zu denken. Ich rief Itchi herbei und sagte ihm, daß ich aufbrechen möchte. Er sah traurig und enttäuscht aus. Trotzdem holte er einige seiner Nachbarn, um gemeinsam den Plan zu beraten.

Er stellte mir seine Freunde vor. Da ich mir ihre Namen jedoch nicht merken konnte, nannte ich sie einfach Joe, Bill und Mike. Ich schlug ihnen vor, eines der Auslegerboote klarzumachen und mich damit nach Lakemba, das ungefähr vierzig Meilen entfernt ist, zu fahren. Sie waren von Anfang an dagegen. Wir befanden uns in der Jahreszeit der Orkane, in der die Windrichtung häufig wechselt und plötzliche Flauten eintreten. Nein – das war zu riskant. Man brauchte ja außerdem gar nicht zu eilen, meinten sie. „Laß doch alles ruhig an dich herankommen!“

Itchi schlug vor, ich solle auf das Kopraschiff im Januar warten. Alle stimmten ihm zu, daß es viel besser sei, sich zu gedulden, anstatt sich hinaus auf die See zu wagen. Ich aber war dagegen und erklärte ihnen, daß ich meine Frau schon anderthalb Jahre nicht gesehen hätte und deshalb nicht mehr länger warten könne.

Sie hörten aufmerksam zu, als ich ihnen meinen Plan unterbreitete, vorbeifahrenden Schiffen – vorausgesetzt, daß überhaupt welche vorbeifuhren – Signale zu geben. Ein Stück vom Segel war angetrieben worden, auch Tauwerk und ein Block fanden sich. Ich schlug vor, die Spitze einer besonders hohen Kokospalme abzuschlagen und das Geschirr darauf anzubringen, damit wir das Segel als Signal auf- und niederholen könnten, wenn ein Schiff in Sicht kam.

Bereits am Nachmittag flatterte mein zerfetztes kleines Großsegel von der kahlen Spitze einer weithin sichtbaren Kokospalme.

Der Nachmittag des 5. November verlief hochdramatisch. Kurz nach dem Mittagessen kam Aufregung ins Dorf. Itchi und Mike kamen mit großem Redeschwall hereingestürzt und wiesen aufgeregt auf das Meer. Durch den Ruf „laca mota", der vom Strand aus zu mir drang, wußte ich, daß es ein Schiff sein mußte, und suchte nach meinem Stock.

Itchi machte mein langsamer Gang ungeduldig – er nahm mich daher auf den Arm und rannte mit mir quer durch das Dorf, als ob ich ein Bananenstamm sei. Vom Strand aus konnte ich das Segel und einen Teil des Kajütaufbaus eines Kopra-Schoners sehen, der die Küste entlangfuhr.

Mike und Joe bedienten das Signalsegel. Sagte ich: „Hoch!", so hißten sie es, rief ich: „Runter!", so holten sie es nieder. Das Schiff war jetzt schon querab von uns. Mike und Joe signalisierten wie verrückt mit dem Segel. Ich winkte mit dem Stock und schrie aus Leibeskräften. Jeder von uns tat etwas anderes, um die Aufmerksamkeit auf uns zu lenken. Wir schrien, sprangen umher und winkten. Das Schiff fuhr jedoch gelassen weiter und kam außer Sicht. Ich empfand meine Ohnmacht. Alle sahen enttäuscht aus, nur Una schien froh zu sein, daß das Fahrzeug unser Signal nicht bemerkt hatte. Sie kam auf mich zu und meinte, ich wäre noch gar nicht bula (stark) genug, um die Insel zu verlassen.

Aus unserem Mißerfolg schloß ich, daß mein Signalsegel allein nicht genug auffiel. Wahrscheinlich konnte man es aus großer Entfernung gar nicht sehen, und sollte es doch der Fall sein, so würde man nicht wissen, daß es ein Notsignal war. Ich sprach mit dem Häuptling darüber und schlug vor, auf dem Strand Gestrüpp aufzuhäufen, das angezündet werden sollte, wenn sich wieder ein Segel oder ein Schiffsaufbau zeigte. Er stimmte mir zu. Auf seinen Befehl hin stürmten alle verfügbaren Jungen in den Dschungel, und schon bald erhoben sich am Strand vier eindrucksvolle Reisighügel.

EIN SEGEL!

Die nächste Woche wurde mir sehr schwer. Ich liebte diese Insel. Ich lebte nur zu gern hier. Trotzdem sehnte ich mich danach, möglichst bald zu Mary zu kommen. Wenigstens wollte ich ihr und meiner Familie eine Nachricht zukommen lassen, damit sie wußten, daß ich lebte. Auf der Insel war ich gefangen wie in einem goldenen Käfig.

Ich war die ganze Zeit stillverzweifelt. Tag für Tag stand ich stundenlang am Strand und suchte jenseits des brandungsumtosten Riffs den durch nichts unterbrochenen Horizont ab. Ich hoffte unablässig, endlich dort einen Mast zu entdecken.

Mein Herz war bei Mary in Sydney. Was sie wohl machte? War mein langer Brief befördert worden, den ich in der Postamts-Bucht vor fast vier Monaten eingesteckt hatte? Hatte sie ihn erhalten?

Ich ahnte nicht, daß sie ihn schon Anfang Oktober bekommen hatte mit einem Poststempel von Guayaquil vom August. Sie erfuhr daraus leider nichts weiter, als daß ich am 31. Juli mit westlichem Kurs von den Galapagos abgesegelt war.

Ich hatte gehofft, Ende September an Bord der *Pagan* in Sydney einzutreffen – und nun saß ich hier, und es war schon Mitte November. Mehr als sechs Wochen später! Sicher machte sich Mary große Sorgen um mich.

Da kam der Morgen des 18. November. Ganz wie sonst begann ein neuer Tag innerer Unruhe. Würde wohl endlich etwas geschehen? Ja – es geschah etwas.

Urplötzlich ertönte ein Schrei vom Strand. Er wurde vom ganzen Dorf weitergegeben. Als ich die Worte „laca mota“ hörte, wußte ich, daß man ein Segel am Horizont gesichtet hatte. Ich humpelte hinunter zum Strand.

Es war wirklich ein Segel, ein Motor-Schoner mit einem Hilfssegel. Er schien gute Fahrt zu machen. Itchi und Mike zogen unser Signalsegel rauf und runter, während Bill und Joe die vier großen Feuer anzündeten und fächelnd für Luftzufuhr sorgten. Suvi und Tokai rannten hin und her und schwenkten ihre Fischnetze. Ein Sprechchor ertönte – alles war in Bewegung. Nur Una stand still und niedergeschlagen neben uns.

Rote Flammen brachen aus den Holzstößen hervor und blauer Rauch erhob sich spiralförmig zum Himmel. Aller Augen waren auf den Schoner gerichtet, der ungestört seine Reise fortsetzte. Zwanzig Minuten vergingen. Der Schoner änderte seinen Kurs nicht im geringsten. Mir schwand die Hoffnung genau wie vor zehn Tagen, als wir schon einmal ein Segel aus den Augen verloren. Die Holzstöße wurden vergrößert.

Plötzlich war das Segel nicht mehr zu sehen. Ich wußte, es konnte unmöglich so schnell am Horizont verschwinden – ich ahnte aber nicht, was es damit auf sich hatte. Endlich wurde mir klar, daß das Boot unser Signal bemerkt und deshalb das Hilfssegel geborgen hatte und sich uns näherte.

Ich und einige andere stiegen in Itchis Auslegerboot und paddelten hinaus, um das Fahrzeug sicher durch das Riff zu lotsen. Es war die *Lae,* ein dreizehn Meter langer Kopra-Schoner. Als wir längsseits festgemacht hatten, begab ich mich sofort an Bord. Der Kapitän, ein rauhbeiniger, alter Fidschi-Insulaner, der schon viele Jahre zwischen den Inseln Handel trieb, konnte kein Englisch. Dafür verstand der Maat, ein junger Mann von den Tongas, wenigstens ein paar Brocken.

Ich erklärte ganz langsam, was mir zugestoßen war, und fragte, ob er mich mitnehmen könne. Der Maat sprach mit dem Käpten und wandte sich dann an mich und sagte: „Ja“. Er erklärte mir, daß der Schoner einem Koprahändler aus Vanuambalavu gehöre und dabei war, Kopra abzuholen. Es mußten noch zwei weitere Inseln angelaufen werden, ehe es wieder nach Norden ging.

Der alte Schoner ließ vor Lomaloma seine schwere Ankerkette auf den sandigen Meeresboden fallen. Gastfreundlich wie die Insulaner sind, luden sie den Kapitän, den Maat und die Mannschaft ein, zu ihnen an Land zu kommen.

Ich ging sofort zu Itchis Hütte. Bill, Joe, Mike und Tupa begleiteten mich. Alle sahen niedergeschlagen aus. Una war schon lange vor uns nach Hause geeilt und hatte verständnisvoll meine paar Habseligkeiten in die alte Kiste gepackt, die Itchi mir gegeben hatte. Sie stand kopfschüttelnd dabei und meinte, ich solle noch hierbleiben. Mein zerknitterter, alter blauer Anzug hing schon für mich an der Tür bereit. Ich nahm ihn, ging in die Hütte, legte den Eingeborenen-Sulu ab, den ich hier die ganze Zeit getragen hatte, stieg mit Itchis Hilfe in die Hosen und zog das fadenscheinige weiße Hemd und ein Paar saubere

Socken an. Es blieb mir nichts mehr, als mich zu verabschieden und schnell wegzugehen.

Die nächsten Minuten waren die schwersten meines Lebens. Was sagt man wohl zum Abschied zu Menschen, die einem das Leben retteten und in jeder Weise vorbildlich gütig und großzügig waren? Unter einem herzlichen Händedruck verbarg sich mein innerlich ganz in Aufruhr geratenes Herz.

Als ich schließlich Una die Hand gab, schüttelte sie noch immer den Kopf und sagte, ich sei noch nicht kräftig genug für die Reise. Alle, die mir Gutes erwiesen hatten, waren herbeigeeilt. Itchi schaute auf seine Füße, und dasselbe tat Tupa. Bill, Joe und Mike standen beiseite. Die Angehörigen meiner Freunde standen schweigend eng um mich herum. Ich hatte beinahe das Gefühl, daß ich etwas Unrechtes tat, sie zu verlassen, und sagte daher eilig Lebewohl.

Ich winkte noch einmal zum Abschied und kletterte dann in das Dingi. In letzter Minute sprang Itchi in sein Boot, fest entschlossen, mich bis zuletzt zu begleiten. Dann wurde der Anker aufgeholt. Der Motor begann zu ächzen, und das alte Boot erzitterte, als wir auf die Passage im Riff zufuhren. Itchis Auslegerboot folgte uns bis auf das offene Meer. Das war das letzte, was ich von Lomaloma zu sehen bekam.

AUSTRALIEN

In Vanuambalavu befindet sich eine Radio-Station, von der ich sofort Mary und meiner Mutter Nachricht zukommen lassen wollte. Außerdem sollen dort häufig Schiffe auf der Fahrt nach Suva, dem bedeutendsten Ort der Fidschis, anlegen. Ich konnte es kaum glauben, daß ich schon in wenigen Stunden durch das Radio mit meiner Frau verbunden sein würde.

Wir suchten uns sorgfältig einen Weg durch die zahlreichen Korallenriffe. Es gibt unendlich viele davon auf den Fidschi-Inseln. Als wir zu dem Ankergrund vor dem Handelsplatz des weißen Mannes kamen, ließen wir den Anker fallen. Rasselnd ging er in dieser weiten Bucht, die von zahlreichen Auslegerkanus belebt war, in die Tiefe. Am Ufer lag ein großes Dorf, umgeben von hohen Palmen.

Ich ließ mich durch das erste Boot an Land bringen, um den vavalage (Händler), Mr. Stockwell, kennenzulernen. Ich traf ihn im Speicher. Er trug einen breitkrempigen Hut, kurze Hosen wie die Eingeborenen und Sandalen. Er war gerade dabei, unzählige Säcke Kopra abzuwiegen, die mit Booten von den umliegenden Inseln kamen.

Ich ging zu ihm hinein und beobachtete ihn, auf meinen Stock gelehnt, bei seiner Abrechnung mit den barfüßigen, kräftigen Eingeborenen. Er war sonnengebräunt, lachte herzhaft und hob mühelos die schweren Säcke auf die Waage, obwohl seine Schläfen schon leicht ergraut waren. Plötzlich sah er mich. Ein Weißer war hier ein seltener Anblick.

Ich stellte mich vor, gab ihm die Hand und versuchte ihm kurz zu erklären, was mich zu ihm führte. Während ich sprach, lächelte er ungläubig. Sein Gesicht drückte mehr und mehr Zweifel über meine Worte aus. Der alte Kapitän mußte eingreifen und ihm erzählen, was er in Tuvutha über mich erfahren hatte. Der junge Maat aus Tonga unterstützte ihn dabei nach Kräften.

Stockwell hörte offensichtlich mit immer größerer Hochachtung dem Bericht über meine Abenteuer zu und ließ gelegentlich ein heiseres „Verteufelt nochmal!“ vernehmen. Am Ende der Beschreibung des Orkans sagte er: „Alle Achtung, junger Mann!“

Ich merkte ihm an, daß er meine Geschichte nur schwer glauben konnte. Aber es blieb ihm nichts anderes übrig. Denn schließlich stand ich vor ihm, und meine Knochen waren nach den Strapazen dieser fünfmonatigen Irrfahrt noch immer zu zählen. Der alte Seebär und der Maat aus Tonga wiesen darauf hin, daß Wrackteile der *Pagan* verstreut auf dem Strand lägen oder sich im Dorfe Tuvutha befänden.

Stockwell setzte sich und bat mich, es mir bequem zu machen. Ich sprach weiter. Er saß mit offenem Munde da und ließ mich nicht aus den Augen. Plötzlich erhob er sich, nahm meinen Arm und führte mich durch die Handelsniederlassung zu dem hinteren Teil, wo seine Familie wohnte. Wir saßen dort noch stundenlang, während ich in meiner Erzählung fortfuhr. Als ich zu Ende war, herrschte ein langes Schweigen. Er schüttelte den Kopf, lächelte und stellte dann eine Reihe von Fragen, die sich auf die gesamte Reise bezogen. Es interessierte ihn besonders, über den Orkan und meine vergebliche Suche nach Land zu hören. Schließlich sagte er: „Wenn es wahr ist, daß Sie mit einem fast zum Wrack geschlagenen Boot die ganze Reise von den Suvarovs bis hierher gemacht haben, haben Sie bestimmt einen Rekord aufgestellt für ein Boot mit Ein-Mann-Besatzung unter Notbesegelung.“

Er betonte wiederholt, welches Glück ich gehabt habe, an den Küstenriffen vorbei nach Tuvutha gelangt zu sein. Dann sagte er plötzlich: „Hören Sie mal, was für ein Mensch ist eigentlich Ihre Frau? Die Frau möchte ich kennenlernen, die einen Mann dazu bringt, ihr zuliebe mutterseelenallein in einem winzigen Boot den Pazifik zu überqueren.“ – Wenn es sich um Mary handelt, kann ich leicht stundenlang erzählen.

Der Nachmittag ging allmählich schon in den Abend über. Ich hatte den Wunsch, Mary und meiner Mutter baldmöglichst Nachricht zukommen zu lassen. Stockwell erklärte, daß der Sender nicht funktioniere. Ich konnte daher erst von der Suva-Bucht auf der Hauptinsel Viti Levu – etwa 180 Meilen westlich – telegraphieren. Wir wollten ausführlich darüber nach dem Essen sprechen. Zunächst aber wurde ich an seinen wohlbestellten Tisch gebeten.

Frau Stockwell, eine liebenswürdige Tonganerin, hatte eine ausgezeichnete „Yankee-Mahlzeit“ für mich zusammengestellt. Es gab Schinken und Eier und echtes Brot und dazu Kaffee und Apfelstrudel. Ich hatte seit langer Zeit nur Eingeborenen-Gerichte bekommen, so daß mir die vielleicht weniger gesunden Speisen der zivilisierten Welt großartig schmeckten.

In dieser Nacht schlief ich zum ersten Mal wieder auf einer weichen Matratze. Ich schlummerte fest und ruhig, da wir bei unserer Unterhaltung, die sich weit über Mitternacht ausgedehnt hatte, Pläne geschmiedet hatten, mich mit der Barkasse nach dem nahen Kanathea zu schicken, wo ein Kopraschiff nach Suva lag.

Nach einem sonntäglichen Frühstück mit Porridge, Setzeiern und Pfannkuchen – Frau Stockwell hatte wiederum verständnisvoll auf meinen Yankee-Geschmack Rücksicht genommen – unterhielt ich mich auf der Veranda mit meinem liebenswürdigen Gastgeber. Wir warteten auf die Flut, damit die Barkasse in der Passage zwischen den beiden Inselteilen, die wir auf dem Wege nach Kanathea durchfahren mußten, genügend Wasser hatte, um über das Riff ohne Grundberührung hinwegzukommen. Als das Wasser hoch genug war, verabschiedete ich mich. Ich war wieder einmal unterwegs.

Die kleine Barkasse fuhr an einer tropischen Küste entlang, die mit schläfrigen Palmen gesäumt war. In der Lagune lagen unregelmäßig geformte Koralleninselchen, von denen Palmen herüberwinkten. Die Wellen, die sich an den Unterwasserriffen rings um sie herum brachen, schossen alle paar Minuten wie winzige Fontänen hoch in die Luft.

Wir fuhren über das flache Riff in der Passage zwischen den beiden Inselhälften hinweg. Es folgte ein Stück offene, riffverseuchte See. Dahinter lag Kanathea. Unser kleiner Kopraschoner steuerte eifrig darauf zu.

Ein Eingeborener lotste uns an den Korallenköpfen vorbei, und schon bald hatten wir längsseits des Kopraboots festgemacht, das *Tui Cakou* hieß. Es war ganz aus Stahl gebaut, ungefähr 700 Tonnen groß, gut ausgerüstet und schnell. Ich schwang mich an Bord und suchte den Kapitän auf.

Das Schiff hatte geladen und war seeklar, um nach Suva zu fahren. Es sollte am Montag losgehen. Zunächst würde es die Insel Naitamba anlaufen, um einen Passagier und Fracht mitzunehmen. Wir verbrachten den Nachmittag geruhsam mit Fischen vom Sonnendeck aus.

Noch vor Tagesanbruch wurden am Montagmorgen die Anker gehievt, und dann ging's aus der engen Lagune heraus. Rechts von uns lag Vanuambalavu, links die Hut-Insel und gerade voraus wölbte sich grau Naitamba auf.

Das Riff hatte keine Passage, durch die wir in die Lagune von Naitamba gelangen konnten. Das Schiff mußte daher mit langsamer Fahrt außerhalb des Riffs auf- und abfahren, während die Waren mit Booten zu uns hinausgerudert wurden. Ich fuhr gleich mit dem ersten Boot hinüber zu der üppiggrünen Insel, um den Passagier und die Fracht abzuholen. Naitamba fällt ganz allmählich von dem hohen, zerklüfteten Teil zu einem niedrigeren, lieblichen ab, der eben über dem Wasserspiegel liegt. An den sanften Küstenhängen wachsen viele Kokospalmen.

Wir fuhren an eine Betonmole heran, die eigens für die Kopraschoner erbaut worden war. An ihrem seewärtigen Ende stand grüßend der alte Gus Henning, der als Veteran auf der Insel lebt und ein alter Seebär des südwestlichen Pazifik ist. Sobald unser Fahrzeug festgemacht hatte, sprang ich an Land und ging mit Henning in sein tropisches Paradies, das er dank jahrelanger Arbeit aus dieser einsamen Insel entwickelt und geschaffen hatte.

Ich lernte Frau Henning kennen, eine rührige und gütige Frau, die mich in ihren geräumigen Wohnraum einlud, in dem mich eine wohltuende Verbindung von europäischer Behaglichkeit mit Elementen des südlichen Pazifik umfing. Eine junge Fidschi-Insulanerin im Sulu und auf den üblichen bloßen Füßen kam leise herein und brachte uns Tee. Ich erzählte den Hennings die lange Geschichte meiner Reise.

Geschichten Schiffbrüchiger waren für die Bewohner von Naitamba nichts Neues. Gar mancher Abenteurer, dem das Glück nicht hold gewesen war, war nach hier verschlagen worden. Trotzdem waren die Hennings überrascht über die Schwierigkeiten, die sich mir beim Überqueren des Pazifik entgegengestellt hatten. Sie zeigten herzliches Verständnis für meine Schicksalsprüfungen und meine traurige Lage.

Frau Henning sorgte sich sehr, daß Mary nach meiner Abreise von den Perlas monatelang keine zuverlässige Nachricht über meinen Verbleib erhalten hatte. Sie kannte das. Oft genug hatte sie von Besorgnis zermürbt geduldig warten müssen, bis Gus' Boot endlich in den Hafen einlief, nachdem er schon lange überfällig gewesen war. Es gab keine Radiostation auf der Insel, sonst hätte Mary längst von mir gehört.

Die *Tui Cakou* war im Laufe des Nachmittags ausreisefertig. Sie fuhr hinaus in die Koro-See, mit Südwestkurs nach Suva. Es ist eine Freude, durch den Fidschi-Archipel zu fahren mit seinen blauen Inseln rechts und links. Als ich nachts hungrig aufwachte, um wie gewöhnlich etwas zu essen, dachte ich an die Zukunft und hoffte, daß es mir glücken würde, eine Überfahrtsmöglichkeit nach Australien zu finden.

Am nächsten Morgen machte unser kleines Kopraboot am Kopraschuppenkai von Suva fest. Ich wartete, bis ein schlanker, gut aussehender eingeborener Polizist der Einwanderungsbehörde zu meinem Empfang erschien.

Für mich, der ich an unsere gestrengen Polizisten gewöhnt bin, die entweder mit dem Revolver oder dem Gummiknüppel herumlaufen, bildete dieser Fidschivertreter der hochlöblichen Gesetzlichkeit den denkbar größten Gegensatz. Die einzige Waffe, die dieser Beamte anwandte, war ein freundliches Lächeln, das mich vollständig gefügig machte.

Auch er trug die sorgfältig gekämmte, buschige Haartracht der Eingeborenen. Seine marineblaue Uniformjacke mit den auf Hochglanz polierten Goldknöpfen hatte keinen Kragen. Sie saß wie angegossen. In der Hüfte wurde sie verdeckt durch eine leuchtendrote Schärpe, über der er einen breiten Ledergürtel mit einer glänzenden Messingschnalle trug. Der weiße Sulu mit seinem rautenförmigen Saum reichte von der Schärpe bis zu den Knien und ließ seine kräftigen Beine frei. Natürlich lief er barfuß. Alles in allem: der farbenprächtigste Polizist der Welt.

Auf der Polizeiwache ließ man mich höflich und unter unwahrscheinlich geringen Formalitäten passieren.

Es lag mir sehr daran, ein Telegramm an Mary abzuschicken, in dem ich ihr meine Ankunft meldete. Der Kommissar beeilte sich verständnisvoll, meine Nachricht abzufertigen.

Ich kabelte an Mary: „Befinde mich in Sicherheit auf den Fidschis. Komme mit nächstem Schiff nach Australien. Gebe telegraphisch weiteren Bescheid. In Liebe Jonnie."

Beinahe unmittelbar darauf – noch ehe Mary mein Telegramm erhalten haben konnte – bekam ich von ihr ebenfalls eins. Sie hatte durch eine kurze Meldung von meinem Schiffbruch erfahren. Die Worte ihrer Botschaft zeigten nur zu deutlich, welch schwere Last der Ungewißheit ihr vom Herzen genommen worden war.

Ich las ihr Telegramm immer wieder. Seine Worte nahmen mir auch den leisesten Zweifel: Ich war zu Hause willkommen, und vor mir lag der Weg in eine völlig neue Zukunft.

Sechs Leute hatten mir angeboten, bei ihnen zu wohnen, während ich in Suva auf eine Fahrgelegenheit wartete. Es war daher schwer für mich, in dieser Hinsicht eine Entscheidung zu treffen. Ich fühlte mich in einer Zwickmühle, denn wenn ich „ja" zu dem einen sagte, bedeutete es „nein" für die fünf übrigen.

Schließlich entschied ich, mich bei dem jungen Ernie Hurley von der Morris-Hedstrom-Reederei einzuquartieren. Er war ebenso alt wie ich und auch verheiratet. Es verband uns vieles Gemeinsame.

Die Fidschi-Times bemächtigte sich meiner sofort. Einer ihrer Reporter führte mich überall in der Stadt herum. Er schleppte mich auch in den Yacht-Club und machte mich mit allen namhaften Seglern am Platz bekannt. Man fotografierte mich im Kreise dieser Segelgrößen sowie einiger eingeborener Polizisten. Meine Geschichte erschien nett aufgemacht in der Zeitung, und mein Name wurde abends im Radio erwähnt. Aber mochte ich auch im Rampenlicht stehen, das Problem blieb genau wie damals in New York immer das gleiche: Wie konnte ich schnellstens zu meiner Frau gelangen? Leider besaß ich jetzt keine tausend Dollar mehr, um mir ein Boot kaufen zu können.

Ich zerbrach mir noch immer den Kopf, wo ich ein Schiff nach Australien finden könnte. Vor einem Monat war hier keins zu erwarten. Mit dem Flugzeug war es unheimlich teuer – ganz abgesehen davon, daß ich sowieso kein Geld mehr hatte.

Ein britisches Trampschiff war vor zwei Tagen in der Richtung nach Melbourne über Hobart und Tasmanien nach Neuseeland gefahren. Ich wandte mich an die Kgl. Neuseeländische Luftwaffe, die hier in Suva stationiert war, mit dem Plan, „per Anhalter" nach Auckland zu gelangen. „Sie haben Pech gehabt", sagte man mir, „die Strecke wird zur Zeit nicht beflogen."

Der amerikanische Konsul riet mir, mich mit der amerikanischen Luftwaffe in Verbindung zu setzen, die in Nandi am anderen Ende der großen Insel Viti Levu stationiert war. Ich fuhr daher am nächsten Tag mit dem schaukelnden Eingeborenenbus, teils auf der staubigen Küstenstraße, teils quer über Land, nach Nandi.

Im Fliegerhorst erstattete ich dem kommandierenden Oberst einen ergreifenden Bericht von den Erlebnissen der letzten Monate. Ich versuchte, in ihm romantische Regungen wachzurufen, indem ich besonderen Nachdruck auf die Rolle legte, die meine Frau dabei spielte. Wie alle Amerikaner wurde er angesichts meines Mißgeschicks weich und sentimental. „Die Armee darf keine Zivilisten befördern", sagte er, „aber ein schiffbrüchiger Seemann – das ist schon etwas anderes."

Vor dem 1. Januar flog jedoch kein Flugzeug nach Australien. In drei Tagen sollte allerdings ein Flugboot nach Tontuta auf Neukaledonien starten. „Dort herrscht viel Verkehr", meinte er, „und zwar von den Staaten und Honolulu aus nach Tontuta und zurück. Nach Westen fahren dagegen nur wenig Schiffe." Es war daher möglich, daß ich in Tontuta erneut festsaß. Das beste war seiner Ansicht nach, in Nandi bis zum 1. Januar zu warten.

Es blieben mir drei Tage, um das Für und Wider eines Fluges nach Tontuta zu erwägen. Inzwischen versuchte ich, weitere Transportmöglichkeiten zu erkunden. Ich kehrte mit dem Bus nach Suva zurück und wandte mich an das Zentralbüro der kolonialen Zuckerraffinerien, ob sie mich vielleicht mitfahren lassen würden. Ich hatte jedoch kein Glück. Aller verfügbare Raum war bereits von den Angestellten belegt worden, die Weihnachten nach Hause fahren wollten.

So beschloß ich, den Flug nach Tontuta zu wagen. Vielleicht kam ich von dort aus nicht weiter – aber meine leichtsinnigen Eingebungen flüsterten mir eh und je zu, daß schon alles gutgehen würde. Ich wußte, daß von Tontuta aus regelmäßig ein Flugzeug zu den Salomonen und nach Neuguinea flog. Möglicherweise konnte ich mitfliegen und von einem der nördlichen Punkte Neuguineas hinüber nach Australien kommen. Mir war alles recht, was irgendwie in der gewünschten Richtung lag.

Ich meldete mich bei dem Oberst am Flughafen von Tontuta mit einem Empfehlungsschreiben vom Oberst in Nandi und erzählte auch ihm von meinen Erlebnissen auf See. Er hörte teilnahmsvoll zu, sagte mir jedoch, daß zur Zeit keine Strecken beflogen würden, die für mich in Frage kämen. Man wies mir ein Quartier an und forderte mich auf, mich auf jeden Fall ständig bereitzuhalten.

Weitere Tage vergingen mit müßigem Warten. Am Tag nach meiner Ankunft erhielt ich einen Brief von Mary. Sie hatte ihn vor mehr als einer Woche geschrieben. Er war mir per Luftpost über Suva und Nandi nachgeschickt worden.

Ich konnte zwischen den Zeilen lesen, was die Monate der Ungewißheit für Mary bedeutet hatten. Mein Brief vom Juli aus der Postamtsbucht auf den Galapagos war in der ersten Oktoberwoche in Sydney angekommen und hatte ihr mein Eintreffen bis Ende September angekündigt. Das heißt, daß ich schon eine Woche überfällig war, als mein Brief schließlich in Marys Hände gelangte. Und jetzt schrieben wir in einigen Tagen gar schon Dezember!

Im Augenblick verließen kaum Schiffe Neukaledonien, und nach Australien ging überhaupt keines. Das Flugzeug war die einzige Transportmöglichkeit. Ich studierte daher täglich die Flugpläne. Nach vier Tagen war ich schon soweit, daß ich beinahe nach den Fidschis zurückgekehrt wäre, um dort nochmals mein Heil zu versuchen. Die Flieger rieten mir jedoch davon ab. „Es gibt immer eine Möglichkeit hier“, meinten sie, und es gab tatsächlich eine. Eine großes, viermotoriges Transportflugzeug senkte sich unerwartet vom Himmel. In ihm befand sich ein Inspektionsoffizier auf der Reise nach Sydney über Brisbane. Fünf Tage nervenaufreibenden Wartens waren vergangen. Es war nicht umsonst gewesen, denn schon beim nächsten Morgengrauen würde ich endlich zur letzten Runde meiner Reise aufbrechen.

Am Mittag des dritten Dezember landete ich in Brisbane auf dem gleichen Flugplatz, von dem aus ich vor neunzehn Monaten nach Süden zu meiner Hochzeit geeilt war. Ich konnte einfach nicht glauben, daß ich in kaum drei Stunden wieder bei meiner Frau sein würde.

Reporter der Brisbaner Zeitung fotografierten mich und interviewten mich über meine Reise. Ich telegrafierte an Mary und teilte ihr meine genaue Ankunft in Sydney mit.

Das Riesenflugzeug stieg mit Leichtigkeit auf und flog über das zerklüftete Küstengebiet, das mir so vertraut war. Dann stießen wir auf Sydney herab, überquerten seinen buchtenreichen Hafen und die vielbewunderte Brücke, machten eine weitere Schleife um die Stadt herum, bis wir in der Richtung der Start- und Landebahn waren, und setzten zur Landung an.

Es gab keinen an Bord, der es eiliger hatte als ich.

Ich war der erste Fluggast, der ausstieg. Da sah ich Mary. Ich erinnere mich noch, wie sie auf mich zueilte, und ich glaube, daß auch ich ihr entgegenging. Sekundenlang blickte ich in ihre bergseetiefen blauen Augen . . . sie lag in meinen Armen . . . tausend Träume waren Wirklichkeit geworden . . . die furchtbaren Erlebnisse auf See lagen weit hinter mir.

Diese Augenblicke kann ich genauso wenig beschreiben, wie es irgendein anderer könnte. Das Leben spielt sich in solchen Minuten zu überstürzt ab, als daß es in Worte zu fassen wäre. Das wichtigste war, daß ich glücklich von der See in die Heimat zurückgekehrt war zu dem einzigen Menschen, der für mich in der ganzen Welt in Frage kommt.

Der Kutter PAGAN	
Länge über alles	8,83 m
Länge Wasserlinie	7,62 m
Breite	2,74 m
Klüverbaum	2,43 m
Länge Mast	10,00 m

Länge des Kajütaufbaus	2,74 m
Höhe in der Kajüte	0,60 m
Freibord vorn	0,76 m
Freibord achtern	0,53 m

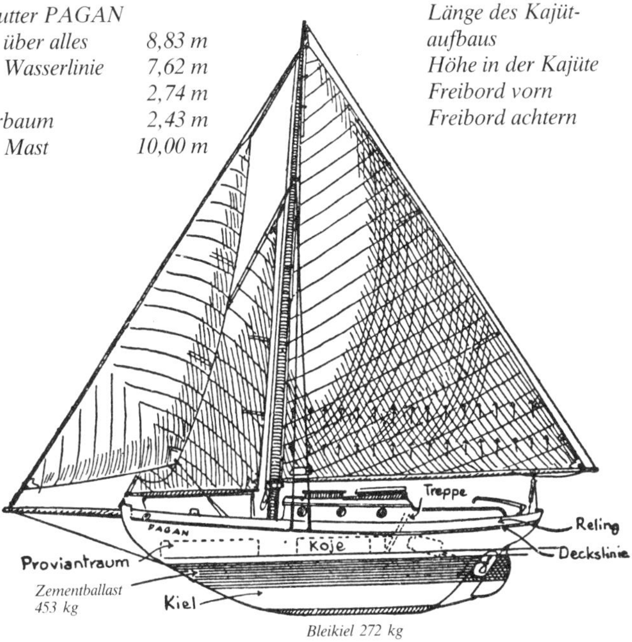

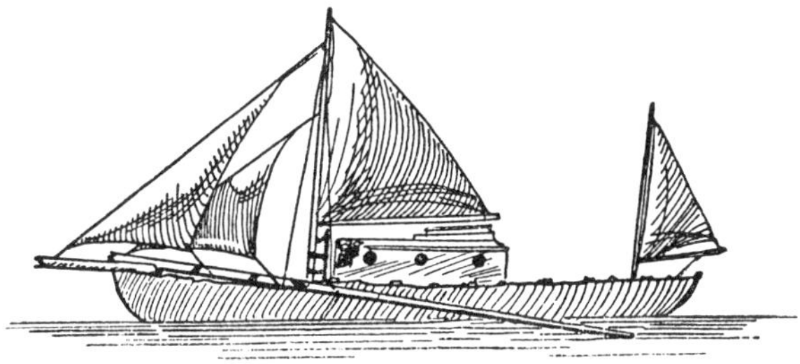

Die PAGAN nach dem Orkan

Der Großbaum ist als Notmast am Maststumpf gelascht. Der gebrochene Mast wurde an Deck genommen, um ihn später reparieren und wieder aufstellen zu lassen. Die Nock des Klüverbaums mit dem Wasserstag ist weggebrochen. Die Frontseite des Kajütaufbaus und sämtliche Bullaugen, bis auf eins, sind eingeschlagen. Das Schanzkleid wurde weggeschlagen, und die Pinne ist gebrochen. Die Notbesegelung wurde aus den Resten von Großsegel und Klüver gefertigt. Den Besan oder Treiber bilden Riemen und Bootshaken. Geschwindigkeit am Wind, mit dieser Besegelung, etwa ein Knoten.

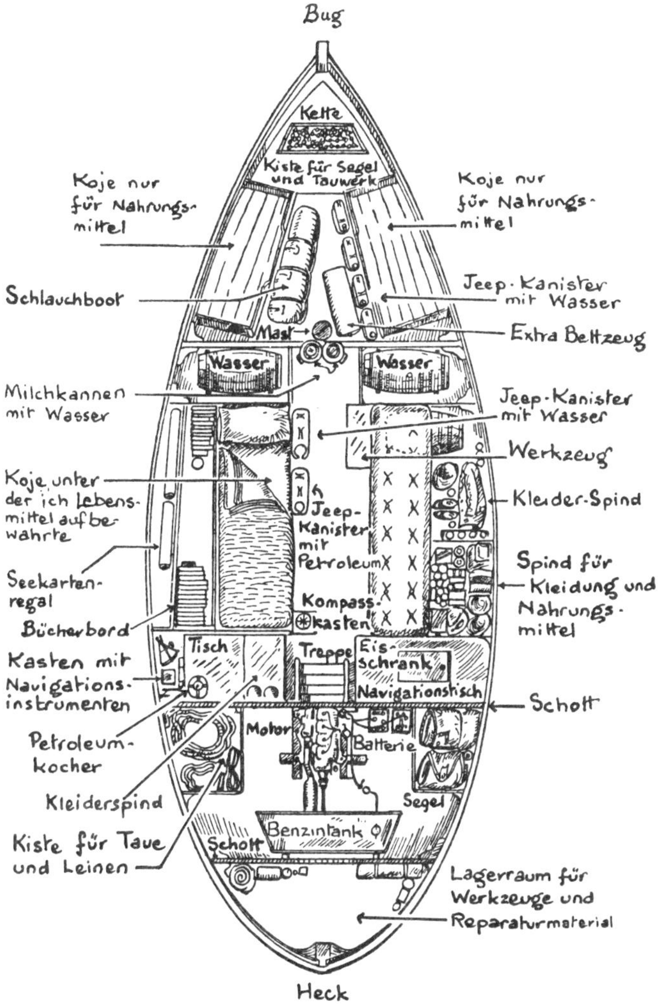

Bug
Kette
Kiste für Segel und Tauwerk
Koje nur für Nahrungsmittel
Koje nur für Nahrungsmittel
Schlauchboot
Jeep-Kanister mit Wasser
Mast
Extra Bettzeug
Wasser
Wasser
Milchkannen mit Wasser
Jeep-Kanister mit Wasser
Werkzeug
Koje unter der ich Lebensmittel aufbewahre
Kleider-Spind
Jeep-Kanister mit Petroleum
Spind für Kleidung und Nahrungsmittel
Seekartenregal
Bücherbord
Kompasskasten
Tisch
Treppe
Eisschrank
Kasten mit Navigationsinstrumenten
Navigationstisch
Schott
Petroleumkocher
Motor
Batterie
Kleiderspind
Segel
Kiste für Taue und Leinen
Benzintank
Schott
Lagerraum für Werkzeuge und Reparaturmaterial
Heck